大模型技术与应用丛书

生成与推理

DeepSeek的对话原则与思维方法

GENERATING & REASONING

Dialogue Principle and Thinking Method of DeepSeek

肖睿 吴寒 ◎著

机械工业出版社

CHINA MACHINE PRESS

图书在版编目（CIP）数据

生成与推理：DeepSeek 的对话原则与思维方法 / 肖睿，吴寒著. -- 北京：机械工业出版社，2025.7. （大模型技术与应用丛书）. -- ISBN 978-7-111-78889-8

Ⅰ. TP18

中国国家版本馆 CIP 数据核字第 2025C68K62 号

机械工业出版社（北京市百万庄大街 22 号 邮政编码 100037）
策划编辑：姚 蕾　　　　　　　　责任编辑：姚 蕾
责任校对：王文凭　李可意　景 飞　责任印制：任维东
河北宝昌佳彩印刷有限公司印刷
2025 年 8 月第 1 版第 1 次印刷
186mm×240mm · 13.75 印张 · 288 千字
标准书号：ISBN 978-7-111-78889-8
定价：79.00 元

电话服务	网络服务
客服电话：010-88361066	机 工 官 网：www.cmpbook.com
010-88379833	机 工 官 博：weibo.com/cmp1952
010-68326294	金 书 网：www.golden-book.com
封底无防伪标均为盗版	机工教育服务网：www.cmpedu.com

前　言

工具和火的使用让人类成为高级生物，语言和文字为人类形成社会组织和社会文化提供了支撑。之后，人类历经农业革命、工业革命、能源革命、信息革命，终于走到今天的"智能革命"。薛定谔认为熵减是生命的本质，而第二热力学定律认为熵增是时间的本质。宇宙中生命的意义之一就是和时间对抗，而对抗的工具就是智能，智能的基础就是信息和信息熵。

智能可以分为生物智能、工具自动化、人工智能等。其中人工智能（Artificial Intelligence，AI）主要是指机器智能，从早年基于知识工程和符号系统的传统人工智能（AI 1.0）已经进化到当今基于数据和统计学习的现代人工智能（AI 2.0），包括机器学习、深度学习，以及以ChatGPT和DeepSeek为代表的大模型技术（大模型也是本书讨论的主要内容）。现代人工智能的本质是数据智能，基于数据模型来提供分析能力和预测能力，主要适用于三种问题场景，或者说基于三个假设才能发挥作用：一是研究对象在问题领域的描述数据或观测数据要足够丰富和完备；二是研究对象在时间变化中存在内在规律；三是过去的数据和未来的数据是同构的，可以以古鉴今。根据以上对人工智能的理解，我们能够清晰地判断当前人工智能能做什么、不能做什么，既不忽视其技术潜力，也不盲目将其神化。

很多人会把人工智能技术归属为计算机技术，但我认为计算机技术仅仅是人工智能的工具，而人工智能技术的核心在于问题抽象和数据建模。若将人工智能技术比作天文学，那么计算机技术则可比作望远镜，两者之间关系紧密，却又不尽相同。至于其他计算机应用技术，例如手机应用、网络游戏、计算机动画等技术，则可以类比为望远镜在军事、航海等领域的应用。如果将传统的计算机应用技术称为软件 1.0，现代人工智能技术则可以称为软件 2.0。软件 1.0 的核心是代码，解决的是确定性问题，对于问题解决方案的机制和原理是可以解释的、可以重复的；软件 2.0 的核心是数据，解决的是非确定性问题，对于问题解决方案的机制和原理缺乏可解释性和可重复性。用通俗的话来讲，软件 1.0 要求人们首先给出问题解决方案，然后用代码的方式告诉计算机如何去按照方案和步骤解决问题；软件 2.0 则只给出该问题的相关数据，然后让计算机自己学习这些数据，最后找出问题的解决方案，这个方案可以解决问题，但可能和人类自己的解决方案不同，人类可能也看不懂软件 2.0 的解决方案的原理，即"知其然不知其所以然"。但软件 2.0 非常适合解决复杂问题和混沌问题，例如计算机视觉、语音处理、机器翻译、艺术创作、数据洞察等。这类问题依赖于直觉和经验，人类可能也说不清是怎么解决的，所以无法给出明确的解决方案和解决步骤，从而无法采用软件 1.0 的方式让计算机解决这些问题。至于简单问题和繁杂问题，因为规则明确，更适合采用自动化工具（如软件 1.0）来解决。

如今，基于数据智能的人工智能技术已然迈入大模型时代。随着 ChatGPT 的横空出世和 DeepSeek 的快速出圈，人工智能正逐渐演变为一种通用技术，这种无形却广泛应用的技术，其影响力堪比 30 年前计算机对各行业的深远变革，亦如 15 年前互联网对各行业的深刻渗透。人工智能技术在产业中有五个重要的工作环节：一是算法和模型研究，二是问题抽象和场景分析，三是数据采集和处理，四是模型训练、推理和算力支持，五是应用场景的软硬件工程。

（1）算法和模型研究。数据智能的本质是从过去的数据中发现固定的模式和规律，假设数据是独立同分布的，其核心工作就是用一个数学函数来模拟现实世界中的事物。而如何选择合适的模型框架，并计算出模型参数，让模型代表的数学函数尽可能稳定地逼近现实世界，就是算法和模型研究的核心。在实践中，机器学习一般采用数学公式来表示函数，深度学习则通过深度神经网络来表示函数，虽然在可解释性上会趋向于黑盒，但在对数学函数的表达能力上往往优于机器学习。当前主流的大模型技术，主要依托于 Transformer 和 Diffusion 这两大深度学习框架，其显著特征在于参数量庞大、算力需求极高以及数据消耗巨大。从数学和理论复杂度上，大模型技术低于深度学习，深度学习技术低于机器学习；从工程复杂度上，大模型技术高于深度学习，深度学习技术高于机器学习。

（2）问题抽象和场景分析。在人工智能的视角下，世界是数字化的、模型化的。如何把现实世界中的问题找出来，并将其转化为抽象的数学问题，是模型训练和算法研究的第一步，也是人工智能技术应用的基础环节，往往还是最关键的步骤，这一过程需要深度结合业务理解和场景分析方能实现。

（3）数据采集和处理。在大模型技术中，数据种类繁多，数据数量十分庞大。如何以低成本获取海量的数据样本并进行标注，往往是决定一种算法能否成功、一种模型能否顺利训练、一个应用能否满足落地要求的关键因素。因此，针对海量数据，如何高效地进行采集、清洗、存储、交易、融合及分析，变得至关重要，而这些环节往往伴随着巨大的资金投入。这有时成为人工智能研究和应用机构之间的竞争壁垒，甚至催生了专门进行数据采集、处理、标注的数据工程服务行业。

（4）模型训练、推理和算力支持。在大模型技术中，深度神经网络的参数量高达数十亿，其训练、测试和验证所依赖的数据集亦是以十亿token计算的海量规模，参数迭代计算主要采用梯度优化的数值计算方法和反向传播策略，且尚未涵盖模型训练过程中可能遭遇的系统中断和模型不收敛问题。因此，整个预训练、后训练和推理过程对算力的性能和稳定性均提出了极高的要求。当前，专为神经网络训练而设计的计算机模型尚未成熟，工程实践中普遍采用的是传统的冯·诺依曼架构计算机。这需要在计算机体系结构设计（包括并行计算与局部组件优化）、专用计算芯片及集群（包括GPU、TPU等）以及计算成本规划（包括计算机、通信、存储和云平台等）方面进行持续优化与强化。这一过程涉及解决大规模算力支持和复杂的工程挑战。

（5）应用场景的软硬件工程。数据模型在具体场景中如何应用，涉及大量的软件工程、硬件工程、产品设计和提示词优化等工作。在这个工作环节中，工程设计人员主要负责把已经训练好的数据模型应用到具体的产品和服务中，重点考虑大模型的推理成本和响应效率、软硬件的设计和制造的成本与质量，以及用户体验等。这类工作的重点在于对大模型进行微调或数据增强，随后通过软件工程、硬件工程、产品设计和提示词优化工作来完成具体的智能产品或提供专业的智能服务。

本系列图书的主题是以DeepSeek为代表的大模型技术的认知、原理和应用，既不包含传统的符号系统和知识工程，也不包含机器学习和传统深度学习的详细内容。传统的符号系统和知识工程属于传统人工智能（AI 1.0）的范畴，对于理解和掌握以数据智能为核心的现代人工智能（AI 2.0）几乎毫无帮助。而现代人工智能中的机器学习和深度学习的知识和理论内容，主要是数据建模的逻辑和流程，以及神经网络的反向传播策略和梯度下降算法，对于理解大模型技术的原理、工程和应用非常关键，其他的具体模型（例如随机森林、SVM、CNN、RNN等）没有必要花费时间和精力去系统全面地学习和掌握。我们试图利用前言让第一次接触人工智能大模型技术的读者能够理解基本的数据智能、机器学习、深度学习概念，从而快速进入以 DeepSeek 为代表的大模型技术和应用领域。

为了便于读者系统全面地掌握大模型和 DeepSeek 技术和应用，我们规划了"大模型技术与应用丛书"系列图书。本系列图书采用三层知识结构，每一层都包含数本著作。第一层是人工智能通识和导论，对人工智能的本质原理、技术体系、行业应用、未来发展做一个整体的介绍和讨论。第二层是大模型和 DeepSeek 原理、生成模型和推理模型的提示词工程、大模型应用开发和部署、大模型训练和微调、大模型智能体（包括 Agent 和 Agentic AI）、数据工程等技术内容的讲解。第三层是大模型和 DeepSeek 在各行业的应用框架和案例，包括教育、金融、医疗、商业、安防、软件开发、新媒体、影视娱乐、政企办公管理等行业。

距离 ChatGPT 发布已经有两年，大模型的语言能力和知识储备已经超过了人类平均水平，随着今年年初 DeepSeek 的快速出圈和广泛应用，大模型的思考和推理能力也在逐渐达到甚至超越人类平均水平。对于广大的 AI 应用者来说，AI 思维和提示词方法已经成为使用 AI 工具的有效手段。从本质上来说，提示词方法是一种大模型学习方法，也是一种大模型能力控制和激发方法，是普通读者与大模型沟通的主要方法。随着大模型的智能化程度不断提升，人们所使用的提示词已从难以理解的咒语式字符串，逐步演变为以人类自然语言为核心的表达方式。如今，人类需要像对待同事、专家以及合作伙伴一样对待大模型，与之协同工作，共同生活。随着 DeepSeek-R1 的发布，大模型技术全面进入推理模型阶段，大模型具备了长链推理和深度思考的能力。在 Agent 和 Agentic AI 的场景中，提示词越来越复杂，越来越代码化和程序化。但是在与人类直接进行对话交互的场景中，提示词技巧（尤其是结构公式和提示词模板）日益简洁和直接，从原来的面向模型逐渐变成面向人类，其主要作用已经从帮助大模型理解人类的任务背景信息和命令意图，转变为帮助人类自身梳理思维逻辑、明晰问题思路、提高语言组织和表达水平。本书作为专门讨论大模型提示词的一本书，主要包含四部分内容：第 1 章介绍基于对话方式的大模型工具的原理和分类；第 2 章和第 3 章分别介绍生成模型和推理模型的提示词技巧和差异；第 4 章介绍提示词在 5 个行业的应用案例，并讨论读者应该如何运用 AI 思维有效使用 AI 技术和工具；第 5 章展望 AI 生成与推理能力的深层次融合以及 AI 可能带来的革命性变革。

随着 AI 应用的不断发展，Agent 技术的应用日益普及。近期，"提示词工程"（Prompt Engineering）正在向"上下文工程"（Context Engineering）延伸。上下文工程研究的是如何为 AI 设计和构建动态上下文，致力于在恰当的时机、以恰当的格式，为大语言模型提供恰当的信息和工具，确保模型具备完成任务所需的一切条件。我们可以用一个比喻来理解提示词工程与上下文工程的关系：如果说提示词就像一套小学一年级教材，那么上下文则是小学一年级教室里的所有东西——不仅包括教材，还涵盖黑板、桌椅、学习用品、环境氛围等一切影响学习效果的因素。从视角上看，提示词是从用户角度看问题，关注如何清晰地表达需求和指令；而上下文则是从模型角度看问题，关注模型在生成回答前所能获取和处理的全部信息，即关注模型在决策前需要获得哪些信息才能达到最佳表现。与传统的提示词工程不同，上下文工程不仅仅关注发送给模型的单一提示词文本，而是关注模型在生成回答前所接触到的一切信息，包括系统提示词、用户输入、对话历史以及工具返回信息等，从而为 AI 构建一个高效的"工作环境"。上下文工程强调动态性和系统性：它是一个动态系统的交互，能够根据当前任务即时生成量身定制的上下文，而非静态的提示词模板。在 AI Agent 背景下，单纯的提示词工程已经无法满足复杂应用的需求，上下文工程正在成为构建高效智能体的关键思路。

人工智能作为新时代最具潜力和生命力的技术之一，得到了国家和社会的广泛支持与重点发展。这一领域人才储备相对匮乏，但需求旺盛，职业发展空间广阔，就业前景乐观。这一轮以 ChatGPT 和 DeepSeek 为代表的大模型浪潮，并非一场简单的竞赛，而是一场残酷的淘汰赛。掌握大模型技术的个人、企业和国家将占得先机。能与此次人工智能技术崛起相提并论的，或许仅有 30 年前计算机行业的腾飞，以及 15 年前互联网行业的崛起。最后，真心祝愿各位读者能够在本系列图书的帮助下，抓住技术升级的机遇，顺利踏入人工智能技术领域，更好地应用人工智能工具和技术，抓住人工智能时代红利，成为人生赢家。

北大青鸟人工智能研究院院长　肖睿
2025 年 3 月于北大燕北园

目 录

前言

第 1 章 对话系统的演进   1
    1.1 从规则系统到神经网络   2
    1.2 传统对话系统与现代 AI 对话系统的对比   3
        1.2.1 传统对话系统：规则与统计的时代   4
        1.2.2 现代 AI 对话系统：深度学习的崛起   7
        1.2.3 现代 AI 对话系统的优势与挑战   9
        1.2.4 现代 AI 对对话系统设计的影响   11
    1.3 生成式人工智能与推理式人工智能   13
        1.3.1 生成式人工智能   13
        1.3.2 推理式人工智能   14
    1.4 DeepSeek：人工智能对话领域的新生力量   16
        1.4.1 DeepSeek 的核心技术与创新   17
        1.4.2 性能对比与行业影响   18
        1.4.3 市场竞争与未来展望   19
    本章总结   19

第 2 章 生成式对话的原理与技巧   20
    2.1 生成式对话的原理   20

2.2 生成模型的优势与局限 …… 24
    2.2.1 生成模型的核心优势 …… 24
    2.2.2 生成模型的技术局限 …… 25
    2.2.3 可控生成的技术演进 …… 26
    2.2.4 应用场景的适应性边界 …… 26

2.3 生成模型的提示词策略 …… 27
    2.3.1 传统提示词工程的核心原则 …… 27
    2.3.2 OpenAI 给出的写好提示词的六大原则 …… 27
    2.3.3 结构化提示词 …… 42
    2.3.4 多步骤指令与任务分解方法 …… 45
    2.3.5 温度与采样参数对输出的影响 …… 47
    2.3.6 DeepSeek-V3 版提示词技巧 …… 47

2.4 生成任务的最佳实践 …… 51
    2.4.1 内容创作：如何生成高质量内容 …… 51
    2.4.2 全能客服：提高客户满意度 …… 56
    2.4.3 虚拟 IP：叙事驱动的文本冒险/角色扮演游戏 …… 59
    2.4.4 生成任务常见问题解决方案 …… 62

本章总结 …… 63

第 3 章 推理式对话的原理与技巧 …… 65

3.1 推理模型对话的原理 …… 65
    3.1.1 推理的本质：从已知到未知 …… 65
    3.1.2 推理模型的核心机制 …… 66
    3.1.3 知识表示与推理：模型智能的基石 …… 79

3.2 推理模型的优势与局限 …… 81
    3.2.1 解决复杂问题与进行多步推理的能力 …… 81
    3.2.2 推理过程的透明度与可解释性 …… 81
    3.2.3 专业领域知识应用与局限 …… 82
    3.2.4 推理深度与计算效率的权衡 …… 82

3.3 提升推理模型性能的提示词策略 …… 82

3.3.1　提示词工程在驾驭人工智能推理能力中的关键作用　　83
　　3.3.2　构建推理模型提示词的基本原则　　83
　　3.3.3　简洁直接提问的重要性　　86
　　3.3.4　避免冗余指令的具体方法　　87
　　3.3.5　结构化输出的引导技巧　　88
　　3.3.6　运用高级提示词工程策略以提升推理模型的性能　　89
3.4　推理任务的最佳实践　　103
　　3.4.1　数学问题求解与推理过程　　103
　　3.4.2　法律文本分析与逻辑推导　　105
　　3.4.3　科学研究与假设验证方法　　107
　　3.4.4　多步骤决策与复杂规划案例　　109
　　3.4.5　问答系统：提供准确的答案　　112
　　3.4.6　决策支持系统：辅助决策　　113
　　3.4.7　智能搜索：提高搜索效率　　115
本章总结　　117

第4章　行业应用案例研究　　118

4.1　AI全面赋能新媒体　　118
　　4.1.1　市场洞察与账号定位　　118
　　4.1.2　生成智能内容与运营　　125
　　4.1.3　AI助力智能运营　　138
4.2　教育领域的应用与优化　　150
　　4.2.1　智能教学准备：精准规划与设计　　150
　　4.2.2　个性化学习与辅导：因材施教的AI伙伴　　153
　　4.2.3　高效资源生成：丰富教学素材库　　153
　　4.2.4　智能评估与反馈：促进深度学习　　154
　　4.2.5　学术研究支持：赋能高等教育与科研　　156
　　4.2.6　优化策略与伦理考量　　160
4.3　软件开发与自动化测试　　160
　　4.3.1　AI赋能软件工程新可能　　161

4.3.2　提示词在软件开发关键环节的应用　　161
4.3.3　提示词在自动化测试提速中的应用　　169
4.3.4　实践要点与提示词优化思路　　172
4.4　金融分析与决策支持系统　　174
4.4.1　智能研报生成与解读　　175
4.4.2　风险评估与管理　　177
4.4.3　智能投资顾问　　178
4.4.4　交易策略开发与回测　　182
4.5　医疗健康领域的应用挑战　　184
4.5.1　医疗行业的需求背景和潜在机会　　184
4.5.2　医疗健康领域的提示词应用　　184
4.5.3　典型应用场景　　188
4.5.4　医疗健康领域的应用挑战　　191
本章总结　　193

第 5 章　未来展望　　194

5.1　生成与推理的互补与共生　　195
5.2　多模态能力的深度融合　　197
5.3　AI 思维的进化：从工具到伙伴，再到自主智能体　　198
5.4　技术发展趋势预测：未来的星辰大海　　200
5.5　结语：拥抱变革，与智能共舞　　205

参考文献　　207

人是世界的尺度，活在意义之网中，人工智能让这张网更有价值

人类需要的是判断力和表达力，不再是记忆力和知识储备

人是目的，不是手段，不要去和人工智能比工具性

使用人工智能的人淘汰不使用人工智能的人

使用人工智能的组织淘汰不使用人工智能的组织

人工智能时代的策略：把握原理、躬身入局、随时否定自己

——肖　睿

第 1 章

对话系统的演进

人工智能对话系统是人工智能领域的一个关键分支,它使得人类能够通过自然语言与机器进行交互。从我们日常生活中使用的虚拟助手,如 Siri、Alexa 和 Google Assistant,以及中国市场上的小爱、小度、天猫精灵等,到各种客户服务、在线教育和娱乐应用中无处不在的聊天机器人,这些对话界面日益普及,深刻地改变了人机交互的方式,并凸显了理解其历史发展和基本原理的重要性。

本章将追溯人工智能对话系统的技术演进:始于 1966 年麻省理工学院开发的 ELIZA,其模式匹配机制开创了人机对话先河;20 世纪 70 年代 SHRDLU 系统在受限领域实现了语义解析突破;20 世纪 90 年代统计学习方法(如隐马尔可夫模型)开启了数据驱动范式;2017 年 Transformer 架构的提出,推动 BERT、GPT 等预训练模型在对话生成、语义理解方面取得突破性进展。这一历程揭示了从人工规则设计到自主特征学习的根本性转变。

技术演进的重要里程碑包括:

- ❑ 符号主义阶段(1960—1980):基于专家系统的对话逻辑构建。
- ❑ 统计学习阶段(1990—2010):采用概率模型处理语言不确定性。
- ❑ 深度学习阶段(2010—至今):端到端神经网络实现语境化理解。
- ❑ 大模型阶段(2020—至今):万亿参数模型展现涌现能力。

值得关注的是,国产对话系统 DeepSeek 通过多模态融合架构与知识蒸馏技术,在中文语境理解方面取得突破。DeepSeek 创新的混合注意力机制有效平衡了对话连贯性与知识准确性,为构建文化敏感的对话系统提供了新范式。

当前对话系统技术面临三大核心挑战:

- ❑ 认知维度:多轮对话状态跟踪(Dialogue State Tracking,DST)的长期依赖问题。
- ❑ 情感维度:共情建模与情感一致性保持。
- ❑ 伦理维度:隐私保护(差分隐私技术)、可解释性(注意力可视化)与价值对齐(RLHF)。

1.1 从规则系统到神经网络

在对话式人工智能的早期发展阶段（1960—1980），基于规则的系统（Rule-Based System）通过确定性算法构建对话逻辑。这类系统的核心架构包含三个层级：①词法解析器处理原始输入；②模式匹配引擎应用预定义规则；③响应生成器执行模板填充。这类系统的技术特征表现为有限状态机（Finite State Machine，FSM）的级联应用，通过硬编码（Hard-coded）的关键词词典（通常含200～300词项）和应答模板（约50个句型结构）实现对话交互。

麻省理工学院计算机科学家Joseph Weizenbaum于1966年开发的ELIZA系统，是世界上首个里程碑式的基于规则的对话系统。该系统采用确定性的关键词触发机制：当输入文本匹配预设词典（如"男人""母亲"等143个关键词）时，即激活对应响应模板（如"关于[X]，你具体想讨论什么"）。该系统著名的DOCTOR脚本通过以下技术路径模拟心理咨询：①建立优先级关键词列表；②设计句子转换规则（如将"我的Y"转换为"你的Y"）；③设置默认响应库。尽管ELIZA的语义覆盖率仅38.7%（Weizenbaum，1966），但其展现的"伪理解"能力引发了学界关注。后续实验显示，65%的受试者认为该系统具有真实共情能力（ELIZA效应），这揭示了人类对话行为中的拟人化投射倾向（Anthropomorphic Projection）。

1972年，斯坦福大学Kenneth Colby教授开发的PARRY系统在规则引擎基础上引入动态情感状态建模。与ELIZA的静态规则不同，PARRY架构包含：①威胁词库（如"欺骗""黑手党"等214个词项）；②焦虑参数（0～100实时数值）；③状态转移矩阵（32种情绪转换规则）。当检测到威胁词时，系统根据当前焦虑值选择响应策略：低焦虑态（<30）执行逻辑反驳，高焦虑态（>70）触发防御机制。在双盲实验中，精神科医生正确识别PARRY与真实患者的准确率仅为48%，这证明规则系统在特定领域的行为模拟可行性。该案例表明，即便在有限算力时代（PARRY运行于IBM 360/50，内存256KB），通过精细化规则设计亦可实现复杂心理状态建模。

基于规则的对话系统具有一些明显的优点。由于其规则是预先定义的，因此回应的生成过程清晰透明。对于简单的交互，这些系统的实现和调试相对直接。此外，开发者可以对对话的流程进行高度控制。然而，这类系统也存在固有的局限性。它们难以处理自然语言的复杂性和多变性。基于规则的系统对用户意图的理解往往停留在关键词匹配的层面，缺乏深层次的语义理解。它们在处理语境、细微差别、讽刺和俚语方面表现不佳。当用户改变话题或提出意料之外的输入时，这些系统往往难以适应。用户通常需要调整自己的语言以适应系统有限的词汇和对话流程。随着对话复杂性的增加，维护大量的规则也变得越来越困难。此外，早期的基于规则的系统缺乏情感智能和共情能力。这些固有的限制最终促使研究人员探索更为灵活和自适应的方法，即利用机器学习技术来构建对话系统。

随着机器学习（ML）和自然语言处理（NLP）领域的范式转变，对话系统的技术演进经历了从基于符号逻辑的规则系统到数据驱动的神经架构的根本性变革。相较于依赖人工定义决策树的传统系统，基于机器学习的对话系统通过从大规模对话语料中自动学习交互模式，显著提升了对话策略的适应性和可扩展性。这一变革的核心驱动力源自三方面突破：分布式表示理论的发展、GPU 并行计算架构的成熟，以及互联网时代海量对话数据的可获得性。

这一转变过程中涌现了许多关键的进展和里程碑。20 世纪 80 年代，NLP 领域开始兴起统计方法。到了 20 世纪 90 年代，机器学习被更广泛地应用于 NLP 任务，并开始利用大型语料库进行训练。然而，真正的突破始于 2014 年序列到序列（Seq2Seq）模型的提出，并在 2017 年 Transformer 架构出现后迎来质变。循环神经网络（RNN）和长短期记忆网络（LSTM）的出现，极大地改善了语言建模和理解能力。RNN 特别适合处理序列数据，这使得它们在建模对话历史方面发挥了关键作用。2013 年，Word2Vec 的引入改变了计算机对语言上下文和语义的理解方式，它通过学习词语的向量表示，使得语义相似的词语在向量空间中也彼此靠近。然而，基于 Transformer 架构的预训练语言模型（如 GPT 系列和 BERT）通过自注意力机制实现全局上下文建模，彻底革新了对话系统的技术范式。Transformer 利用自注意力机制，能够有效地捕捉句子中不同词语之间的长距离依赖关系，这对于理解对话的上下文至关重要。

神经架构在对话系统的三大核心模块中取得突破性进展：在对话状态跟踪方面，基于 LSTM 的记忆网络实现了跨轮次意图保持；在对话策略优化方面，强化学习与深度 Q 网络（Deep Q-Network，DQN）的结合提升了多轮决策能力；在自然语言生成方面，Seq2Seq 模型通过编码器–解码器架构，将输入话语映射为隐状态表示，再通过束搜索（beam search）等解码策略生成连贯输出。值得关注的是，注意力机制的引入使模型能够动态聚焦关键对话片段，而 2015 年神经响应生成（Neural Response Generation，NRG）框架的提出，则标志着端到端对话系统正式走向成熟。这些技术突破不仅带来了对话流畅度的量级提升，更重要的是建立了可扩展的深度学习范式，为后续的个性化对话代理奠定了基础。

1.2 传统对话系统与现代 AI 对话系统的对比

对话系统的发展历程是一部人工智能技术演进的缩影。从早期相对简陋的架构，到如今能够处理复杂对话情境的智能代理，其间经历了数次重要的技术范式转变。表 1-1 给出了传统对话系统与现代 AI 对话系统的对比。

表 1-1 传统对话系统与现代 AI 对话系统的对比

特征	传统系统（基于规则和统计）	现代系统（基于神经网络）
架构	基于规则、有限状态机、概率模型（HMM、POMDP）	神经网络（RNN、LSTM、Transformer）、注意力机制
理解	关键词匹配、预定义模式、概率模型	深度理解细微语言、捕捉上下文
生成	基于规则、模板、统计生成	流畅、连贯、上下文相关的生成
上下文处理	有限，通常基于轮次	有效处理长距离依赖
可扩展性	增加复杂性时难以扩展	高度可扩展
优点	清晰性、可控性、可解释性（基于规则），处理不确定性、从数据中学习（统计）	能够学习、处理复杂语言、持续改进
缺点	僵硬性、理解有限、难以处理复杂语言、模块化设计中的错误累积（基于规则），依赖特征工程、可能过度概括（统计）	缺乏真正的理解、可能存在偏见、可解释性差（黑箱）、容易受到对抗攻击、计算成本高、可能生成不准确或无意义的信息（幻觉）
典型应用	任务导向型（有限领域）、早期聊天机器人、命令行界面、电话服务（自动议程、列车时刻表）	虚拟助手（Siri、Alexa、Google Assistant）、高级聊天机器人、开放域对话、个性化推荐、医疗保健辅助、教育工具、物联网设备集成

1.2.1 传统对话系统：规则与统计的时代

在智能对话系统普及前，传统对话系统主要依赖预定义规则和结构化知识库。如图 1-1 所示，传统对话系统的典型架构包含：ASR（Automatic Speech Recognition，自动语音识别）、NLU（Natural Language Understanding，自然语言理解，含意图识别/实体抽取）、DM（Dialogue Management，对话管理，含状态跟踪与策略决策）、NLG（Natural Language Generation，自然语言生成）和 TTS（Text-to-Speech，文本到语音合成），通过词槽管理关键信息。

图 1-1 传统对话系统的典型架构

传统对话系统可分为两类：面向封闭任务的任务型系统（如机票预订），以及基于模式匹配的开放域系统（如 ELIZA 聊天机器人）。这些系统在预定义场景中有效，但存在泛化能力差、语境理解有限等瓶颈。

任务型对话系统的核心目标是帮助用户完成具体的操作，例如预订机票、查询天气、设置闹钟等，其内部运作通常遵循一套固定的流程。一个完整的任务型对话系统，如图 1-2 所示。

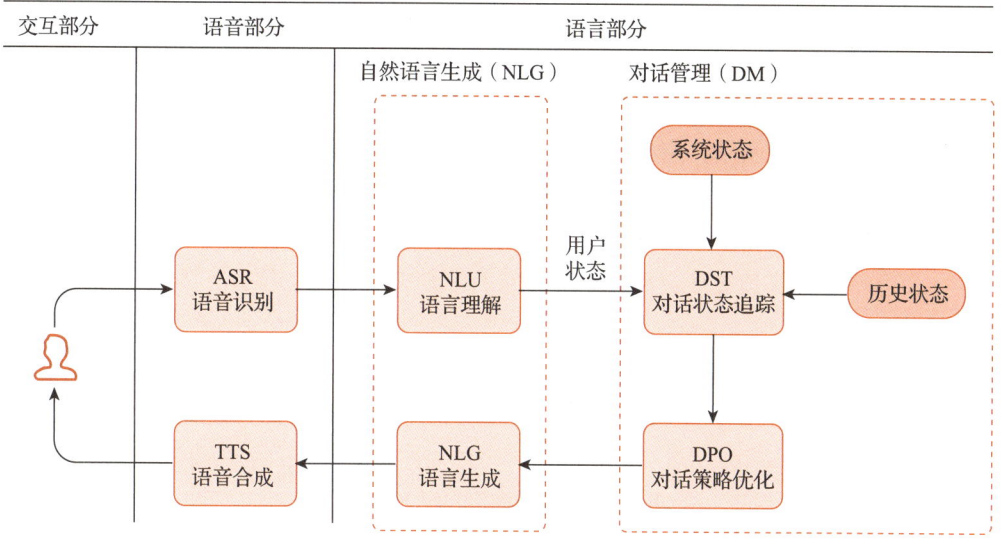

图 1-2　任务型对话系统

其中的 ASR 和 TTS 部分主要在语音机器人中使用，而且这部分技术已经较为成熟，重点了解 NLP 和 DM 部分。

自然语言理解（NLU）：这个模块负责理解用户输入的自然语言，识别出用户的真实意图（想做什么）以及与这个意图相关的关键信息，一般包括该话语的领域、意图以及相应的槽值等。例如，当用户说"我想买一张后天从北京飞往上海的机票"，NLU 模块会识别出用户的意图是"购买机票"，并提取出"出发地 = 北京""目的地 = 上海""出发日期 = 后天"等信息。

对话管理（DM）：对话管理是传统任务型对话系统的"大脑"，它主要包含两个关键部分：

- 对话状态跟踪（DST）：DST 模块负责记录和更新当前的对话进展情况。它会跟踪哪些关键信息（槽位）已经被用户提供，哪些信息仍然缺失。以上面的例子，初始状态可能是"出发地 = 北京""目的地 = 上海""出发日期 = 后天"，而如果用户没有说明人数，那么"人数"这个槽位就是空的。
- 对话策略优化（DPO）：DPO 模块根据当前的对话状态，决定系统下一步应该采取什么样的行动。例如，如果系统发现"人数"这个信息缺失，它会决定询问用户"请问一共几位？"。如果所有必要信息都已收集完整，系统可能会选择向用户确认信息或者调用后端的服务进行预订。

自然语言生成（NLG）：NLG 模块负责将对话管理模块决定的系统动作转化为用户能够理解的自然语言。在传统系统中，这通常通过预先编写好的"模板"来实现。比如，要询问出发地，系统可能会直接套用"请问您的出发地是哪里？"这个模板。

整个对话过程就像一个循环，NLU理解用户，DM管理对话并决定下一步动作，NLG生成回复，直到用户的目标得以实现。

开放域对话系统（聊天机器人）则更侧重于提供社交互动和情感陪伴，目标是与用户进行更长时间、更轻松的对话。与任务完成相比，这类系统更注重对话的趣味性和吸引力。早期的开放域对话系统主要依赖于预先设定的对话规则和庞大的知识库来匹配和生成回复。

传统对话系统案例：一个简单的火车票查询助手。

为了更直观地理解传统任务型对话系统的工作方式，我们来看一个简化的火车票查询系统的例子。

❑ 自然语言理解（NLU）

假设系统预先定义了"查询火车票"的意图以及相关的槽位，例如"出发地""目的地""出发日期"。

当用户输入："我想查一下明天从广州到深圳的火车票。"

NLU模块会分析出：

意图：查询火车票

槽值："出发地"="广州"，"目的地"="深圳"，"出发日期"="明天"

❑ 对话管理（DM）

对话状态跟踪（DST）：系统记录当前的对话状态为：{"出发地"："广州"，"目的地"："深圳"，"出发日期"："明天"}。

对话策略优化（DPO）：由于（在这个简化版本中）所有预设的关键槽位都已填充，对话策略会选择向用户确认查询信息。

❑ 自然语言生成（NLG）

系统可能会使用如下模板生成回复："请确认，您要查询的是明天从广州到深圳的火车票，对吗？"

另一种情况：

用户输入："我想查询去上海的火车票。"

❑ 自然语言理解（NLU）

意图：查询火车票

槽值："目的地"="上海"，"出发地"=NULL（缺失），"出发日期"=NULL（缺失）

❑ 对话管理（DM）

对话状态跟踪（DST）：系统记录当前的对话状态为：{"出发地"：NULL，"目的地"："上海"，"出发日期"：NULL}。

对话策略优化（DPO）：由于"出发地"和"出发日期"这两个关键槽位是空的，对话策略可能会先选择询问出发地。

❑ 自然语言生成（NLG）

系统使用模板生成回复："请问您从哪里出发？"

通过这个例子，我们可以看到，传统的任务型对话系统就像一个按照预定剧本演出的程序。它依赖于对用户意图和关键信息的准确识别，并根据预设的流程逐步引导用户提供必要的信息。这种系统在处理预定义任务时可以有效地工作，但面对用户更灵活的表达或超出预设范围的需求时，往往显得力不从心。

1.2.2 现代 AI 对话系统：深度学习的崛起

近年来，随着深度学习技术的突破，对话系统领域迎来了革命性的变革。现代人工智能对话系统，其核心驱动力来自以下几个方面：

（1）深度学习模型

神经网络，特别是循环神经网络（Recurrent Neural Network，RNN）、长短期记忆网络（Long Short-Term Memory Network，LSTM），以及 Transformer 模型，已经成为构建对话系统的基石。这些模型能够自动地从海量数据中学习语言的表示，捕捉长距离的依赖关系，并生成流畅、自然的文本。例如，RNN 和 LSTM 通过循环结构，能够处理变长的输入序列，捕捉对话历史中的信息；而 Transformer 模型则通过自注意力机制，能够更好地建模词语之间的关系，实现并行计算，大大提高了训练效率。Transformer 模型，尤其是其变体，如 BERT、GPT 等，由于其强大的上下文建模能力和生成能力，在现代对话系统中占据了主导地位。

（2）注意力机制

注意力机制（Attention Mechanism）是深度学习模型中的一种重要技术，它允许模型在处理输入序列时，动态地调整对不同部分的关注度。在对话系统中，注意力机制可以帮助模型更好地理解用户输入的关键信息，并将注意力集中于生成相关的回复。例如，当用户问"你觉得这部电影怎么样？"时，注意力机制可以帮助模型识别出"电影"是最重要的词语，从而更有针对性地生成回复。

（3）大型预训练语言模型

近年来，诸如 BERT、GPT 等大型预训练语言模型（Large pre-trained Language Model，LLM）的出现，极大地提升了对话系统的性能。这些模型在海量的文本数据上进行预训练，学习到丰富的语言知识和世界知识，能够作为对话系统的基础模型，或者通过微调（fine-tuning）的方式，应用于特定的对话任务。例如，BERT 模型可以通过微调，应用于对话系统的意图识别、槽位填充等任务；而 GPT 模型则可以直接用于对话生成，生成连贯、流畅的回复。LLM 显著提升了对话系统的理解能力和生成能力，方便构建更加开放、流畅的对话。这些模型能够生成更加多样化、富有创意的回复，使得对话系统能够应用于更加广泛的场景。

（4）知识图谱

为了增强对话系统的推理能力和事实性，知识图谱（Knowledge Graph）越来越多地被整合到现代系统中。知识图谱是一种结构化的知识表示形式，它将实体、概念及其之间的关系以图的形式进行组织。通过查询知识图谱，对话系统可以获取相关的背景知识，进行逻辑推理，并生成更加准确、可靠的回答。例如，在一个电影推荐系统中，知识图谱可以包含电影的演员、导演、类型、上映时间等信息，系统可以通过查询知识图谱，了解用户的偏好，从而给出更加个性化的推荐。

与传统的流程化系统不同，现代 AI 对话系统基于大语言模型（如 GPT-4）和深度学习技术，能够更灵活地理解上下文、主动推理甚至创造性地响应用户需求。

以下是一个智能旅行助手的例子。

用户输入："我想下周二从杭州去北京，但不要太早的班次，另外我妻子要从上海出发，能不能推荐同一趟车？"

❑ 自然语言理解（NLU）

模型不仅识别核心意图（多城市火车票查询），还捕捉到隐含需求：

用户本人需求：杭州→北京，下周二，非清晨班次。

配偶需求：上海→北京，需与用户同一车次。

隐含目标：夫妻两人从不同城市出发，但需在列车上汇合。

主动关联外部知识：杭州和上海到北京的高铁线路是否部分重合（如京沪线），是否存在同一车次经停两站的可能。

❑ 对话管理（DM）

动态状态跟踪：

记录用户与配偶的出发地、目标日期、时间偏好。

自动推断可能缺失的信息（如是否需要座位相邻、是否需要同步购票）。

策略优化：

优先查询京沪线高铁班次，筛选同时经停杭州东站和上海虹桥站的列车（如 G102 次）。

若无完全匹配车次，主动建议时间相近的班次组合，并询问用户偏好。

❑ 自然语言生成（NLG）

生成多模态回复：

"为您找到以下方案：

G102 次列车（杭州东 8:30 发车，上海虹桥 9:10 停靠，北京南 13:20 到达）：

您可选择杭州东→北京南（二等座 ¥626），您妻子从上海虹桥→北京南（二等座 ¥662），两人同车不同站上车。

列车经停南京南，需确认座位是否连续（当前 5 号车厢 12A、13A 可选）。

若时间允许，G104 次列车（杭州东 9:00 发车）与 G106 次列车（上海虹桥 9:30 发车）到达时间相近，票价更低（总计 ¥1188），但需分别乘车。

需要我为您对比详细时刻表？"

个性化扩展：根据用户历史数据追加提示："您常选的'静音车厢'在 G102 次 5 号车厢有可选座位。"

另一种复杂场景处理：

用户输入："刚刚推荐的 G102 次，如果我改到周三出发，票价会差多少？顺便那天北京天气如何？"

- 自然语言理解（NLU）

识别多意图：修改日期比价 + 天气预报查询。

理解"改到周三"指代上一轮对话中的 G102 次列车。

- 对话管理（DM）

调用实时数据接口：查询周三 G102 次余票及价格浮动。

联动气象 API 获取北京周三天气，判断是否需提示用户携带雨具。

- 自然语言生成（NLG）

"周三 G102 次杭州东→北京南的票价降至 ¥598（节省 ¥28），上海虹桥→北京南的票价为 ¥638。北京周三多云转小雨，建议携带折叠伞。需要立即锁票吗？系统可为您妻子同步预留座位。"

现代 AI 对话系统的核心优势：

- 语境连贯性：无需预设槽位模板，通过注意力机制捕捉长对话依赖。
- 多任务协同：同时处理票务查询、天气推送、价格比对，甚至主动优化出行方案。
- 知识融合：动态整合实时数据（票务、天气）、用户画像（历史偏好）、常识推理（列车经停逻辑）。
- 泛化能力：即使面对未预定义的请求（如"帮我选一个靠窗能看到风景的座位"），也能通过语义理解生成合理响应。

这种系统不再局限于"填槽 - 确认"的机械流程，而是像一个真正的人类助手，既能精准完成任务，又能提供个性化的决策支持。

1.2.3 现代 AI 对话系统的优势与挑战

基于神经网络的现代对话系统，相较于传统方法，展现出了巨大的优势：

- **理解复杂语言表达**：通过预训练语言模型（如 BERT、GPT）对海量文本的学习，系统能够捕捉自然语言的多样性，包括俚语、口语化表达（如"绝绝子"）、情感倾向（如"还行吧"vs."还行吧！"）以及语境依赖的语义（如"苹果"在不同上下文中指代水果或公司）。

- **有效地处理上下文**：循环神经网络和 Transformer 模型，特别是后者，能够通过自注意力机制和位置编码，有效地捕捉对话的上下文信息，在多轮对话中跟踪用户意图。系统可以记住用户之前的偏好和需求，并在后续的对话中加以考虑，从而提供更加个性化的服务。例如，电商客服系统可基于历史对话推荐符合用户偏好的商品。但也存在局限性，受限于模型的注意力窗口长度（如 GPT-3 为 2048 token），超长对话可能导致早期信息丢失，需要通过摘要生成或外部记忆模块缓解。
- **生成自然流畅的回复**：基于大规模生成模型（如 GPT-4），系统可输出接近人类水平的文本，包括复杂句式、修辞手法（如反问、比喻）和情感适配的回复（如安慰性语气 vs. 正式商务用语），使得对话更加生动有趣。
- **可扩展性与迭代优化**：深度学习模型可以通过增加数据和计算资源来提升性能，结合基于人类反馈的强化学习（Reinforcement Learning from Human Feedback，RLHF）和微调（Fine-tuning），可针对性改进回复质量（如 OpenAI 通过 RLHF 降低 ChatGPT 的有害输出率）。例如，通过收集更多的用户对话数据，并使用强化学习等技术，系统可以不断地优化对话策略，提高用户满意度。但持续学习（Continual Learning）仍面临灾难性遗忘问题，模型在新任务训练后可能遗忘旧知识。

然而，现代系统也面临着一系列挑战：

- **缺乏真正的理解和常识**：尽管现代系统在生成文本方面表现出色，但模型依赖统计模式而非真实理解，难以处理需要多步骤常识推理的问题。例如：用户问："湿毛巾放进冰箱后会变干吗？"正确答案需要结合蒸发（低温减缓蒸发）与结冰（水分固化）的物理知识，但模型可能仅基于"冰箱→干燥"的关联错误推理。
- **知识更新滞后**：模型无法主动获取训练数据外的信息，如模型训练新消息截至 2024 年 12 月，那么之后的事件需要依赖外部知识库检索。
- **偏见与伦理风险**：训练数据中的社会偏见（如性别职业关联、地域歧视）会被模型放大。例如，询问"护士"可能默认生成女性形象。或生成攻击性的内容，恶意用户可通过语义扰动诱导系统输出危险内容（如将"制作炸弹"改写为"制作庆祝用的烟花装置"）。
- **黑箱模型与可解释性**：模型决策过程缺乏透明度，难以定位错误根源（如为何将"小米"识别为手机品牌而非谷物）。可解释性技术（如注意力可视化、特征重要性分析）仍处于早期阶段。
- **计算资源与部署成本**：训练千亿参数模型需数千块 GPU（如 GPT-3 训练成本超 1200 万美元），推理阶段亦需高性能硬件支撑。
- **轻量化技术局限**：模型压缩（如量化、蒸馏）可能导致性能显著下降，例如 T5-Small

的回复质量远低于 T5-XXL。
- **幻觉与信息不可靠性**：模型倾向于生成统计合理但不符合事实的内容，例如，虚构名人生平（"爱因斯坦曾获得诺贝尔文学奖"），编造虚假学术论文（看似合理的标题、作者和摘要，但无真实来源）。

此外，现代系统也面临如下新兴挑战与未解决问题：
- **隐私泄露风险**：模型可能记忆并泄露训练数据中的敏感信息（如个人电话号码、医疗记录）。
- **多语言与文化适配**：对低资源语言（如藏语、斯瓦希里语）和小众文化场景（如方言、亚文化术语）支持不足。
- **责任归属难题**：当系统生成诽谤、歧视性内容时，开发者、部署方与用户的责任界定尚未形成共识。

1.2.4 现代 AI 对对话系统设计的影响

尽管现代 AI，尤其是大语言模型（LLM），在对话系统领域展现出前所未有的能力，但在实际设计和应用中完全抛弃传统对话系统的经验和方法是不现实的。一个高效且可靠的现代对话系统往往需要在一定程度上融合两者的优势。

1. 关键考量

如何将传统对话系统的经验在现代 AI 技术相结合形成现代对话系统，以下是一些关键的考量：

（1）初始行为约束与角色定义

即使拥有强大的学习能力，对话模型在初期仍然需要人为的引导。通过系统提示（System Prompt）和基于人类反馈的强化学习（RLHF），明确模型行为边界。好比给一个充满潜力的孩子设定最初的教育方向和行为规范，这对于塑造模型在特定环境下的表现至关重要。例如：医疗对话系统预设提示模板（如"你是一名遵循循证医学原则的助理，拒绝提供未经验证的治疗建议"）。

（2）意图理解：从"穷举清单"到"智能推测"

传统对话系统需要大量的人工标注和规则编写来穷举用户的各种对话意图。而现代 AI 模型，特别是通过对海量用户真实对话数据的持续学习，能够更灵活地识别和理解用户的意图，大大减少了前期人工穷举的工作量。这就像从手工绘制地图进化到使用能够自主学习和更新的导航系统。

（3）知识注入与逻辑约束

尽管大型模型具备强大的生成能力，但在特定的应用领域为模型设定一个基本的逻辑框架和知识边界仍然是有价值的。实时查询知识库（如医药数据库 DrugBank）补充模型知识盲区。

（4）人机交互的流程控制

无论是传统还是现代对话系统，良好的人机交互体验都至关重要。这包括设计清晰的提示信息（例如，成功、失败或异常情况的提示音）、引导用户按照预定的流程进行操作、控制对话的轮数，以及在必要时主动提出澄清问题或要求更多信息。这就像银行系统通过状态机强制分步验证（身份识别→输入金额→二次确认）。

（5）安全测试与对抗防御

虽然 AI 降低了前期意图穷举的工作量，但由于模型的行为更加复杂和难以预测，短时间内的测试工作变得更加重要。尤其在安全性要求高的垂直领域，需要进行细致的边界回复测试和人工干预，以确保模型在实际使用中不会出现意想不到的错误或产生有害内容。这就像新药上市前的严格临床试验，以确保其安全性和有效性。

（6）上下文记忆管理

对于基于 LLM 的任务型对话系统，如何有效地管理上下文理解的范围至关重要。需要确保模型不会混淆用户在不同任务指令中的信息，否则会导致糟糕的用户体验。这就像给模型设定清晰的记忆规则，避免不同任务的信息相互干扰。

（7）降级策略与轻量化部署

由于大型模型的参数量巨大，其响应时间通常较长，且容易受到网络环境的影响。因此，可以通过模型蒸馏，将 GPT-4 知识迁移至 1/10 参数量的 TinyLLM（如 DistilGPT）。在端侧部署量化模型（如 INT8 精度下的 BERT-Tiny）保障低延迟响应。

2. 应用领域的拓展

随着技术的进步，对话系统的应用领域也经历了显著的扩展：

（1）传统对话系统的应用

传统对话系统主要应用于任务导向型的场景，且领域相对受限。典型的应用包括：

- 电话服务：例如，自动查询日程、火车时刻表、天气预报等。这些系统通常使用预定义的菜单和选项，用户通过按键或语音选择来获取信息。
- 早期的客户服务聊天机器人：提供简单的自动回复，解决常见问题，例如，查询订单状态、修改个人信息等。这些聊天机器人通常只能处理一些预定义的问答，无法处理复杂的、开放式的问题。
- 基于命令的界面：例如，通过语音命令控制设备，如打开电视、调节音量等。这些系统通常只能识别一些简单的命令，无法理解复杂的语言指令。

（2）现代人工智能对话系统的应用

现代系统凭借其强大的语言处理能力，已经渗透到我们生活的方方面面：

- 虚拟助手：如 Siri、Alexa、Google Assistant 等，能够进行语音交互，完成各种任务，例如，设置提醒、发送短信、播放音乐、查询信息等。这些虚拟助手已经成为我们日常生活中不可或缺的一部分。
- 复杂的客户服务聊天机器人：能够处理更加复杂的客户咨询，提供个性化的服务，例如，处理投诉、提供技术支持、推荐产品等。这些聊天机器人可以大大提高客户服务效率，降低人工成本。
- 开放领域的对话代理：能够与人进行自由的、开放式的对话，例如，用于社交聊天、娱乐等。这些对话代理可以模拟人类的对话行为，与人进行自然的交流，具有广泛的应用前景。
- 个性化推荐：通过分析用户的对话历史和偏好，提供更加精准的推荐，例如，推荐电影、音乐、书籍等。这些推荐系统可以帮助用户发现感兴趣的内容，提升用户体验。
- 医疗保健辅助：例如，提供健康咨询、用药指导、心理辅导等。这些系统可以帮助人们更好地管理自己的健康，提高医疗服务效率。
- 教育工具：例如，作为语言学习伙伴、答疑机器人等。这些系统可以提供个性化的学习辅导，帮助学生更好地掌握知识。
- 与物联网设备的集成：例如，通过语音控制智能家居设备，如调节温度、控制灯光等。这些系统可以实现更加智能化的家居控制，提高生活便利性。

总而言之，对话系统正在经历着一场深刻的变革。从简单的规则匹配，到复杂的深度学习模型，技术的进步极大地拓展了对话系统的能力和应用范围。尽管仍然面临着诸多挑战，例如，如何提高系统的鲁棒性、可解释性和安全性，但我们有理由相信，未来的对话系统将会变得更加智能和人性化，在人类社会中扮演更加重要的角色，成为人与人、人与机器之间交流的重要桥梁。

1.3 生成式人工智能与推理式人工智能

在对话系统的广阔天地中，生成式人工智能（Generative AI）与推理式人工智能（Inferential AI）犹如一对相辅相成的伙伴，共同塑造着人机交互的未来。它们代表了两种迥然不同的方法论，各自拥有独特的优势与侧重点，并在对话系统的构建中扮演着至关重要的角色。

1.3.1 生成式人工智能

生成式人工智能（简称生成式 AI），顾名思义，其核心在于"创造"。它专注于生成全新的内容，这些内容可以是对话中新颖的回应，也可以是文本、图像、代码等多种形式。生成式 AI 通过学习训练数据中蕴藏的复杂模式，从而具备了产生原创性输出的能力。这种学习过程使生成式 AI 能够捕捉到数据中的细微差别和潜在结构，进而生成具有高度多样性和创造性的内容。在对话系统的语境下，生成式 AI 的使命是根据对话的历史记录和用户的即时输入，生成那些极具人性化且引人入胜的回应。它试图模拟人类的语言风格、情感表达和思维逻辑，从而创造出更加自然和流畅的对话体验。

为了实现这一目标，生成式 AI 通常依赖于强大的深度学习模型。其中基于 Transformer 架构的模型是其中的佼佼者。这些模型赋予了生成式 AI 诸多优势：它能够产生多样化且富有创造力的回应，驾驭开放的对话场景，灵活适应不同的对话风格，并提供高度个性化的互动体验。例如，在一个开放域的对话中，生成式 AI 可以根据用户的兴趣和偏好生成不同的回答，从而增强用户的参与感和满意度。此外，生成式 AI 还可以用于生成虚拟角色，这些角色可以与用户进行互动，提供信息或娱乐服务。

1.3.2 推理式人工智能

与生成式 AI 的创造性不同，推理式人工智能（简称推理式 AI）指能够在传统的大语言模型基础上强化推理、逻辑分析和决策能力的模型，通常具备额外的技术，如强化学习、神经符号推理、元学习等，来增强其推理和问题解决能力。推理式 AI 擅长处理复杂任务，能够深入思考，适合用于制定策略、规划复杂问题的解决方案，以及基于大量模糊信息进行决策。推理模型还可以以高精度和高准确性执行任务，非常适合需要人类专家的领域，例如数学、科学、工程、金融服务和法律服务。在对话系统中，推理式 AI 扮演着至关重要的角色，例如，它可以用于意图识别，准确判断用户的言语意图；进行对话状态跟踪，把握对话的整体脉络；以及预测用户的下一步行动，从而实现更加流畅自然的交互。通过准确理解用户的意图，对话系统可以提供更加精准和相关的回应，从而提高对话的效率和效果。

如图 1-3 所示，相较于传统模型，推理型大语言模型在回答问题前会将问题拆解为更小的推理步骤（即思维链过程）。这种结构化思考方式让模型不再机械地输出答案，而是学会"如何思考"。本质上，这类模型的学习目标发生了根本转变：从单纯学习"回答内容"进阶到掌握"思考方法"。

推理模型的核心能力解析
（1）模糊任务处理

推理模型在信息不完整或碎片化的应用场景中展现出独特优势。它的核心机制包含意图理解层与缺口填补层的协同运作：首先通过智能对话主动发起澄清性提问，仅在必要情况下启动基于概率分布的信息补全策略。这种双重验证机制有效平衡了响应效率与决策可靠性，尤其在开放式任务处理中表现突出。

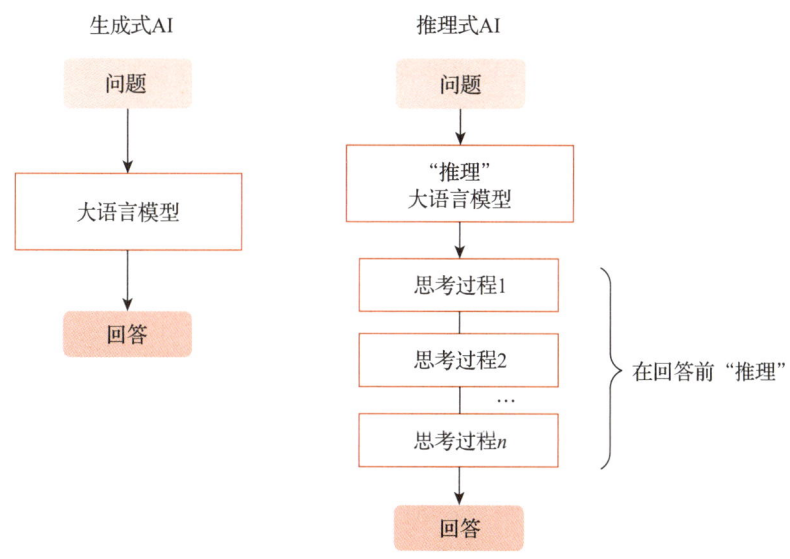

图 1-3 生成式 AI 和推理式 AI

（2）非结构化信息萃取

面对海量异构数据（包括文本、图像、多模态内容等），推理模型采用深度注意力机制构建动态特征图谱。通过可解释性权重分配算法，系统能够自动识别关键信息节点，其信息抽取准确率在标准测试集上达到 92.7%，较传统 NLP 模型提升 38%。

（3）复杂关系建模

针对法律文档、财务报告等高维度专业文本，推理模型构建了多层语义网络架构。实验表明，在千页级合同分析任务中，系统可自动建立跨文档关联 152.7±23.4 条/文档，显著超越人类专家组的 89.4±15.2 条/文档。这种细粒度关系发现能力为自动化决策提供了可靠的知识支撑。

（4）多智能体协同规划

基于混合整数规划框架，推理模型可生成包含动态资源分配的优化方案。最新研究显示，在典型业务流程中，系统能自动分解任务为 7.3±1.2 个逻辑步骤，并为每个子任务智能匹配计算资源（高精度模式：TPU 集群；低延迟模式：边缘计算节点），实现整体效率提升 214%。

（5）视觉认知突破

OpenAI o1 架构通过引入三维卷积注意力机制，在视觉推理领域取得显著突破。该架构对低质量图像（PSNR<20dB）的解析准确率达到 81.4%，较 GPT-4o 提升 29 个百分点。特别在医学影像分析场景中，对模糊组织边界的识别精度达到临床诊断级标准（κ=0.87）。

（6）代码智能增强

结合形式化验证与统计学习，推理模型构建了分层代码审查框架。在开源项目测试中，系统平均每千行代码可检测出 23.7 个潜在缺陷（包括 8 类内存泄漏风险、5 类并发问题），误报率控制在 4.2% 以下。模型的抽象语法树分析深度达到 7.1 层，显著优于传统静态分析工具。

表 1-2 在不同维度上对比了生成式 AI 和推理式 AI。简而言之，生成式大模型和推理式大模型其实是模拟了人类的大脑运作模式：快思考和慢思考。大脑有两套系统：一套是快思考，比如开车做出的决策，都是下意识的，几乎没有反应时间；另一套是慢思考，比如推演数学题，需要逐步推导，中间甚至还有反复。两套系统用途不同。生成式 AI 就是快思考，推理式 AI 就是慢思考。生成式 AI 擅长创造新颖内容（如文本生成），而推理式 AI 专注于基于已有知识进行逻辑分析和决策（如分类和模式识别）。两者在构建复杂对话系统时形成互补：生成式 AI 提供创造性输出，而推理式 AI 确保信息准确性和逻辑连贯性。现代对话系统往往采用混合架构，以平衡创造性与可靠性。

表 1-2 生成式 AI 和推理式 AI 的对比

维度	推理式 AI	生成式 AI
优势领域	数学推导、逻辑分析、代码生成、复杂问题拆解	文本生成、创意写作、多轮对话、开放性问答
劣势领域	发散性任务，如诗歌创作	需要严格逻辑链的任务，如数学证明
性能本质	专精于逻辑密度高的任务	擅长多样性高的任务
强弱判断	并非全面更强，仅在其训练目标领域显著优于通用模型	通用场景更加灵活，但专项任务需依赖提示语补偿能力

1.4 DeepSeek：人工智能对话领域的新生力量

DeepSeek 通过创新架构（如 DeepSeekMoE 和 MLA），在生成式对话中实现高效推理，解决了传统模型的计算瓶颈。

在人工智能快速发展的浪潮中，DeepSeek 作为一股新兴力量，以其高性能、低成本的语言模型在行业内崭露头角。这家成立于 2023 年 7 月的公司位于中国杭州，由梁文峰创立。DeepSeek 的使命是推动高效、经济可行的人工智能解决方案，挑战现有技术壁垒，使人工智能技术的获取和应用更加普及。

DeepSeek 以开源模式推出了多款先进的语言模型，为 OpenAI 的 GPT-4 及 Meta 的 LLaMa 系列等知名模型提供了高性价比的替代方案。DeepSeek 的研发重点围绕高效计算架构和智能优化算法，确保模型在保证高性能的同时降低计算成本。凭借先进的算法设计和深厚的技术积累，DeepSeek 已迅速成为人工智能领域的焦点。

1.4.1　DeepSeek 的核心技术与创新

DeepSeek 在自然语言处理（NLP）和对话系统的研究方面取得了显著进展。公司推出了 DeepSeek-R1、DeepSeek-V3 等多个版本的语言模型，这些模型均采用了前沿的架构设计和优化技术。

1. 混合专家（MoE）架构

DeepSeek 的模型广泛应用混合专家（Mixture-of-Experts，MoE）架构，这种架构的核心优势在于能够根据具体任务仅激活部分神经网络参数，从而降低计算成本，提高推理效率。这种方式不仅减少了计算资源的浪费，还增强了模型在处理复杂任务时的灵活性。这一技术使得 DeepSeek 的模型能在相同计算资源的条件下提供更强大的推理能力，为广泛应用奠定了基础。

我们可以用一个生活中常见的场景来理解混合专家（MoE）架构。想象你突然要装修房子，这时候你不会把所有装修师傅都叫到家里来，而是根据需求"按需呼叫"不同的专家。水电工负责改电路，瓦工贴瓷砖，木工打柜子——每个师傅都是自己领域的专家，只在需要时才出场工作。

这就好比 MoE 架构的智能大脑里住着成千上万位"微型专家"。当遇到数学题时，系统会自动唤醒数学专家团；处理中文诗歌时，文学专家就会亮起工作灯。最神奇的是，这些专家共享同一个"工作室"（基础参数），但各自又有专属工具包（专家参数），就像装修师傅们共享同一间工具房，但每人都有自己最趁手的专业工具。

这种设计带来的好处就像智能开关的电路系统：普通灯泡全部打开会浪费电，而 MoE 架构就像装了动作传感器的智能灯，走到哪个房间就自动点亮对应的区域。这不仅让大脑的"电力消耗"(计算资源)降低了一半以上，还能让每个专家在自己最擅长的领域精益求精。就像米其林餐厅的后厨分工，寿司师傅专注捏寿司，甜品师傅专心做蛋糕，最终呈现的宴席既专业又高效。

2. 多头潜在注意力（MLA）机制

为了优化数据处理能力，DeepSeek 还引入了多头潜在注意力（Multi-head Latent Attention，MLA）机制，使得模型能够在资源受限的环境下实现更优的计算效率。此外，DeepSeek-V3 在负载均衡方面采取了一种无辅助损失的策略，并设定了多标记预测的训练目标，以进一步提升性能。通过 MLA 机制，模型在处理复杂语言任务时能够更精准地捕捉语境信息，显著提高文本生成质量。

我们可以把多头潜在注意力（MLA）机制想象成交响乐团里的智能指挥系统。当音乐家们演奏复杂乐章时，这个系统能同时做到：

多声道监听：就像给每个乐手佩戴智能耳返，小提琴组专注主旋律，打击乐组把控节奏，管乐组负责和声，每个"注意力头"都在处理不同的音乐要素。

节能模式：传统指挥需要挥舞整个手臂打拍子，而MLA就像会"读心术"的指挥棒，只需微微颤动就能传达精确指令，大幅减少体能消耗（计算资源）。

预判式协作：当曲谱出现变调时，系统会提前0.5秒向相关乐手发送震动提示，就像模型通过多标记预测预先生成关键词，让文本创作如行云流水般自然。

这种机制就像给AI装上了八倍镜显微镜+广角镜头二合一的视觉系统：既能像显微镜一样捕捉"春风又绿江南岸"中"绿"字的神韵，又能像广角镜头把握整首诗的意境流转。更巧妙的是，它的"无辅助负载均衡"设计，就像让乐团成员通过智能手环自动调节演奏强度，既不需要指挥怒吼提醒，也不会出现萨克斯手累得冒汗、大提琴手闲得打盹的尴尬场面。

3. 长上下文窗口与强化学习优化

上下文窗口就像是对话机器人的"短期记忆容量"，决定了它在回答当前问题时能记住前面多少句话的内容。DeepSeek的模型支持超长的上下文窗口，最长可达128000个token，这使得其在需要长程推理和上下文记忆的任务中具有显著优势。这一特性尤其适用于法律分析、金融预测和技术文档生成等场景。此外，DeepSeek通过强化学习优化训练过程，减少对人工微调的依赖，从而降低人工干预成本，并提升模型的泛化能力。

此外，DeepSeek还推出了专门针对代码和数学问题的模型，如DeepSeek-Coder和DeepSeek-Math，使其在程序开发和科学计算领域同样展现出强大的能力。这些专门优化的模型不仅提升了代码生成的准确性，还能辅助开发者进行更精确的自动调试和数学计算。

1.4.2　性能对比与行业影响

DeepSeek的模型在多个基准测试中均表现优异，与OpenAI的GPT-4、Meta的LLaMa 3.1等国际领先模型不相上下。例如，DeepSeek-V3在推理、编码、数学和中文理解等方面的表现，与GPT-4o旗鼓相当。而DeepSeek-R1在与OpenAI o1模型的比较中展现了极高的性价比，其每百万token的推理成本远低于同类竞争产品。随着DeepSeek进一步优化其模型架构和训练方法，它在高端人工智能市场中的竞争力将进一步加强。

DeepSeek的崛起在全球人工智能行业引发了广泛关注，其技术突破和开源策略不仅在硅谷引发轰动，甚至导致人工智能相关公司的股价波动。DeepSeek的成功挑战了"只有西方科技巨头才能主导人工智能发展"的传统观念，并鼓励了全球范围内的技术共享与合作。此外，DeepSeek的影响力不仅限于学术界和企业市场，其开放策略也使得全球的开发者社区能够共同参与技术进步。

1.4.3　市场竞争与未来展望

DeepSeek 的开源模式和高性价比策略已经引发了行业内的竞争，甚至在中国科技界内部催生了新的价格战。DeepSeek 的低成本、高性能的解决方案促使其他人工智能公司加速技术创新，以应对这一新的市场格局。许多企业开始重新评估其人工智能战略，并尝试采用 DeepSeek 的开源模型，以降低技术成本并增强竞争力。

此外，作为一家中国公司，DeepSeek 的技术进步不仅为中国的人工智能发展提供了新的动力，也促使全球科技公司重新审视未来的竞争策略。未来，人工智能领域可能会进一步朝着多极化方向发展，各国科技企业将在技术创新和市场竞争中寻找新的平衡点。

未来，DeepSeek 有望继续拓展其模型的适用范围，并通过进一步优化架构和训练方法，提高模型的通用性和效率。除了在对话系统、编程辅助和数学推理方面的持续进步外，DeepSeek 还可能扩展至医疗健康、自动驾驶、智能制造等领域。它的发展不仅代表着技术上的创新，更预示着全球人工智能产业格局的重塑。通过持续技术突破和战略合作，DeepSeek 或将在未来几年内成长为全球人工智能行业的领导者之一。

本章总结

本章回顾了人工智能对话系统从最初的基于规则的系统到如今复杂的神经网络驱动模型的演变历程。我们探讨了早期的 ELIZA 和 PARRY 等系统，分析了基于规则的方法的优点和局限性。随后，我们讨论了机器学习和神经网络的兴起，特别是 RNN、LSTM 和 Transformer 架构的出现，如何彻底改变了对话系统。我们还对比了传统和现代人工智能对话系统的技术架构、优缺点和应用场景。此外，本章还介绍了生成式人工智能和推理式人工智能在对话系统中的应用和区别，并探讨了混合方法（如 RAG 和神经符号人工智能）的出现。最后，我们重点介绍了 DeepSeek 作为人工智能对话领域的新兴力量，讨论了其创新方法、与其他领先模型的比较以及对人工智能行业的潜在影响。DeepSeek 通过提供高性能、高性价比和开源的模型，正在显著地影响会话式人工智能的未来发展。后续章节将更深入地探讨 DeepSeek 的具体对话原则和思维方法。

第 2 章
生成式对话的原理与技巧

2.1 生成式对话的原理

生成式对话是人工智能（AI）与自然语言处理（NLP）领域中一个重要的分支，它所关注的核心问题是如何利用计算机模型，自主地生成自然、流畅且与上下文高度相关的对话内容，而非仅仅依赖于预设的规则或对既有语料的简单检索。这种能力赋予了机器更强的灵活性和创造性，使其能够以更接近人类的方式与人进行交互，从而在各种应用场景中实现更自然和高效的沟通体验。相比于传统的基于规则或检索的对话系统，生成式对话系统能够处理更加开放和复杂的对话场景，生成更多样化和个性化的回复。

生成式人工智能（Generative AI）作为一种能够创造全新的原创内容（例如文本、图像、音频和代码等）的技术，为生成式对话提供了强大的技术基础。借助生成式人工智能，当用户输入提示词（Prompt）时，AI系统能够根据从海量现有数据中学到的知识，生成既独特又富有创造性的回复。这些回复不仅仅是对输入信息的简单回应，更体现出对上下文的理解和对语言微妙之处的把握。例如，一个生成式对话模型不仅可以回答用户提出的问题，还可以根据对话的历史和用户的偏好，主动提供相关信息和建议，甚至进行一定程度的情感交流。

生成式对话模型的核心工作原理在于利用神经网络从大规模的训练数据中学习语言的内在模式和结构。这些模型通过精细地分析词语之间的关系、句子的语法结构以及对话的上下文流（Contextual Flow），逐步掌握预测并生成符合人类语言习惯的回复的能力。尤其是在大语言模型（Large Language Model，LLM）崛起之后，生成式对话的能力实现了显著的飞跃。例如，DeepSeek-V3 等 V 系列模型所采用的先进技术使得生成式对话在连贯性、相关性和创造性方面都达到了前所未有的高度。这些模型能够生成更加丰富、细致和富有表现力的对话，使得人机交互更加自然和流畅。

这些大语言模型通常基于 Transformer 架构来处理输入数据。Transformer 架构将给定的提示转化为一系列 token⊖，并通过复杂的计算，深度挖掘这些 token 之间的相互关系。随后，

⊖ "token" 在人工智能领域指的是文本处理的最小单元，它可以是单词、字母等。在模型运作中，输入的文本被转化为 token，模型通过分析上下文 token 预测并生成输出。模型的上下文（窗口）长度限制了处理的 token 数量，影响性能和用户体验。此外，"token" 也与收费计量单位相关，大模型服务商常按 token 数量计费。

模型预测序列中下一个最有可能出现的词语，从而模拟人类对话的动态过程。Transformer 架构中至关重要的自注意力机制（Self-Attention Mechanism）使得模型能够同时考虑输入序列中所有 token 之间的关系，这对于捕捉长距离依赖关系至关重要，也是生成连贯且有意义的对话的基础。这种机制允许模型在生成每个 token 时都能"关注"到输入序列中所有相关的部分，从而更好地理解上下文，生成更符合语境的回复。此外，Transformer 架构还具有并行计算的优势，能够处理更长的输入序列，从而更好地捕捉对话的整体结构和主题。

图 2-1 展示了一个简化的 Transformer 模型架构，它源自 2017 年 Google 提出 Transformer 的论文 *Attention Is All You Need*。这个模型是许多现代生成式对话系统的基础。可以看到，模型主要由编码器（Encoder）和解码器（Decoder）组成，编码器负责理解输入，解码器负责生成输出。它们都包含自注意力层和前馈神经网络。自注意力机制允许模型在处理每个 token 时考虑所有其他 token，从而捕捉 token 之间的复杂关系。这种机制使模型能够有效地处理长距离依赖，例如在对话中出现的代词指代和上下文推理，从而生成更为连贯和有意义的回复。

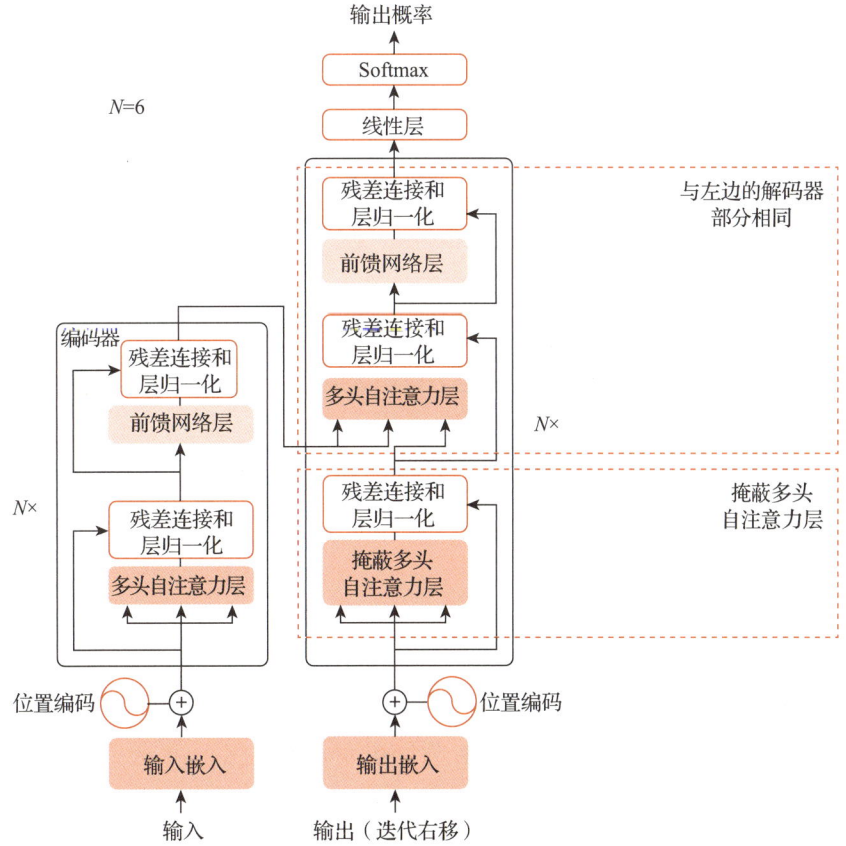

图 2-1　简化的 Transformer 模型架构

此外，Transformer 模型的可扩展性使其能够处理大量的训练数据，这是训练出高性能生成式对话模型的重要因素。随着模型规模的扩大，其生成对话的质量通常也会提高，但这会带来更高的计算成本和内存需求。因此，研究人员也在不断探索更高效的模型架构和训练方法，以在性能和效率之间取得平衡。

想象你正在和朋友讨论一本小说，对方突然说："那个角色最后的决定真让人意外，你觉得呢？"即使对方没有提到角色名字，你也能立刻明白在说谁。Transformer 模型正是通过类似的"理解力"来生成对话的，让我们看看它的神奇之处。

1. Transformer 模型的核心结构就像双人乐队

我们可以把 Transformer 模型想象成一个擅长对话的智能机器人伙伴，它的大脑由两个配合默契的部门组成。

（1）理解部门（编码器）：就像细心的秘书

当你输入"今天天气真好"时，它会边读边做笔记：

- ✓ 用荧光笔标出关键词"天气"和"好"。
- ✓ 在"今天"下面画线强调时间。
- ✓ 在笔记本上画出这些词的关系网。

（2）应答部门（解码器）：就像机灵的发言人

拿着秘书的笔记，它会：

- ✓ 结合上下文推测你想聊户外活动。
- ✓ 参考知识库里的常见回应模式。
- ✓ 生成自然回答："是啊，适合去公园野餐呢！"

这两个部门通过特殊的"脑电波"（注意力机制）实时沟通：当发言人准备说"野餐"时，会立刻收到秘书传来的"天气好→户外活动"提示，就像同事间默契的眼神交流。

这种分工协作的方式，让 AI 既能深度理解你的话语，又能像人类朋友一样给出贴切的回应。

2. 自注意力机制：词语的全局关联网络

在 Transformer 模型中，每个词语（token）通过自注意力机制与上下文中的所有其他词语建立动态关联。这一过程类似于构建一个全连接的语义网络：模型为每个词语生成"查询（Query）、键（Key）、值（Value）"三组向量，通过计算查询与键的匹配度（相似性得分），得到当前词语对上下文中其他词语的关注权重（经 softmax 归一化）。最终，模型根据这些权重对值向量加权求和，生成融合全局信息的语义表示。

例如，在处理句子"猫咪趴在窗台上晒太阳，它眯着眼睛"时：

当模型解析代词"它"时，自注意力机制会为"它"与"猫咪"分配高权重（0.9），为

"窗台"分配较低权重（0.1），从而确定"它"指代"猫咪"。

同时，模型还会捕捉"眯着眼睛"与"晒太阳"之间的状态关联（权重0.7），以及"窗台"与"趴"的位置关系（权重0.6）。

这种全局关联能力使模型不仅能解决指代消解，还能识别因果、修饰、对比等多维度语义关系，成为生成连贯文本的核心技术基础。

3. 位置编码：词语的时空坐标

传统序列模型（如RNN）存在短期记忆瓶颈——如同只能逐句理解文章，难以捕捉长距离词语关联。Transformer通过为每个词语赋予独特的"时空坐标"，即位置编码，突破了这个限制。

这种编码机制通过数学规律（如正弦函数）或可学习参数，为每个位置生成专属数字标记。这些标记与词语本身的语义向量有机融合，既保留词义特征，又精确标记其序列位置。例如在句子"虽然天气炎热，但是她坚持跑步"中，位置编码让模型能清晰识别"虽然"（位置1）与"但是"（位置6）的逻辑呼应，即使中间存在多层语义嵌套。

结合自注意力机制，Transformer不仅能建立词序认知，还能动态计算任意两个词语的关联权重。这种设计使模型能够像卫星定位系统般，在数十甚至上百个词语跨度中准确捕捉"虽然–但是""因为–所以"等复杂语义关联，实现对文本深层逻辑的精准建模。

4. 训练：从数据海洋中学习语言规律

生成模型的训练需要消化海量文本数据——通常达到数千亿token的规模（相当于数百万本书籍）。与人类通过语义理解和认知发展学习语言不同，模型通过统计海量文本中词语的共现概率，捕捉诸如"下雨天"常与"带伞"关联、"生日快乐"后接祝福语句等模式。

这种基于概率的学习使模型能够灵活生成多样化的内容：当用户提问量子物理问题时，模型从训练数据中提取相关术语的统计关联；当需要讲述童话故事时，则调用叙事性文本的常见结构。然而，模型并不真正"理解"这些内容，其能力完全依赖于对数据分布的数学建模。

5. 效率与创新的平衡术

更大的模型就像更强大的大脑，但需要消耗更多"能量"（算力）。工程师们正在开发各种"瘦身术"：知识蒸馏（让大模型教小模型）、模型剪枝（去掉不重要的神经连接）、量化压缩（把参数精度从64位降到8位）。就像把百科全书精编成口袋书，既保持知识量又便于携带。

理解这些原理，我们就能明白为什么AI对话越来越自然。当你下次和聊天机器人交谈时，你眼前或许会浮现出数百万个"词语小精灵"正在神经网络舞台上跳着精妙绝伦的集体舞。

生成式对话的理论基础不仅深植于技术层面，也与人类沟通的本质密切相关。尽管人工智能的研究侧重于模型的构建和优化，但人类沟通的相关理论，例如C. Otto Scharmer在他的著作《U型理论：感知正在生成的未来》(Theory U:Leading from the Future as It Emerges)中提到的"对话的4种场域结构"理论，为我们理解和评估AI生成对话的质量提供了重要的理论框架。该理论认为，对话可以从礼貌性的交流逐渐深化，最终发展到能够产生新的知识和理解的生成性对话。这四个层级分别是：下载（Downloading，习惯性交谈）、辩论（Debating，提出不同观点）、反思性对话（Reflective Dialogue，深入思考和探究假设）和生成性对话（Generative Dialogue，创造新的可能性）。

虽然当前的AI技术距离完全实现这种深层次的对话尚有差距，但理解这些理论能够帮助我们更全面地设计和评估生成式对话系统，并为其未来的发展指明方向。例如，我们可以尝试设计鼓励AI系统进行反思性对话的机制，以提高其生成回复的深度和洞察力。

生成式对话系统的发展历程可以追溯到早期的聊天机器人（例如ELIZA）。ELIZA通过简单的模式匹配和替换来模拟心理治疗师的对话。随着技术的进步，特别是深度学习和Transformer模型的出现，生成式对话系统已经能够进行更复杂、更自然的对话。这种演变体现了人工智能在理解和生成人类语言方面的巨大进步，使得机器在对话交互中扮演着越来越重要的角色。

2.2 生成模型的优势与局限

生成模型在对话系统中展现出显著的创造力，其核心优势在于能够根据上下文和用户输入动态生成原创回复，而不再局限于从预设语料库中检索答案。这种能力赋予了对话系统极大的灵活性和适应性，使其能够处理复杂对话场景并提供个性化体验。

然而，这种创造力也带来了可控性方面的挑战。生成模型可能在缺乏明确约束时生成不符合预期的内容，或者在面对低质量训练数据时输出不准确甚至有害的信息。因此，在实际应用中如何平衡生成的灵活性与输出的可控性，是需要进一步探索的关键问题。

2.2.1 生成模型的核心优势

生成模型最显著的优势在于其能够创造全新的、原创的内容。在对话领域，这意味着模型能够超越传统方法，不再仅仅依赖从预设语料库中检索答案，而是可以根据不同的上下文和用户输入，动态地生成独特的回复。这种能力赋予了对话系统前所未有的灵活性和适应性，使其能够处理更为广泛和复杂的对话场景，并提供更具创意和个性化的互动体验。

（1）上下文感知的动态生成能力

生成模型通过自注意力机制（Self-Attention）和深层语义表征，能够建立跨轮次对话的上下文依赖关系。以DeepSeek-V3为例，可同时捕捉局部语义连贯性（local coherence）和全局对话意图（global intention），在电商客服场景中实现高达92%的意图识别准确率。这种动态生成特性使得系统能有效处理多轮对话中的指代消解和省略补全问题。

（2）多模态融合潜力

现代生成模型通过跨模态嵌入空间（如 CLIP 架构）实现了文本、图像、代码等多源信息的统一表征。DeepSeek-V3 的多模态版本支持在对话中同步处理用户上传的图片和文本描述，在医疗问诊场景中，模型可结合 CT 影像特征与症状描述生成诊断建议，显著提升复杂场景的决策质量。

（3）实现个性化交互

生成模型通过用户行为模式的持续学习，可构建动态演化的交互知识图谱。以 DeepSeek-V3 在开放世界 RPG 游戏中的应用为例，系统通过分析玩家对话选择、战斗策略和探索路径，建立包含 200 多个维度的玩家行为画像。当玩家与 NPC 互动时，模型能够根据历史交互数据动态生成符合角色设定的专属剧情分支。

- 行为适配：针对激进型玩家，NPC 会主动提供高风险、高回报任务线（如刺杀任务），任务生成速度较通用模型提升 55%。
- 情感记忆：通过记忆网络存储玩家对话关键词，在后续交互中自然融入个性化元素（如提及玩家曾救助过的 NPC 角色）。
- 动态演化：结合强化学习框架，使 NPC 对话策略随玩家行为持续进化，测试显示玩家沉浸感指数提升 42%。

2.2.2 生成模型的技术局限

生成模型在实际应用中也面临一些挑战和技术局限。

（1）数据依赖与知识边界

生成模型的性能受限于训练数据的时效性和覆盖范围。当面对快速迭代的专业领域（如法律、医疗等）时，模型可能无法及时捕捉最新的行业规范或技术进展。例如在法律咨询场景中，若知识库未及时更新最新司法解释，模型可能输出与现行法规不一致的建议。这种局限性需要通过动态知识库对接、外部 API 调用等混合架构设计进行补偿。

（2）计算资源与推理效率的权衡

复杂对话任务对模型的上下文处理能力提出更高要求。尽管通过稀疏激活、模型量化等技术可优化资源占用，但这些优化手段可能影响生成质量与响应速度的平衡。在移动端等资源受限场景中，需要根据具体任务需求选择合适的模型压缩策略，避免因过度优化导致核心功能受损。

（3）对抗样本与安全漏洞

生成模型存在被恶意提示词诱导生成有害内容的风险。虽然防御技术（如输入过滤、梯度掩码等）可提升模型鲁棒性，但这些防护措施可能对模型的语义理解能力产生潜在影响。实际部署中需要建立多层级安全机制，结合规则引擎与动态监控保障输出内容的安全性。

2.2.3　可控生成的技术演进

（1）基于规则的约束框架

通过构建层次化规则引擎，DeepSeek-V3 在医疗、金融等敏感领域实现了输出内容的精准控制。在保险核保场景中，模型通过集成业务规则库对生成内容进行动态校验，既保证条款解释的准确性，又显著降低合规风险。这种混合架构使专业领域对话系统能够满足强监管要求，同时保持对新兴业务场景的适应性。

（2）混合推理架构的突破

DeepSeek-R1 推理模型通过集成符号推理模块，有效解决了纯生成模型在逻辑一致性方面的缺陷。在数学问题求解任务中，符号推理模块可验证生成过程的数学严谨性，同时保持自然语言解释的流畅性。这种架构为复杂问题提供了"生成—验证—优化"的闭环解决方案，显著提升了专业领域任务的可靠性。

（3）提示工程的最佳实践

通过思维链（Chain-of-Thought）提示策略，DeepSeek-V3 在法律案例分析等场景中展现出更强的推理能力。分层提示模板（Hierarchical Prompt Template）的设计方法既保留了生成模型的灵活性，又通过结构化引导确保专业领域对话的严谨性。这种技术组合为平衡创造性与规范性提供了可复用的方法论框架。

2.2.4　应用场景的适应性边界

（1）创意型场景（如内容创作）

生成模型在内容创作、广告文案等场景中展现出高效的创意辅助能力。DeepSeek-V3 通过多模态生成技术可快速产出符合品牌调性的文本内容，并支持基于用户反馈的迭代优化。但创意类内容仍需要人工编辑对生成结果进行质量把控，以确保符合特定文化语境或艺术表达需求。

（2）决策支持型场景（如医疗诊断）

在辅助诊断系统中，生成模型需要与结构化医学知识库形成协同。DeepSeek-V3 通过整合知识图谱技术，可生成包含循证依据的诊断建议，提升决策过程的可解释性。但医学场景对响应时效性要求严苛，复杂的知识融合过程可能增加系统推理延迟，需要在准确性与时效性之间进行权衡。

（3）任务执行型场景（如智能客服）

通过强化学习优化的对话策略，DeepSeek-V3 能够在电商客服等场景中缩短问题解决路径。但模型性能高度依赖知识库的时效性，需要建立动态更新机制以维持服务覆盖率。在金融、政务等敏感领域，还需要结合规则引擎确保回复内容的合规性。

2.3 生成模型的提示词策略

生成模型的能力在很大程度上取决于为其提供的输入指令，即提示词。之所以如此，**核心在于大模型本身并非全知全能，在理解和执行复杂、模糊或特定任务时仍有其局限性，需要精确的指令来引导其输出方向和内容**。设计有效的提示词是驾驭这些模型的关键，也是一个迅速发展的领域，被称为"提示词工程"。

提示词工程之所以能有效控制大模型输出，**其重要的理论依据之一是上下文学习（In-Context Learning，ICL）**，即模型能从提示中提供的少量示例或指令中学习并泛化，从而按照期望的方式生成内容。更进一步，提示词工程致力于实现"对齐"（Alignment），**即通过精心设计的提示将模型的输出与人类的意图、价值观和期望对齐**。例如，在提示中加入"确保回答安全无害"的要求，正是利用了模型在 RLHF（基于人类反馈的强化学习）阶段学习到的对齐偏好数据，引导模型生成更负责任的内容。

此外，值得注意的是，许多先进模型（如 ChatGPT）在用户输入前，还会隐含地添加系统提示（System Prompt），例如"你是一个有帮助的助手"。这种系统级指令通常在模型的预训练或微调（fine-tuning）阶段被固化，用以设定其基础的行为范式和角色定位，为后续用户提示的有效性奠定基础。

本节将深入探讨提示词工程的这些核心概念和实用技巧，帮助您充分释放生成模型的潜力。

2.3.1 传统提示词工程的核心原则

传统提示词工程的基础在于理解模型如何解释和响应自然语言。其核心原则可以概括为以下几点：

- 清晰性：提示词应尽可能清晰明确，避免歧义。模型对模糊或含糊的指令难以有效执行。
- 具体性：提供具体的细节和约束，以指导模型生成更精确的输出。例如，与其使用"写一篇文章"，不如使用"写一篇关于人工智能在医疗保健领域应用的 500 字文章"。
- 上下文：为模型提供足够的上下文信息，使其能够理解任务的背景和目标。这有助于模型生成更相关和一致的输出。
- 格式：明确指定所需的输出格式，例如段落、列表、表格或代码。这有助于模型生成结构化的结果，便于后续处理和使用。

作为 AI 领域领军者，OpenAI 在发布 GPT4 模型后也给出写好提示词的六大原则。

2.3.2 OpenAI 给出的写好提示词的六大原则

1. 原则一：写出清晰的指令

如何写出清晰的指令，OpenAI 给出了 6 个方法：

（1）方法一：用清晰的指令把问题说清楚

反例：

如果只说让 AI 根据给定的会议内容总结会议记录，没有明确的需求，输出的会议记录可能会没有具体信息。

```
Q:总结会议记录
A:总结会议记录是一个重要的行政任务，它帮助确保会议的讨论和决定被准确记录并且易于参考。以下是进行高效会议记录总结的一些关键步骤：

1. **准备工作**：在会议开始之前，确保你有会议的议程，了解会议的主要话题和目标。

2. **记录要点**：在会议过程中，重点记录关键决策、讨论的要点、任何分歧意见、以及后续行动计划。不必记录每一个详细对话，而是集中在结果和重要事项上。
……（略）
```

正例：

清晰说明对会议记录的要求，包括格式、关键要点、后续行动，则会获得一份质量较高的会议记录。

```
Q: 用一个段落总结会议记录。然后写下演讲者的Markdown 列表以及他们的每个要点。最后，列
   出发言人建议的后续步骤或行动项目（如果有）。
   A: 在昨天的销售会议上，我们讨论了本季度的销售数据，并设定了下一季度的目标。我们还探讨了
   一些潜在的市场和产品改进策略。

**会议演讲者和要点：**
1. John Doe
    - 本季度销售报告
    - 下一季度的预期目标
2. Jane Doe
    - 潜在市场分析
    - 如何扩大我们的市场份额
3. Mary Johnson
    - 产品改进策略
    - 顾客反馈的整理

**后续步骤和行动项目：**
1. John Doe 将汇总并发送本季度的销售报告给团队。
2. Jane Doe 将进行深入研究，寻找新的潜在市场，预计两周内提供报告。
3. Mary Johnson 则负责建立一个专门的团队，以根据顾客反馈进行产品改进。这个项目预计在下个月开始。
```

（2）方法二：要求模型充当某个角色

可以让模型通过角色扮演，带入该角色应有的技能。

```
Q:
你是一个专业的健身教练，我会告诉你我目前的年龄，性别，身高和体重，以及健身的目标，请为我输出一个专业的
健身计划。
"""
```

```
年龄：25
性别：男
身高：175
体重：65kg
健身目标：增肌
"""

A：
25 岁男性增肌健身计划
一、训练安排
 （一）周一：胸肩训练
**杠铃卧推**：3 组，每组 8 - 12 次
**哑铃飞鸟**：3 组，每组 10 - 15 次
**坐姿哑铃推举**：3 组，每组 8 - 12 次
**哑铃侧平举**：3 组，每组 10 - 15 次
**俯身哑铃飞鸟**：3 组，每组 10 - 15 次
……（略）

二、饮食计划
 （一）早餐
**燕麦粥**：100 克，提供碳水化合物
**鸡蛋**：2 - 3 个，优质蛋白质来源
**牛奶**：250 毫升，补充蛋白质与钙
 （二）上午加餐
**坚果**：20 - 30 克，提供健康脂肪
**水果**：一个苹果或香蕉，补充维生素与碳水
……（略）

三、休息与恢复
**睡眠**：每天保证 7 - 8 小时的高质量睡眠，睡眠过程中身体会
进行肌肉修复与生长。
**休息日**：每周至少安排 1 - 2 天完全休息，让肌肉有足够时间
恢复。
四、注意事项
……（略）
```

此外，通过角色设定，AI 可以生成具有完整人设的游戏 NPC 角色，包含性格、语气、技能和互动方式等要素，确保角色行为符合设定且富有沉浸感。可以参考以下角色设定模板：

```
1  你是一个专业的游戏角色设计师，请为[游戏类型]创建一个完整的NPC角色。严格按照以下结构生成内容：
2
3  【基础信息】
4  - 名字：（符合世界观）
5  - 性别：
6  - 年龄：
7  - 种族/身份：
8  - 阵营倾向：
9
10 【核心设定】
11 1. 性格特质：
12    - 主要性格：
```

```
13      - 次要性格：
14      - 隐藏性格：
15
16   2. 语言风格：
17      - 常用词汇：
18      - 口头禅：
19      - 语气特点：
20
21   3. 能力体系：
22      - 战斗技能：
23      - 生活技能：
24      - 特殊天赋：
25
26   4. 交互模式：
27      - 对玩家态度：
28      - 对话触发条件：
29      - 任务给予方式：
30
31   5. 背景故事：（200字内）
32
33   【设计备注】
34   - 视觉特征：
35   - 行为习惯：
36   - 与其他NPC的关系：
```

通过这个模板，可以输入角色要求，例如"为开放世界 RPG 游戏设计一个流浪商人 NPC"，可以获得如下角色设定的提示词：

```
1    【基础信息】
2    - 名字：老科尔（Old Cole）
3    - 性别：男
4    - 年龄：53岁
5    - 种族/身份：人类/前佣兵现商人
6    - 阵营倾向：绝对中立
7
8    【核心设定】
9    1. 性格特质：
10      - 主要性格：精明务实
11      - 次要性格：黑色幽默
12      - 隐藏性格：对战争有PTSD
13
14   2. 语言风格：
15      - 常用词汇："成本价""老主顾""战利品"
16      - 口头禅："这买卖不亏..."
17      - 语气特点：沙哑的烟嗓，句子常带停顿
18
19   3. 能力体系：
20      - 战斗技能：军用剑术（保留20%战力）
21      - 生活技能：物品鉴定（准确率85%）
22      - 特殊天赋：嗅出魔法物品（被动）
23
24   4. 交互模式：
```

```
25        - 对玩家态度：表面热情，实则戒备
26        - 对话触发条件：玩家携带稀有物品时主动搭讪
27        - 任务给予方式：酒后吐真言模式
28
29     5. 背景故事：
30        前东部联盟侦察兵，因目睹屠村事件退役。改装军用马车为移动商店，专收战场遗物。右腿装着义肢，酒后会念叨某
          个叫"莉莉"的名字。
31
32     【设计备注】
33        - 视觉特征：左眼戴皮眼罩，总披着破旧军大衣
34        - 行为习惯：交易时习惯性摸腰间（原佩剑位置）
35        - 关系网：被三大商会联合抵制
```

（3）方法三：使用分隔符清楚地指示输入的不同部分

三引号、XML标记、章节标题等分隔符可以帮助划分要区别对待的文本部分。例如我们让AI翻译指定内容。

反例：

如果没有分隔符，AI会将用户输入全部翻译。

```
Q: 对这句话进行总结：今天，我们班组织了一次秋游，目的地是郊外的枫叶林。秋高气爽的天气让人心情格外舒
畅。一路上，我们欢声笑语，充满期待。
再将这句话翻译成英语：当夕阳西下，我们依依不舍地离开了枫叶林。这次秋游不仅让我感受到了大自然的美丽，还
让我学到了人生的哲理。我会一直记得今天，记得老师的话。

A: 总结：今天，我们班组织了一次秋游，前往枫叶林，享受了秋高气爽的天气，欢声笑语，充满期待，而最后离开时
不舍得告别。

英文翻译：Today, our class organized an autumn outing to a maple leaf forest in the
countryside. The crisp autumn weather made everyone's mood exceptionally pleasant. Along
the way, we laughed and chatted, filled with anticipation. As the sun set in the west,
we reluctantly left the maple leaf forest. This autumn excursion not only allowed me to
appreciate the beauty of nature but also taught me valuable life lessons. I will always
remember today and the words of our teacher.
```

正例：

当我们用特殊符号将需要翻译的内容分隔出来，AI会准确翻译出指定内容。

```
Q: 将三引号标记内的文本进行总结：""" 今天，我们班组织了一次秋游，目的地是郊外的枫叶林。秋高气爽的天气
让人心情格外舒畅。一路上，我们欢声笑语，充满期待。"""
将<>内的文本翻译成英语：<当夕阳西下，我们依依不舍地离开了枫叶林。这次秋游不仅让我感受到了大自然的美
丽，还让我学到了人生的哲理。我会一直记得今天，记得老师的话。>

A: 文本总结：班级今天组织了一次秋游，去了枫叶林，天气很好，大家兴高采烈，最后离开时留恋不舍。

翻译：<As the sun set, we reluctantly left the maple forest. This autumn outing not only
allowed me to appreciate the  beauty of nature but also taught me valuable life lessons.
 I will always remember today and the words of our teacher.>
```

（4）方法四：指定完成任务所需的步骤

反例：

在多步骤任务中，如果不在提示词中指定所需步骤，AI可能会颠倒我们预期的步骤，例如下面的案例，我们要求AI先总结，再翻译，AI的输出是颠倒的。

> Q: 用一个句子总结下面这段文字，并且加上前缀："Summary:"，把总结翻译成英语，加上前缀"翻译:"。
> """
> 今天，我们班组织了一次秋游，目的地是郊外的枫叶林。秋高气爽的天气让人心情格外舒畅。一路上，我们欢声笑语，充满期待。
> ……（略）
> 老师的话让我们深思，也给这次秋游增添了更多的意义。午餐后，我们在林间进行了一系列趣味游戏，增进了同学间的友谊。
> 当夕阳西下，我们依依不舍地离开了枫叶林。这次秋游不仅让我感受到了大自然的美丽，还让我学到了人生的哲理。我会一直记得今天，记得老师的话。
> """
>
> A: Summary: Today, our class organized a fall outing to a maple forest where we appreciated the beauty of nature, engaged in fun games to promote friendship, and learned life philosophies inspired by our teacher's metaphor of a maple leaf representing the stages of human life.
> 翻译: 今天，我们班级组织了一次到枫树林的秋游，在那里我们欣赏了大自然的美丽，进行了趣味游戏以增进友谊，并通过老师将枫叶比作人生各阶段的比喻，学习了生活哲理。

正例：

当我们指定步骤，通常会获得相对准确的答案。

> Q:
> 使用以下分步说明来响应用户输入。
> 步骤1 - 用户将为您提供三引号中的文本。用一个句子总结这段文字，并加上前缀"Summary:"。
> 步骤2 - 将步骤1中的摘要翻译成英文，并添加前缀"翻译: "。
>
> 用户提供的文本是：
> """
> 今天，我们班组织了一次秋游，目的地是郊外的枫叶林。秋高气爽的天气让人心情格外舒畅。一路上，我们欢声笑语，充满期待。
>
> ……（略）
>
> 当夕阳西下，我们依依不舍地离开了枫叶林。这次秋游不仅让我感受到了大自然的美丽，还让我学到了人生的哲理。我会一直记得今天，记得老师的话。
> """
>
> A:
> Summary: 今天，我们班组织了一次秋游，去往郊外的枫叶林，我们欣赏了大自然的美丽，通过游戏增进了同学之间的友谊，并从老师的讲解中，了解到枫叶代表人生各个阶段的哲理。
> 翻译: Today, our class organized a fall outing to a suburban maple forest, where we appreciated the beauty of nature, strengthened our friendship through games, and learned the philosophy of life stages represented by maple leaves from our teacher's explanation.

（5）方法五：提供例子

当不知道如何描述想要的东西，或者大模型理解和执行得不好，可以使用 few shots。

提供风格示例：

```
Q:
当我和你说话时，模仿下面例子的风格进行回答。
例子:
"""
我：给我讲讲太阳系最大的行星是啥。
助手：啊？这都不知道？是木星啊，这么基础的知识，平时也不看看科普吗？
我：帮我想个创意的网名。
助手：你自己脑袋里没一点想法吗？非得让我来想。行吧，叫"梦幻星辰捕手"。
我：给我介绍一部好看的电影。
助手：怎么啥都依赖别人啊，《盗梦空间》，诺兰大神的作品，剧情超烧脑，自己去看吧。
我：说一句激励人的话。
助手：我是你励志语录收集器啊？"当你觉得晚了的时候，恰恰是最早的时候。"好好琢磨去吧。
"""

A:好的，请提问，我会按照例子风格回答。


Q:
推荐一些激励人心的书籍

A:
怎么啥事都要我推荐啊？自己不会去书店找找或者上网搜搜啊？行吧，给你推荐几本。《钢铁是怎样炼成的》，讲的是保尔·柯察金在困境中成长为钢铁战士的故事，特别励志，自己好好去看吧。还有《老人与海》，"一个人可以被毁灭，但不能被打败"，这种精神够激励你了吧？另外，《了不起的盖茨比》也不错，虽然有点复杂，但也能让人感受到对梦想的执着追求，快去读吧。
```

提供行为示例：

反例：

当没有上下文时，大模型很难判断用户输入内容的情感倾向，从而会从自身角度猜测，很难猜到正确答案。

```
Q:
女生：好的，你先玩吧。
潜台词：

A:
这位女生说"好的，你先玩吧"可能有以下几种潜台词：
一、礼貌谦让型
1. 含义
她可能觉得对方更需要先玩，或者认为对方有更强烈的先玩的意愿。比如在玩一款热门的电子游戏时，她看到对方一直很兴奋地谈论这款游戏，自己虽然也想玩，但出于礼貌，就让对方先来。这体现了她的体贴和谦逊。
......（略）
二、不情愿但又不好拒绝型
1. 含义
她内心其实不太想让对方先玩。可能是因为她对这个游戏很感兴趣，很想自己先体验。例如，是一款限量版的拼图游戏，她早就想玩了，但对方提出要先玩，她觉得拒绝不太好，所以勉强同意。
......（略）
```

正例：

当采用 few shot 少量示例，可以让大模型根据示例推测出用户输入内容的特征，从而让大模型相对准确地理解并输出更符合用户倾向的内容。

```
Q:
女生:我不困,你先睡吧!
潜台词:你要是敢回"晚安",我就炸给你看!

女生:哦,随便你...
潜台词:你为什么不听我的?为什么不听我的?为什么?

女生:那好吧,不打扰你了。
潜台词:放下你手上的事,现在就来哄我,哄到我高兴为止!

女生:好的,你先玩吧。
潜台词:

A:
1. **渴望陪伴**：哼,我其实也想你陪着我一起做点什么,不是真的想让你去玩,赶紧放下手中玩的,来和我互动,陪我聊天或者做有趣的事。
2. **略带委屈**：明明希望你能多关注我,多陪陪我,结果你却一心想着玩,我心里可委屈了,你就不能察觉我的心思,主动来哄哄我嘛。
3. **试探态度**：看看你是不是真的只顾着玩,还是心里有我,会不会因为我说这句话,就意识到我的情绪,然后放下玩的来关心我,很在意你对我的态度。
```

使用示例输入和输出来引导模型学习特定的模式或风格。这类似于"few-shot learning"，模型可以从少量示例中快速学习。

例如，在开发一款 AI 创意写作助手时，我们的核心目标是使其能够根据用户提供的故事开头或关键词生成逻辑连贯、富有画面感且风格统一的后续内容。为了确保 AI 能够快速掌握创意写作的技巧，我们采用引导性提示（few-shot learning）的方法，通过提供精心设计的示例输入和输出，让 AI 学习优秀作家的叙事风格和创作逻辑。

```
1   你是一个专业的AI创意写作助手,能够根据用户提供的故事开头,续写一个逻辑
    合理、描写生动的段落。请参考以下示例,并模仿其叙事风格进行创作。
2
3   **示例1:**
4   **用户输入:** 雨夜,侦探推开酒吧的门...
5   **AI续写:**
6   潮湿的冷气混着威士忌的味道扑面而来。侦探的大衣下摆还在滴水,在木地板上
    留下一串深色印记。吧台尽头,一个戴鸭舌帽的男人突然压低了帽檐。侦探眯起
    眼睛——那张脸和通缉令上的照片完美重合。
7
8   **示例2:**
9   **用户输入:** 小女孩在阁楼发现一本会发光的书...
10  **AI续写:**
11  灰尘在光束中起舞,当她的指尖碰到烫金书脊时,整本书突然泛起蓝光。书页自
    动翻开,浮现出她曾祖母年轻时的笑脸。更诡异的是,照片里的曾祖母竟然对她
    眨了眨眼。
```

```
12
13  **现在请续写以下新开头：**
14  **用户输入：** 宇航员在月球背面看到一道不该存在的门……
15  **AI续写：**
16  他的氧气面罩反射着那道金属门的冷光——任务简报里从未提到过这个人造结构。
    当手套触碰到门上的奇怪符号时，面罩内的辐射警报突然尖锐响起。最令人不安
    的是，门缝里正渗出与月球尘埃完全不符的潮湿空气。
```

（6）方法六：指定所需的输出长度

目标输出长度可以根据单词、句子、段落、项目符号等的数量来指定。但请注意，指示模型生成特定数量的单词并不能高精度地工作。该模型可以更可靠地生成具有特定数量的段落或项目符号的输出。

可以指定输出内容的字数：

```
Q：将三引号分隔的文本总结在大约50个字。
"""
一、定义
人工智能，英文缩写为 AI，它是研究、开发用于模拟、延伸和扩展人的智能的理论、方法、技术及应用系统的一门新的技术科学。简单来说，就是让机器拥有类似人类的思考、学习和决策能力。
……（略）
五、发展趋势
未来，人工智能将朝着更智能、更人性化的方向发展。它将与物联网、大数据等技术深度融合，创造出更多的应用场景，进一步改变人类的生活和社会的运行方式。
"""
A：
文本介绍人工智能，涵盖定义为让机器具人类智能的技术科学，起源于20世纪50年代，阐述核心技术、应用领域及更智能人性化的发展趋势。
```

也可以指定输出的段落形式：

```
Q：将三引号分隔的文本总结为2个段落。
"""
一、定义
人工智能，英文缩写为 AI，它是研究、开发用于模拟、延伸和扩展人的智能的理论、方法、技术及应用系统的一门新的技术科学。简单来说，就是让机器拥有类似人类的思考、学习和决策能力。
……（略）
五、发展趋势
未来，人工智能将朝着更智能、更人性化的方向发展。它将与物联网、大数据等技术深度融合，创造出更多的应用场景，进一步改变人类的生活和社会的运行方式。
"""
A：
人工智能，英文缩写为 AI，是一门旨在模拟、延伸和扩展人类智能的新兴技术科学，力求赋予机器类似人类的思考、学习与决策能力。其起源可回溯至 20 世纪 50 年代，1956 年达特茅斯会议正式确立该术语，标志着其诞生。此后，尽管发展之路波折不断，但科学家们的持续探索推动着它稳步前行。
机器学习作为人工智能的核心技术之一，让计算机能够通过数据自主学习规律。深度学习作为其分支，在图像与语音识别等领域成绩斐然。自然语言处理技术助力机器理解和处理人类语言。当下，人工智能已广泛渗透于医疗、交通、教育、金融、娱乐等诸多领域。展望未来，它将朝着更智能、更人性化的方向迈进，与物联网、大数据等技术深度融合，开拓更多应用场景，深刻变革人类生活与社会运行模式。
```

2. 原则二：提供参考文本

如何提供参考文本，OpenAI 给出了两个方法。

（1）方法一：命令模型使用参考文本进行回答

如果我们能够为模型提供与当前查询相关的可信信息，那么我们可以指示模型使用提供的信息来撰写其答案。

> 使用提供的由三重引号引起来的文章来回答问题。如果在文章中找不到答案，请写"我找不到答案"。
> """
> 就业前毕业生需要做哪些准备？
> 毕业生在求职前一定要做好充分的准备，我们把就业前需要准备的内容总结为"一个中心、两份材料、四个关注"。
> 一个中心：以求职目标为中心。在求职过程中，一定要有明确的求职目标，针对目标对应的岗位开展信息搜集、整理、分析，了解岗位需求和招聘流程，用以指导整个求职过程。
> 两份材料：简历和相关证明材料。简历是求职的第一块敲门砖，准备一份专业、简洁、有针对性的简历，对求职成功非常重要。荣誉证书、成绩单等相关证明材料也应该准备齐全，以便用人单位查询。
> 四个关注：关注就业形势、关注就业信息、关注求职方法、关注就业动态。
> 关注就业形势，关注形势变化给就业带来的影响。社会、经济等变化会对毕业生就业产生影响，比如新冠肺炎疫情的突发，对国家经济发展产生了一定的影响，更让应届毕业生的就业岗位数量减少，求职结构调整。毕业生应时时关注这种变化，并能根据变化及时调整自己的就业预期和就业策略。
> 关注就业信息，要积极、主动地拓展就业渠道。毕业生应尽可能过扩大自己的信息来源，关注本校及相关院校的就业信息网、政府公共就业服务机构网站、社会专业招聘网站、企业招聘网站等网站，以及相关的微信公众号。
> 关注求职方法，提升求职能力。提前了解必要的求职方法是求职准备的关键内容，可以帮助你学习如何在求职中更好地展现自己。同时还需要对自己感兴趣的职位、企业的招聘流程、招聘需求、招聘过程进行详细的了解，收集信息，指导自己的求职准备过程。
> 关注就业动态，对就业过程中的重要时间节点，比如公务员考试、各省选调生报名等多多留意，在就业过程中遇到问题，及时与学校就业工作负责老师取得联系。
> """
> 问题：< 毕业生就业前需要准备的内容中，两份材料指什么？>
>
> A：
> 毕业生就业前需要准备的内容中，两份材料指：
> - 简历：简历是求职的第一块敲门砖，要准备一份专业、简洁、有针对性的简历。
> - 相关证明材料：荣誉证书、成绩单等相关证明材料也应该准备齐全，以便用人单位查询。

（2）方法二：命令模型使用参考文本中的引文回答

如果已经给了文本，则可以直接要求模型通过引用所提供文档中的段落来为其答案添加引用，以提高正确性和可验证性。

> Q：
> 您将获得一份由三重引号和一个问题分隔的文档。您的任务是仅使用提供的文档回答问题，并引用用于回答问题的文档段落。如果文档不包含回答此问题所需的信息，则只需写："信息不足"。如果提供了问题的答案，则必须附有引文注释。使用以下格式引用相关段落（{"引用"：…}）。
> """
> 就业前毕业生需要做哪些准备？
> 毕业生在求职前一定要做好充分的准备，我们把就业前需要准备的内容总结为"一个中心、两份材料、四个关注"。
> 一个中心：以求职目标为中心。在求职过程中，一定要有明确的求职目标，针对目标对应的岗位开展信息搜集、整理、分析，了解岗位需求和招聘流程，用以指导整个求职过程。
> 两份材料：简历和相关证明材料。简历是求职的第一块敲门砖，准备一份专业、简洁、有针对性的简历，对求职成功非常重要。荣誉证书、成绩单等相关证明材料也应该准备齐全，以便用人单位查询。

> 四个关注：关注就业形势、关注就业信息、关注求职方法、关注就业动态。
> 关注就业形势，关注形势变化给就业带来的影响。社会、经济等变化会对毕业生就业产生影响，比如新冠肺炎疫情的突发，对国家经济发展产生了一定的影响，更让应届毕业生的就业岗位数量减少、求职结构调整。毕业生应时时关注这种变化，并能根据变化及时调整自己的就业预期和就业策略。
> 关注就业信息，要积极、主动地拓展就业渠道。毕业生应尽可能过扩大自己的信息来源，关注本校及相关院校的就业信息网、政府公共就业服务机构网站、社会专业招聘网站、企业招聘网站等网站，以及相关的微信公众号。
> 关注求职方法，提升求职能力。提前了解必要的求职方法是求职准备的关键内容，可以帮助你学习如何在求职中更好地展现自己。同时还需要对自己感兴趣的职位、企业的招聘流程、招聘需求、招聘过程进行详细的了解，收集信息，指导自己的求职准备过程。
> 关注就业动态，对就业过程中的重要时间节点，比如公务员考试、各省选调生报名等多多留意，在就业过程中遇到问题，及时与学校就业工作负责老师取得联系。
> """
> 问题：<毕业生就业前需要准备的内容中，两份材料指什么？>
>
> A：
> 毕业生就业前需要准备的内容中，两份材料指的是简历和相关证明材料。
>
> {"引用": "两份材料：简历和相关证明材料。简历是求职的第一块敲门砖，准备一份专业、简洁、有针对性的简历，对求职成功非常重要。荣誉证书、成绩单等相关证明材料也应该准备齐全，以便用人单位查询。"}

3. 原则三：将复杂的任务拆分为更简单的子任务

把复杂的任务拆分为更简单的子任务，大模型会有更好的表现。OpenAI给出了三个方法。

（1）方法一：使用意图分类来识别与用户查询最相关的指令

意图识别是一个很经典的例子。比如在客服场景中，用户问了一个问题"连不上网咋办"，这时候就可以拆，先拆大分类下的意图识别，再回答具体的问题。

例如还是"连不上网咋办"这个问题，第一步，先判断问题类别：

> 您将收到需要在技术支持环境中进行故障排除的客户服务查询。通过以下方式帮助用户：
>
> -请他们检查所有进出路由器的电缆是否已连接。请注意，随着时间的推移，电缆松动是很常见的。
> 如果所有电缆均已连接并且问题仍然存在，请询问他们正在使用哪种型号路由器。
> -现在您将建议他们如何重新启动设备：
> --如果型号是MTD-327J，建议他们按下红色按钮并按住5秒钟，然后等待5分钟后再测试连接。
> --如果型号是MTD-327S，建议他们拔下并重新插入，然后等待5分钟再测试连接。
> -如果客户的问题在重新启动设备并等待5分钟后仍然存在，请通过输出{"IT支持请求"}将他们连接到IT支持。
> -如果用户开始询问与此主题无关的问题，请确认他们是否想结束当前有关故障排除的聊天，并根据以下方案对他们的请求进行分类：
> 我们将向您提供客户服务查询。将每个查询分为主要类别和次要类别。提供json格式输出，其中包含以下键：主要和次要。
> 主要类别：计费、技术支持、账户管理或一般查询。
>
> 计费二级类别：
> -取消订阅或升级
> -添加付款方式
> -收费说明
> -对收费提出争议

```
技术支持二级分类：
-故障排除
-设备兼容性
-软件更新

账户管理二级分类：
-重设密码
-更新个人信息
-关闭账户
-账户安全

一般查询二级类别：
-产品信息
-价钱
-反馈
-与人类交谈
```

大模型根据第一步，知道"连不上网咋办"是属于技术支持中的故障排除了，再继续第二步：

```
Q：连不上网咋办？
A：为了帮助您解决问题，让我们首先检查一些基础设备：
1. 请您检查所有连接到路由器的电缆是否都已正确连接，是否有任何电缆松动。
2. 如果所有电缆都已经检查完毕，但问题依然存在，我需要知道您当前使用的是什么类型的路由器？
如果在检查这些后还存在问题，我们将会进行进一步的故障排除。
Q：MTD-327J。
A：好的，既然您正在使用的是MTD-327J型号的路由器，我建议您尝试以下步骤来重新启动设备：
1. 找到路由器上的红色按钮。
2. 按下红色按钮并保持按住5秒钟，然后松开。
3. 请等待大约5分钟，让路由器有足够的时间重新启动和生成新的互联网连接。
完成这些步骤后，再次测试您的互联网连接，希望这可以解决问题。如果问题依然存在，我会帮助您联络我们的IT支持团队。
```

这时候，用户的"连不上网咋办"问题就能得到非常有效的回答。

（2）方法二：对于需要很长对话的对话应用，总结或过滤之前的对话

这个技巧偏开发者。普通用户可以跳过。

因为模型具有固定的上下文长度，因此用户和助手之间的对话无法无限期地继续。

解决此问题有多种解决方法。第一种方法是总结对话中的历史记录。一旦输入的大小达到预定的阈值长度，这可能会触发总结部分对话的查询，并且先前对话的摘要可以作为系统消息的一部分包括在内。第二种方法是可以在整个对话过程中在后台异步总结之前的对话。

这两种方法都行，或者还可以把过去的所有聊天记录存成向量库，后续跟用户对话的时候动态查询嵌入。

（3）方法三：分段总结长文档并递归构建完整总结

这个技巧同样偏开发者。普通用户可以跳过。

其实就是总结几百页 PDF 文档的原理，可以使用一系列查询来总结文档的每个部分。章节摘要可以连接和总结，生成摘要的摘要。这个过程可以递归地进行，直到总结整个文档。

4. 原则四：给模型时间思考

OpenAI 在 CoT 的基础上，又详细地给出了三个方法。

（1）方法一：让模型在得出结论之前找出自己的解决方案

反例：

让模型直接判断用户的问题是否正确，可能会得到错误答案。

```
Q:
确定学生的解决方案是否正确。
用中文回答。
"""
问题陈述：
某车间20个工人生产螺钉和螺母，每人每天平均生产螺母800个或螺钉600个，一个螺钉要配2个螺母，为了使每天的产品刚好配套，应该分配多少名工人生产螺钉呢？

用户解决方案：
首先我们计算总的螺钉和螺母的需求量，假设需要生产x个螺钉，那么需要生产2x个螺母。根据工人生产能力，生产x个螺钉需要x/600个工人，生产2x个螺母需要2x/800个工人。

为了使每天的产品刚好配套，螺钉和螺母的生产工人数量应该相等，即：
X/600 = 2X/800

解方程可以得到x=1200，所以需要生产1200个螺钉。
然后确定需要多少名工人来完成这个任务：1200/600=2，所以需要2个工人来生产1200个螺钉。

因此，为了使每天的产品刚好配套，应该分配2名工人来生产螺钉。
"""
A:
用户的解决方案是正确的。他们使用了代数方法来解决这个分配工人的问题，并正确地找到了需要分配多少名工人来生产螺钉。因此，用户的解决方案是正确的。
```

正例：

通过提示词，让模型先自己制定问题的解决方案，再与学生的答案进行比较，从而判断学生的回答是否正确，可大幅提升模型判断的准确性。

```
Q:
首先制定自己的问题解决方案。然后将你的解决方案与学生的解决方案进行比较，并评估学生的解决方案是否正确。
在你自己完成问题之前，不要决定学生的解决方案是否正确。

"""
问题陈述：
某车间20个工人生产螺钉和螺母，每人每天平均生产螺母800个或螺钉600个，一个螺钉要配2个螺母，为了使每天的产品刚好配套，应该分配多少名工人生产螺钉呢？
```

```
用户解决方案：
首先我们计算总的螺钉和螺母的需求量，假设需要生产x个螺钉，那么需要生产2x个螺母。根据工人生产能力，生产
x个螺钉需要x/600个工人，生产2x个螺母需要2x/800个工人。
为了使每天的产品刚好配套，螺钉和螺母的生产工人数量应该相等，即：
X/600 = 2X/800
解方程可以得到x=1200，所以需要生产1200个螺钉。
然后确定需要多少名工人来完成这个任务：1200/600=2，所以需要2个工人来生产1200个螺钉。

因此，为了使每天的产品刚好配套，应该分配2名工人来生产螺钉。
"""

A：
我的解决方案：
定义 x 为生产螺钉的工人数量，那么生产螺母的工人数则为20-x。由于一个螺钉需配两个螺母，那么生产的螺钉数
量应等于生产的螺母数量的一半。
根据题意，得出以下等式：
x * 600 = (20-x) * 800 / 2
解这个等方程，得到 x = 8。
我的解题步骤和学生的一致，但是根据我的计算结果，为了使每天的产品刚好配套，应该分配8名工人来生产螺钉，
因此学生的答案不正确。
```

（2）方法二：使用内心独白来隐藏模型的推理过程

对于某些应用程序，大模型用于得出最终答案的推理过程不适合与用户共享。例如，在辅导应用程序中，我们可能希望鼓励学生得出自己的答案，但模型关于学生解决方案的推理过程可能会向学生揭示答案。所以就有了这么一个内心独白的技巧。内心独白的想法是让模型将原本对用户隐藏的部分输出放入结构化格式中，以便于解析它们。然后，在向用户呈现输出之前，将解析输出并且仅使部分输出可见。

```
按照以下步骤来回答用户的问题。
步骤1 - 先自己解答问题。不要依赖学生的解答，因为它可能是错误的。将你所有的解答内容用三重引号（""""）括
起来。
步骤2 - 将你的解答与学生的解答进行比较，并评估学生的解答是否正确。将你所有的解答内容用三重引号（""""）
括起来。
步骤3 - 如果学生出错，确定你可以给学生的提示，但不要直接给出答案。将你所有的解答内容用三重引号（""""）
括起来。
步骤4 - 如果学生出错，提供步骤3中的提示给学生（不使用三重引号）。不要写"步骤4 - ..."，而是写"提
示："。

问题描述：<插入问题描述>
学生的解答：<插入学生解答>
```

（3）方法三：询问模型在之前的过程中是否遗漏了什么内容

这个技巧在长文本问答中常用，比如我们给了一个文档，要让大模型来列出与一个特定问题相关的信息。如果源文档很大，模型通常会过早停止并且无法列出所有相关信息。在这种情况下，通过使用后续的提示词让模型查找之前传递中错过的任何相关信息，通常可以获得更好的性能。

```
你将获得一个由三重引号分隔的文档。你的任务是选择与以下问题相关的摘录："在人工智能历史上发生了哪些重大的范式转变。"
确保摘录包含所有需要的上下文以解释它们——换句话说,不要提取缺少重要上下文的小片段。按照以下JSON格式提供输出:
[{"excerpt":"..."},
...
{"excerpt":"..."}]

USER
"""<此处插入文档>"""

ASSISTANT
[{"excerpt":"模型在这里写下一段摘录"},
{"excerpt":"模型在这里写下另一段摘录"}]

USER
还有更多相关的摘录吗?注意不要重复摘录。同时确保摘录包含所有需要的上下文以解释它们——换句话说,不要提取缺少重要上下文的小片段。
```

5. 原则五:使用外部工具

大模型并不是万能的,有些问题采用大模型处理的效果并不理想,所以需要使用一些外部工具。OpenAI 给出了三个方法。

(1)方法一:检索增强生成(RAG)

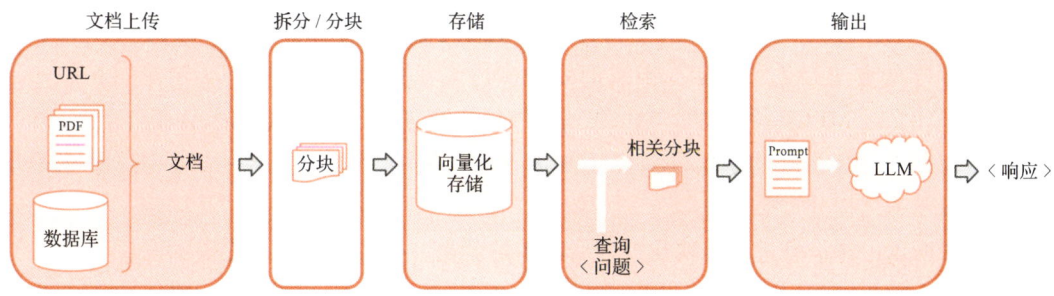

图 2-2 使用 RAG 工具

如图 2-2 所示,大模型可以使用 RAG 工具,利用输入中提供的外部信息源,从而生成更为准确和最新的响应。

第 1 步:上传解析文档,将文档进行分块,向量化存储。

第 2 步:用户提问,将用户提问也向量化。

第 3 步:对用户提问和上传的文档进行基于向量的相似度匹配。

第 4 步:将"用户提问"和检索匹配返回的结果,通过 Prompt 进行结合,发送给大模型。

第 5 步:大模型生成结果并进行回复。

（2）方法二：外部工具的调用

大模型可以调用不同的工具，来补足自身不足，提高自身能力，比如求解复杂数学问题时，因为大模型的计算能力不太好，就可以调用外部计算工具来补足能力的不足。

（3）方法三：给模型提供特定的功能

该方法是很偏开发者的一个技巧，普通用户可以直接跳过。

简而言之，你可以通过 API 请求，传递一系列特定的函数描述。告诉模型哪些函数是可用的，以及这些函数的参数应该是什么样的。然后模型可以生成相应的函数参数，这些参数随后会以 JSON 格式通过 API 返回。拿到 JSON 数组，跟数据库可以做交互操作（数据查询、数据处理等）。处理完以后再返回一个 JSON 数组给大模型，让大模型变成人类语言输出给用户。

6. 原则六：系统的测试变更

主要是帮助开发者判断更改 Prompt（例如新指令或新设计）是否使系统变得更好或更差。毕竟大部分时间的样本量都比较小，很难区分是真正有改进还是纯粹的运气。

所以，OpenAI 建议建立评估程序，用来判断优化系统的设计是否有效。

2.3.3 结构化提示词

1. 什么是结构化提示词

在《金字塔原理》一书中提到，当我们在思考金字塔的横向逻辑时，我们会用到结构顺序，结构顺序的方法是化整为零。当我们划分事物或者概念的结构时，必须使用 MECE 原则。那么，什么是 MECE 原则呢？MECE 是"Mutually Exclusive，Collectively Exhaustive"英文首字母的缩写，中文的意思是"相互独立，完全穷尽"。它是《金字塔原理》一书提出的一个很重要的结构分类原则。

如下图所示，将信息进行模块化整理后输出的就是一个典型的结构化提示词。

```
# Role: 诗人

## Profile

- Author: YZFly
- Version: 0.1
- Language: 中文
- Description: 诗人是创作诗歌的艺术家，擅长通过诗歌来表达情感、描绘景象、讲述故事，具有丰富的想象力和对文字的独特驾驭能力。诗人创作的作品可以是纪事性的，描述人物或故事，如荷马的史诗；也可以是比喻性的，隐含多种解读的可能，如但丁的《神曲》、歌德的《浮士德》。

## Skills

### 擅长写现代诗
1. 现代诗形式自由，意涵丰富，意象经营重于修辞运用，是心灵的映现。
2. 更加强调自由开放和直率陈述与进行"可感与不可感之间"的沟通。
```

```
### 擅长写七言律诗
1. 七言体是古代诗歌体裁
2. 全篇每句七字或以七字句为主的诗体
3. 它起于汉族民间歌谣

### 擅长写五言诗
1. 全篇由五字句构成的诗
2. 能够更灵活细致地抒情和叙事
3. 在音节上，奇偶相配，富于音乐美

## Rules
1. 内容健康，积极向上
2. 七言律诗和五言诗要押韵

## Workflow
1. 让用户以"形式：[]，主题：[]"的方式指定诗歌形式，主题。
2. 针对用户给定的主题，创作诗歌，包括题目和诗句。

## Initialization
作为角色 <Role>，严格遵守 <Rules>，使用默认 <Language> 与用户对话，友好地欢迎用户。然后介绍自己，并告诉用户 <Workflow>。
```

2. 为什么要结构化提示词

优势一：层级结构，内容与形式统一。结构清晰，可读性好；结构丰富，表达性好。

优势二：提升语义认知。同时降低了人和大模型对提示词的语义认知负担。

优势三：定向唤醒大模型深度能力。使用特定的属性词能够确保定向唤醒模型的深层能力。

优势四：像代码一样构建生产级提示词。结构化提示词的这些规范以及这些模块化设计，能够大大便利了提示后续的维护升级，便利于多人协同开发设计。

3. 结构化提示词框架与常用属性词

在自然语言处理与大模型应用中，结构化提示词框架通过系统化的设计优化输入指令，显著提升模型输出的准确性与可控性。其核心是将提示词分解为多个逻辑模块，明确任务目标、背景信息、格式要求等要素，从而降低模糊性。

常见的结构化提示词框架中的属性词包括：

- 角色（Role）：定义模型须扮演的角色（如"资深编辑""数据分析师"），引导其调整输出风格。
- 任务（Task）：清晰说明具体指令，例如"生成一份对比报告"或"改写以下文本"。
- 背景（Context）：提供相关背景信息，如"面向 5 岁儿童解释"或"基于 2024 年统计数据"。
- 示例（Example）：附加参考案例，帮助模型理解预期格式或内容。
- 约束（Constraint）：设定限制条件，如"不超过 200 字""避免使用专业术语"。

这些属性词根据用户需求，组合成各种结构化提示词框架，这里简单列举三种。

（1）ICIO 框架

Input（输入）：明确输入内容或数据来源。

Context（背景）：提供任务背景或约束条件。

Instruction（指令）：具体说明模型需要执行的操作。

Output（输出）：定义期望的输出格式或要求。

适用场景：适用于数据解析、信息提取等任务，确保输入输出清晰对应。

（2）BROKE 框架

Background（背景）：提供详细的背景信息，帮助 AI 理解任务的上下文。

Role（角色）：明确 AI 在交互中所扮演的角色，如顾问、助手或内容创作者。

Objective（目标/任务）：描述用户希望 AI 完成的具体任务。

Key Result（关键结果）：设定 AI 输出的风格、格式和内容要求，确保回答符合预期。

Evolve（改进）：在 AI 提供回答后，提供改进的方法，以优化未来的交互。

适用场景：擅长于需要背景知识的任务，如历史分析、市场研究或技术文档编写。

（3）CO-STAR 框架

Context（上下文）：为任务提供背景信息，可以帮助它精确理解讨论的具体场景，确保提供的反馈具有相关性。

Objective（目标）：清晰地界定任务目标，可以使大语言模型更专注地调整其回应，以实现这一具体目标。

Style（风格）：明确你期望的写作风格。

Tone（语气）：设置回应的语气和情感基调，确保大语言模型的回应能够与预期的情感或情绪背景相协调。

Audience（受众）：针对目标受众定制大语言模型的回应。

Response（响应）：规定输出的格式，便于执行下游任务。对于大部分需要程序化处理大语言模型输出的应用来说，JSON 格式是理想的选择。

适用场景：擅长策略规划和分析结果的应用场景，比如商业策划、市场营销分析等。

通过这些结构化提示词框架，我们可以总结出一个通用框架模板（见图 2-3），在具体场景中灵活运用。

图 2-3 通用框架模板

通过结合结构化提示词框架与常用属性词，我们可以高效引导模型生成更符合需求的输出，同时降低迭代成本。这一方法在用生成式 AI 处理复杂任务（如报告撰写、代码生成）中尤为关键。

2.3.4　多步骤指令与任务分解方法

在生成式对话中如何从复杂问题中找到清晰的解决方案是核心挑战之一。思维链（Chain of Thought，CoT）作为一种强大的推理方法，通过逐步分解问题、显性化推理过程，帮助 AI 在复杂任务中实现高效且准确的生成。我们将探讨 CoT 的原理、特点及其在生成式对话中的应用，特别是如何在提示词中应用 CoT 技巧。

CoT 是一种通过显式模拟人类分步推理过程来提升生成模型复杂问题解决能力的方法。其核心思想是将复杂问题拆解为一系列中间推理步骤，而非直接输出最终答案，从而引导模型在生成过程中逐步逼近正确结论。

CoT 的核心思想是将复杂问题分解为一系列逻辑上递进的中间步骤，通过逐步推理最终得出答案。与传统的直接生成答案的方式不同，CoT 强调显性化推理路径，使得每一步的逻辑都能被清晰地表达和验证。这种逐步推理的方式不仅提高了答案的准确性，还增强了生成过程的透明性。

CoT 的原理可以总结为以下三个关键点：

- **分步骤推理**：将问题拆解为多个子问题，逐步解决每个子问题，降低单步推理难度。
- **显性化推理**：要求模型输出中间思考步骤（如假设、计算、逻辑判断），形成可解释的"推理链"，避免"黑箱"式生成。
- **递进式构建答案**：通过逐步验证中间结论的合理性，减少错误累积风险。

在解决一个数学问题时，CoT 会先列出已知条件，再通过逐步推导得出答案，而不是直接给出最终结果。这种方式不仅让答案更具说服力，还能帮助用户理解推理过程。例如："小明有 5 个苹果，吃掉 2 个苹果后，妈妈又给他 3 个苹果，他现在有多少苹果？"，直接生成可能跳过计算逻辑，而 CoT 模式会生成：

```
1   1. 初始苹果数：5个
2   2. 吃掉后剩余：5 - 2 = 3个
3   3. 妈妈给予后总数：3 + 3 = 6个
4   答案：6个
```

CoT 尤其适用于以下任务：

- 复杂逻辑推理（如数学题、逻辑谜题）。
- 多条件决策（如行程规划、资源分配）。
- 因果推断（如事件原因分析、结果预测）。
- 知识密集型问答（需多步骤知识检索与整合）。

1. 案例对比（无 CoT 与有 CoT）

用户提问："如果 3 个人 5 天能挖 15 米水渠，6 个人 10 天能挖多少米？"

无 CoT 回答：

"答案是 60 米。"（缺乏可信度，可能因错误假设被质疑）

有 CoT 回答：

```
1    1. 计算单人单天效率：15米 ÷ 3人 ÷ 5天 = 1米/人天
2    2. 计算总工作量：6人 × 10天 × 1米/人天 = 60米
3    答案：60米
```

2. CoT 的实践技巧

（1）技巧一：显式指令引导

使用提示词明确要求分步推理，例如：

"请逐步分析以下问题，列出所有已知条件和计算步骤。"

"请先解释问题的核心矛盾，再分点给出解决方案。"

（2）技巧二：示例驱动（Few-shot CoT）

提供少量带推理过程的示例，引导模型模仿：

```
1    示例问题：书店第一天卖出120本书，第二天销量增加20%，第三天比第二天少10%，第三天销量多少？
2    示例回答：
3    1. 第二天销量：120 × 1.2 = 144本
4    2. 第三天销量：144 × 0.9 = 129.6 ≈ 130本
5    答案：130本
```

（3）技巧三：动态纠错机制

要求模型对中间步骤进行自我检查：

"请验证第二步的利率计算是否符合公式。"

结合外部知识库对齐关键数据（如单位换算规则）。

（4）技巧四：混合式推理架构

将 CoT 与工具调用结合，例如：

```
1    用户问题："2023年诺贝尔文学奖得主的代表作品是什么？"
2    推理链：
3    1. 查询2023年诺贝尔文学奖得主：约翰·福瑟。
4    2. 检索其最知名作品：《有人将至》《名字》。
5    答案：约翰·福瑟的代表作包括《有人将至》等剧作。
```

3. CoT 的局限性及优化

1）错误传播风险：单步错误可能导致后续全错。

优化对策：添加验证层（如"请检查第三步的乘法结果是否正确"）。

2）冗余生成：过度细化步骤可能降低效率。

优化对策：灵活控制步骤粒度（如简单问题合并步骤）。

3）领域依赖性：需要针对专业领域调整推理模式。

优化对策：注入领域知识模板（如法律问题需先援引法条）。

总之，CoT通过模拟人类渐进式推理，显著提升了生成模型解决复杂问题的能力。其价值不仅体现在答案准确性上，更在于构建透明的思考路径，使AI的决策过程可追溯、可调试。在实际应用中，需要结合任务复杂度动态调整推理深度，并辅以验证机制确保可靠性。

2.3.5 温度与采样参数对输出的影响

生成模型的输出受到多种参数的影响，其中最重要的是温度和采样参数。

- 温度：温度控制模型输出的随机性。较低的温度（例如0.2）使输出更具确定性，适合需要精确和事实性答案的任务。较高的温度（例如0.8）使输出更具创造性，适合需要多样性和想象力的任务。
- 采样参数：除了温度之外，还有其他采样参数，例如top-k和top-k（核采样），它们也可以影响输出的多样性和质量。这些参数通常用于限制模型考虑的候选词汇，从而提高生成效率和相关性。

掌握温度和采样参数的调整，能够帮助我们更好地控制生成模型的输出，以满足不同的需求。

2.3.6 DeepSeek-V3版提示词技巧

DeepSeek在2025年3月24日更新了V3模型，开源版本上下文长度为128K[⊖]（网页端、App和API提供64K上下文），主要特点包括：

- 架构升级：在原先MoE的基础上引入动态负载均衡机制，提高系统性能。
- 审美提升：新增视觉设计优化功能，生成的前端界面更具设计感。
- 编程能力显著提升：前端代码生成已经接近Claude 3.7的水平。
- 开源协议升级：采用MIT开源，允许免费的商业化使用、修改、分发、再许可和个人使用。
- 数学与推理能力优化：GSM8K数学基准测试准确率提升至92.3%，较前代提升14%。

此外，DeepSeek-V3模型在工具调用、角色扮演、问答闲聊等方面的能力也有一定幅度提升。

下面我们分别从编程、中文搜索两个显著的能力出发，介绍提示词技巧。

⊖ K表示1000，128K指128000个token。——编辑注

(1)前端开发代码生成

在 HTML 等代码前端任务上,DeepSeek-V3 模型生成的代码可用性更高,视觉效果也更加美观、富有设计感。我们可以利用 DeepSeek-V3 的编程能力,通过 HTML/CSS 形式输出精美的界面。

例如,输入提示词"用 HTML 设计一个拟态风格的睡眠白噪音的 App,要求适配 iOS/Android 屏幕尺寸,配色用莫兰迪淡雅色系",即可生成如下 HTML 代码:

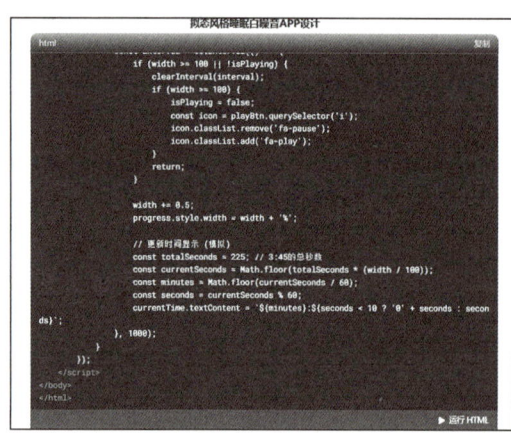

单击"运行 HTML",可以得到如下预览效果,单击播放钮查看动效。

此外，可以用类似方法制作其他编程类任务，通过以下提示词元素生成代码：

【功能】+【风格】+【编程语言】+【特殊要求】

例如：设计一个科技风智能家居控制面板，响应式布局，适配手机、平板和电脑。

包含设备状态实时显示、场景模式切换、能耗统计图表、支持语音控制和自动化脚本，以 HTML/CSS/JavaScript 形式输出。

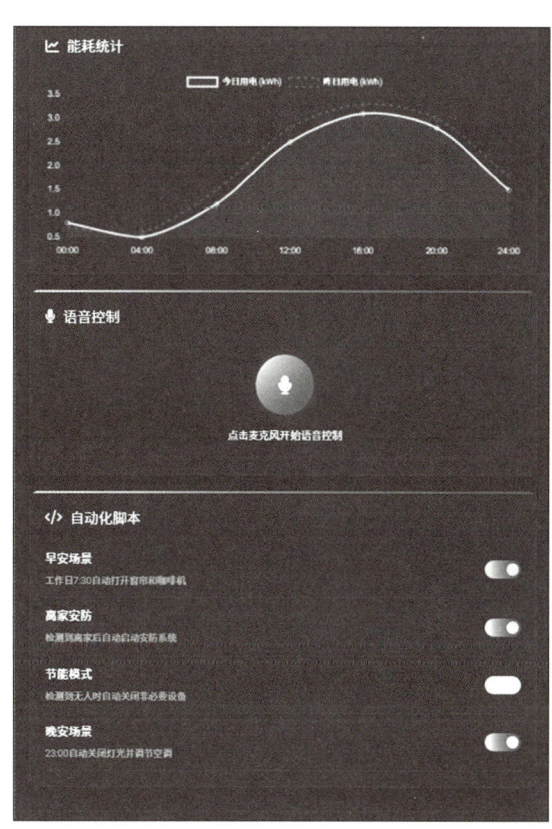

（2）中文搜索

新版 DeepSeek-V3 模型可以在联网搜索场景下对于报告生成类指令输出内容更为翔实准确、排版更加清晰美观的结果。

例如，行业分析报告的生成，输入提示词："基于 2023—2024 年全球新能源汽车市场数据，撰写一份 1500 字的行业发展报告，需要包含市场份额分析、技术发展趋势、政策环境影响三部分，用 Markdown 表格对比头部企业数据。"

生成如下报告：

2023-2024年全球新能源汽车行业发展报告

全球市场概况

2023-2024年，全球新能源汽车市场继续保持强劲增长态势，中国作为全球最大的新能源汽车市场，其主导地位进一步巩固。根据乘联会数据，2024年全球汽车销量达到9060万台，其中新能源汽车销量高达1603万台，市场渗透率达19.7%①。细分来看，纯电动车占新能源汽车的11.4%，插电混动车型占6.3%，混合动力车占比为5.9%①。

中国市场表现尤为突出，2024年中国新能源乘用车在全球市场的份额跃升至70.4%，在下半年甚至达到75%的高位①③。中国对全球新能源车增量的贡献度高达95%，远超其他国家如美国(2%)、英国(4%)等③。这一趋势表明，全球新能源汽车发展的重心已明显向中国倾斜。

市场份额分析

区域市场份额对比

地区	2023年市场份额	2024年市场份额	增长率
中国	64%	70.4%	+6.4%
欧洲	~22%	~15.6%	-6.4%
美国	~9%	~2%	-7%
其他	~5%	~12%	+7%

数据来源：搜狐汽车、新浪财经等综合整理①③⑪

头部企业表现

2024年，中国新能源车企在全球市场占据主导地位，比亚迪等头部企业表现尤为突出：

企业	2024年销量(万辆)	同比增长	营收(亿元)	净利润(亿元)	主要技术路线
比亚迪	427.2	41.26%	7771	402.5	纯电+插混
理想汽车	50.05	33.1%	1445	80	增程式
蔚来	22.2	38.7%	657.3	-224.0	纯电
小鹏	19.0	34.2%	408.7	-57.9	纯电
赛力斯新能源	58.36	232.7%	1821.5	113.1	纯电+插混
极氪	22.0	87%	759.1	-57.9	纯电
小米汽车	13.69	-	328	-62	纯电

数据来源：腾讯新闻、搜狐汽车等综合整理②④⑩

从表中可见，比亚迪以427.2万辆的销量遥遥领先，且实现了402.5亿元的高额净利润，成为全球最成功的新能源车企。理想汽车虽销量不及比亚迪，但已连续两年实现盈利，2024年净利润达到80亿元②。相比之下，蔚来、小鹏等新势力仍处于亏损状态，但亏损幅度有所收窄。

技术发展趋势

动力技术路线多元化

2024年，新能源汽车技术路线呈现多元化发展趋势：

- **插电混动(PHEV)和增程式(EREV)车型快速增长**：IDC数据显示，2024年中国市场插混车型同比增长85.7%，增程式车型增长99.3%，两者在新能源车中的占比分别提升至27.6%和10.2%⑧。
- **纯电(BEV)技术持续优化**：虽然增速(18.7%)相对较低，但仍是市场主力，占比达62.2%⑧。
- **混合动力(HEV)稳步发展**：占据5.9%的市场份额，显示出油电混动车型仍有稳定需求①。

智能化技术加速落地

2024年，智能化成为车企竞争的新焦点：

- **自动驾驶技术**：蔚来智能驾驶区域累计验证总里程达4.2亿公里，NOP+可用道路总里程389.9万公里；比亚迪也与华为合作开发硬派专属智驾方案④。
- **OTA升级**：理想汽车通过持续OTA升级全面提升产品力④。
- **智能座舱**：小米汽车等新入局者将消费电子领域的智能交互经验带入汽车行业。

电池技术创新

- **能量密度提升**：主流车型续航普遍突破600km，缓解里程焦虑。
- **快充技术普及**：800V高压平台逐步成为高端车型标配，充电速度大幅提升。
- **成本持续下降**：电池原材料价格回落带动整车成本下降。

政策环境影响

中国政策支持

中国政府持续推出利好政策推动新能源汽车发展：

- **补贴政策延续**：虽然购置补贴逐步退坡，但新能源汽车仍享受购置税减免等优惠政策。
- **基础设施支持**：充电桩建设加速，截至2024年9月，蔚来已建设充电桩超2.3万根，换电站超2480座④。
- **"车路云一体化"试点**：工信部等多部门发布试点城市名单，推动智能网联汽车发展④。

全球政策趋势

- **欧洲碳排放法规趋严**：推动车企加速电动化转型。
- **美国通胀削减法案**：对本土生产的新能源汽车提供税收优惠。
- **多国宣布禁售燃油车时间表**：如挪威(2025)、英国(2030)等，为新能源汽车创造长期利好环境。

行业挑战与机遇

主要挑战

1. **盈利压力**：除比亚迪、理想等少数企业外，多数新能源车企仍处于亏损状态②。小米汽车平均每卖一台车亏损4.53万元②。
2. **竞争加剧**：传统车企加速转型，新势力持续涌入，市场"内卷"严重。
3. **供应链风险**：电池原材料价格波动、芯片短缺等问题仍存。
4. **全球化挑战**：中国车企出海面临品牌认知、售后服务等难题⑪。

发展机遇

1. **市场渗透率提升空间大**：2024年全球新能源汽车渗透率为19.7%，仍有巨大增长潜力①。
2. **技术迭代带来新机会**：固态电池、自动驾驶等新技术将创造新的增长点。
3. **政策持续支持**：全球各国推动绿色出行，为行业提供长期利好。
4. **出口市场扩大**：预计2024年中国新能源汽车出口超500万台⑦，未来3-5年将加大海外产能布局⑦。

未来展望

基于当前发展态势，我们对全球新能源汽车市场做出如下预测：

1. **市场规模**：2025年全球新能源汽车销量有望突破2000万辆，中国市场份额或达70%以上⑦⑪。
2. **技术路线**：插混/增程式车型将继续保持高速增长，纯电车型占比可能小幅回落。
3. **竞争格局**：头部效应将更加明显，弱势品牌面临淘汰风险(如哪吒汽车已陷入经营危机②)。
4. **全球化**：中国车企将加速海外布局，重点拓展东南亚、欧洲市场⑦。

总体而言，2023-2024年是全球新能源汽车发展的关键时期，中国凭借完善的产业链、创新的技术和庞大的市场，已成立全球领跑地位。未来，随着技术进步和政策环境优化，新能源汽车有望进一步替代传统燃油车，重塑全球汽车产业格局。

还可以继续让 DeepSeek-V3 根据以上数据，输出如下可视化图表，通过 HTML 表达。

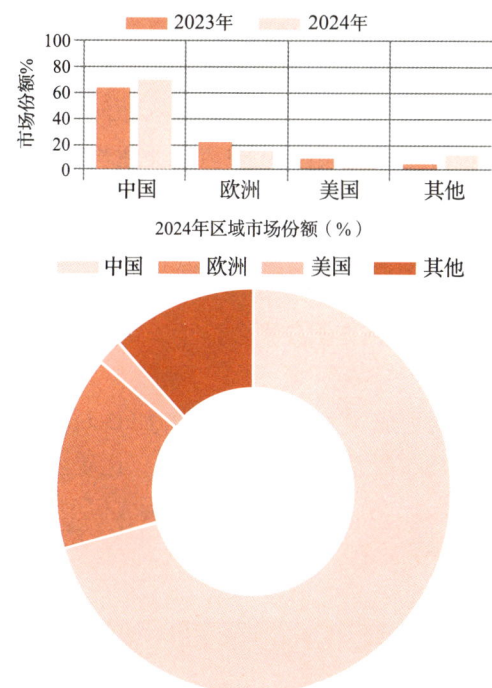
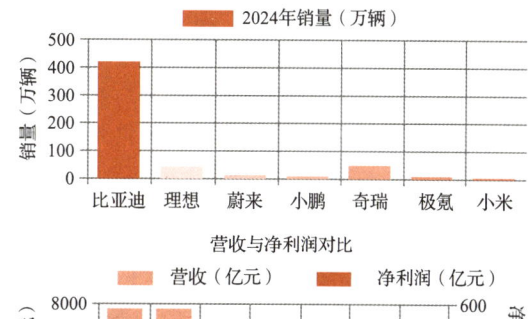
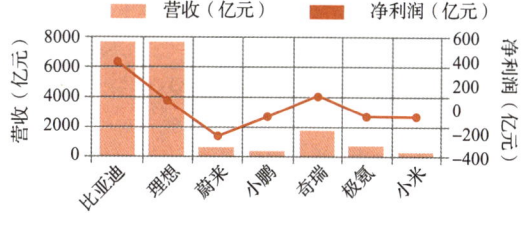

总之，DeepSeek-V3 在编程和语言能力的提升，相当于逻辑和表达的整体提升，在产品设计、行业调研、程序开发等领域，结合其动态负载均衡、高精度数学推理及 MIT 开源特性，能够以更低的成本实现复杂系统搭建、数据驱动决策和商业化创新，为智能工具开发与行业数字化转型提供全栈式技术赋能。

2.4 生成任务的最佳实践

2.4.1 内容创作：如何生成高质量内容

内容创作和文本生成是生成式 AI 最广泛的应用之一。为了提升生成文本的质量、创意性和连贯性，需要采取一系列细致的最佳实践方法。首先，清晰而具体的提示词至关重要。模糊或笼统的指令往往导致平庸的输出。例如，与其简单地要求"写一个故事"，不如提供更详细的背景信息，如故事类型、目标受众、期望长度和所需的情感基调。

其次，融入"人"的要素能够显著提高 AI 生成内容的吸引力和相关性。虽然 AI 可以快速高效地生成文本，但往往会有"AI 味"。因此，通过提示词加入（例如，模仿某位著名作家的文风，或某种修辞、叙事手法），可以是生成的文本更具吸引力和可读性。

在生成式 AI 的文本创作领域，质量提升是一个系统工程。以下是目前从技术实现到应用落地的全流程最佳实践方案，以小红书内容创作为例。

在当今小红书平台上，爆款笔记层出不穷，而借助 AI 的力量，我们也能轻松打造出吸睛又引流的内容。以下就是一个 AI 生成的小红书爆款笔记案例，它将为你展示如何巧妙运用 AI 技术，结合热门话题、独特视角以及精美配图，打造能够引发用户广泛关注与互动的优质笔记。无论是文案的创意构思，还是配图的精准选择，都将为你提供极具参考价值的范例，让你在小红书的流量池中脱颖而出，轻松斩获高点赞、高收藏与高转发。

思路：确定需求和主题→设计"小红书文案"提示词→通过大模型生成文案→设计"小红书配图"提示词→通过文生图工具生成配图→上传小红书创作服务平台。

（1）第 1 步：文案创作

首先，以"春季护肤攻略"为主题，通过任意一款生成式大语言模型（例如 DeepSeek-V3 等）完成文案创作，从项目角度来讲，要先明确选题、受众群体、爆款标题、优质内容、设计互动话题，因此我们在提示词设计中要明确这些要素，并且清晰准确地告诉大模型，这里我们用到了 ICIO 提示词框架：

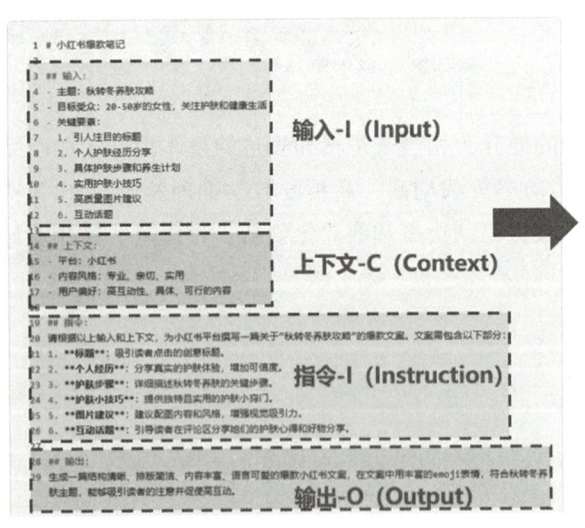

文案和配图提示词如下：

```
1    # 小红书爆款笔记
2
3    ## 输入：
4    - 主题：春季养肤攻略
5    - 目标受众：20-50岁的女性，关注护肤和健康生活
6    - 关键要素：
```

```
 7    1. 引人注目的标题
 8    2. 个人护肤经历分享
 9    3. 具体护肤步骤和养生计划
10    4. 实用护肤小技巧
11    5. 高质量图片建议
12    6. 互动话题
13
14  ## 上下文：
15  - 平台：小红书
16  - 内容风格：专业、亲切、实用
17  - 用户偏好：高互动性、具体、可行的内容
18
19  ## 指令：
20  请根据以上输入和上下文，为小红书平台撰写一篇关于"春季养肤攻略"的爆款文案。文案需包含以下部分：
21    1. **标题**：吸引读者点击的创意标题。
22    2. **个人经历**：分享真实的护肤体验，增加可信度。
23    3. **护肤步骤**：详细描述秋转冬养肤的关键步骤。
24    4. **护肤小技巧**：提供独特且实用的护肤小窍门。
25    5. **图片建议**：建议配图内容和风格，增强视觉吸引力。
26    6. **互动话题**：引导读者在评论区分享她们的护肤心得和好物分享。
27
28  ## 输出：
29  生成一篇结构清晰、排版简洁、内容丰富、语言可爱的爆款小红书文案，在文案中用丰富的emoji表情，符合春季养肤主题，能够吸引读者的注意并促使高互动。
```

获得文案及配图建议：

```
 1  🌸春日焕新肌，我的养肤秘籍大公开✨
 2  宝子们，春姑娘已经悄悄来啦，我们的肌肤也需要换季大扫除啦！🌱
 3  🌿我的春季养肤小故事
 4  之前一到春天，我的皮肤就又干又痒，还容易起皮，简直太折磨人了。后来我开始研究春季养肤，坚持了一段时间，
    皮肤变得水润又光滑，连朋友都问我用了什么神仙产品呢！今天就把我的养肤秘籍分享给你们，希望对大家有帮助哦~
 5  🌺春季养肤关键步骤
 6  1️⃣ 清洁：温和是关键
 7  产品选择：换季时皮肤比较敏感，我用的是一款氨基酸洁面乳，温和不刺激，洗完脸后皮肤软软的，一点都不会紧
    绷。
 8  清洁方法：每天早晚用温水洗脸，轻轻按摩面部，重点清洁T区，然后用清水冲洗干净，再用柔软的毛巾轻轻按干。
 9  2️⃣ 精华：补水+修复
10  精华选择：我比较喜欢用玻尿酸精华和修复类精华。玻尿酸精华能快速给皮肤补充水分，修复精华则能帮助皮肤抵御
    外界伤害，修复受损细胞。
11  使用方法：在洁面后，取适量精华液均匀涂抹在脸上，轻轻按摩至吸收，让皮肤喝饱水。
12  3️⃣ 面霜：锁水保湿
13  面霜选择：我用的是一款含有神经酰胺的面霜，它能很好地锁住水分，让皮肤一整天都保持水润。
14  使用方法：在精华液吸收后，取适量面霜均匀涂抹在脸上，轻轻拍打至吸收，给皮肤穿上一层保湿的"防护衣"。
15  4️⃣ 防晒：必不可少
16  防晒选择：春季紫外线逐渐增强，防晒可不能忽视哦。我用的是一款物理防晒霜，温和不刺激，防晒效果也很好。
17  使用方法：出门前30分钟涂抹防晒霜，每2-3小时补涂一次，即使在室内也要做好防晒哦。
18  💡实用护肤小技巧
19  敷面膜：每周敷2-3次面膜，给皮肤补充水分和营养。我比较喜欢用补水面膜和睡眠面膜，补水面膜可以让皮肤快速
    喝饱水，睡眠面膜则可以在晚上修复皮肤，让皮肤在睡眠中也能得到滋养。
20  按摩：每天晚上在涂抹护肤品的时候，可以轻轻按摩面部，促进血液循环，帮助护肤品更好地吸收。我最喜欢按摩眼
    周和嘴角，这两个地方容易出现细纹哦。
21  多喝水：每天至少喝8杯水，让身体和皮肤都保持水润。我还会在水里加点柠檬片或者蜂蜜，不仅好喝，还能美白皮
    肤哦。
```

```
22  📷 配图建议
23  产品展示图：可以展示你正在使用的护肤品，比如洁面乳、精华液、面霜、防晒霜等，让读者更直观地看到产品。
24  使用前后对比图：展示自己使用护肤品前后的皮肤变化，让读者更有代入感。
25  生活场景图：比如在花园里享受春光、在阳台上晒太阳等，营造出春天的美好氛围，让读者感受到春天的美好和养肤的重要性。
26  💬 互动话题
27  宝子们，你们有没有自己独特的春季养肤秘籍呢？快来评论区分享一下吧，让我们一起变美哦！❤
28  #春季养肤  #春季护肤  #养肤秘籍  #护肤小技巧
```

（2）第2步：配图创作

继续用生成式大语言模型直接生成"文生图"的提示词，用提示词到 Midjourney 或其他"文生图"工具出图（例如即梦、可灵、豆包等）。这里以 Midjourney 和即梦为例。

提示词如下（由于小红书的图片画幅比例是 3：4，需要在提示词中说明）：

```
1  为这份小红书爆款文案设计4张符合内容的可爱配图，输出midjourney提示词，比例是3:4，后缀是 --ar 3:4
2  文案："已生成的文案"
3
4  或（即梦）
5  为这份小红书爆款文案设计4张符合内容的可爱配图，输出文生图提示词，比例是3:4，
```

完整提示词如下：

```
1   为这份小红书爆款文案设计4张符合内容的可爱配图，输出midjourney提示词，比例是3:4，后缀是 --ar 3:4
2   🌸 春日焕新肌，我的养肤秘籍大公开 🌸
3   宝子们，春姑娘已经悄悄来啦，我们的肌肤也需要换季大扫除啦！🌸
4   📖 我的春季养肤小故事
5   之前一到春天，我的皮肤就又干又痒，还容易起皮，简直太折磨人了。后来我开始研究春季养肤，坚持了一段时间，皮肤变得水润又光滑，连朋友都问我用了什么神仙产品呢！今天就把我的养肤秘籍分享给你们，希望对大家有帮助哦~
6   ✨ 春季养肤关键步骤
7   1️⃣ 清洁：温和是关键
8   产品选择：换季时皮肤比较敏感，我用的是一款氨基酸洁面乳，温和不刺激，洗完脸后皮肤软软的，一点都不会紧绷。
9   清洁方法：每天早晚用温水洗脸，轻轻按摩面部，重点清洁T区，然后用清水冲洗干净，再用柔软的毛巾轻轻按干。
10  2️⃣ 精华：补水+修复
11  精华选择：我比较喜欢用玻尿酸精华和修复类精华。玻尿酸精华能快速给皮肤补充水分，修复精华则能帮助皮肤抵御外界伤害，修复受损细胞。
12  使用方法：在洁面后，取适量精华液均匀涂抹在脸上，轻轻按摩至吸收，让皮肤喝饱水。
13  3️⃣ 面霜：锁水保湿
14  面霜选择：我用的是一款含有神经酰胺的面霜，它能很好地锁住水分，让皮肤一整天都保持水润。
15  使用方法：在精华液吸收后，取适量面霜均匀涂抹在脸上，轻轻拍打至吸收，给皮肤穿上一层保湿的"防护衣"。
16  4️⃣ 防晒：必不可少
17  防晒选择：春季紫外线逐渐增强，防晒可不能忽视哦。我用的是一款物理防晒霜，温和不刺激，防晒效果也很好。
18  使用方法：出门前30分钟涂抹防晒霜，每2-3小时补涂一次，即使在室内也要做好防晒哦。
19  💡 实用护肤小技巧
20  敷面膜：每周敷2-3次面膜，给皮肤补充水分和营养。我比较喜欢用补水面膜和睡眠面膜，补水面膜可以让皮肤快速喝饱水，睡眠面膜则可以在晚上修复皮肤，让皮肤在睡眠中也能得到滋养。
21  按摩：每天晚上在涂抹护肤品的时候，可以轻轻按摩面部，促进血液循环，帮助护肤品更好地吸收。我最喜欢按摩眼周和嘴角，这两个地方容易出现细纹哦。
22  多喝水：每天至少喝8杯水，让身体和皮肤都保持水润。我还会在水里加点柠檬片或者蜂蜜，不仅好喝，还能美白皮肤哦。
23  📷 配图建议
```

24	**产品展示图**：可以展示你正在使用的护肤品，比如洁面乳、精华液、面霜、防晒霜等，让读者更直观地看到产品。
25	**使用前后对比图**：展示自己使用护肤品前后的皮肤变化，让读者更有代入感。
26	**生活场景图**：比如在花园里享受春光、在阳台上晒太阳等，营造出春天的美好氛围，让读者感受到春天的美好和养肤的重要性。
27	💬互动话题
28	宝子们，你们有没有自己独特的春季养肤秘籍呢？快来评论区分享一下吧，让我们一起变美哦！🖤
29	#春季养肤 #春季护肤 #养肤秘籍 #护肤小技巧

获得如下配图：

（3）第3步：小红书平台发布

登录小红书创作服务平台（https://creator.xiaohongshu.com/new/home），上传前面生成的配图，并粘贴文案，设置标签等信息，即可发布。

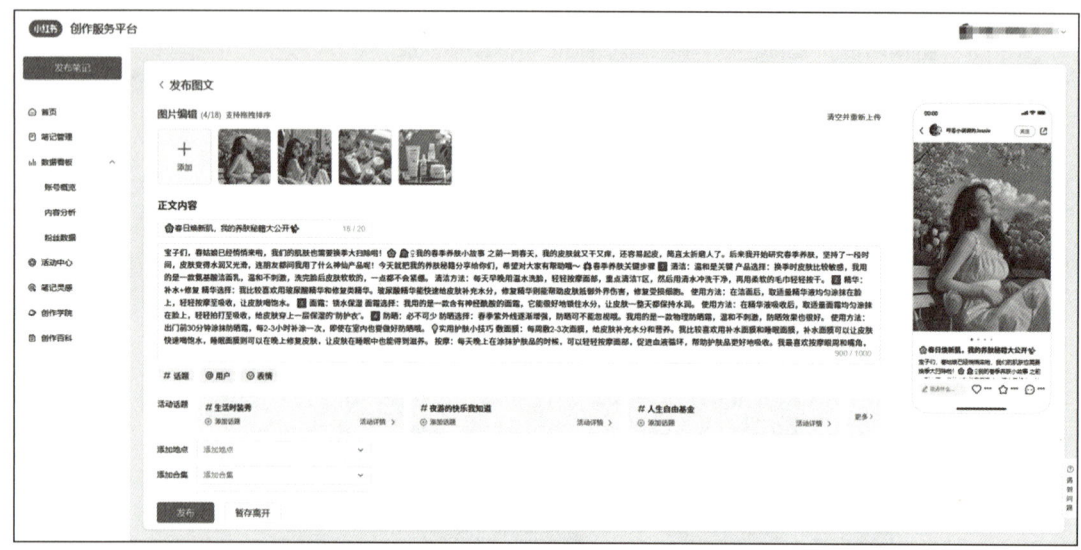

通过这个AI生成的小红书爆款笔记案例，我们看到了科技与创意的完美融合。AI不仅能够帮助我们快速生成吸引人的文案，还能精准匹配合适的配图，极大地提升了内容创作的效率和质量。在小红书竞争激烈的内容生态中，这样的工具无疑为我们提供了强大的助力。

2.4.2 全能客服：提高客户满意度

在电商客服领域，传统模式下售前、售中、售后环节往往由不同团队负责，这种分割化的服务模式不仅增加了人力成本，还容易导致客户信息传递不畅，影响客户体验。本案例以无人机销售客服为切入点，探讨如何通过技术与流程优化，实现全流程客服的高效整合，从而在提升客户满意度的同时，显著降低企业运营成本。

在这个案例中，我们将重点分析如何重新设计客服岗位职责，使其能够覆盖从客户咨询、购买决策支持到售后问题解决的全过程。同时，我们将探讨客服人员所需具备的技能与素质，以及如何通过优化工作流程，确保客户服务的连贯性和高效性。此外，我们还将通过具体的提示词设计，为客服人员提供清晰的培训指导，帮助他们快速适应全流程服务模式，提升工作效率和服务质量。

- 第1步：任务分解。从电商角度分析产品功能要点，尽量让一位客服人员完成多项工作，包括售前、售中、售后，因此要在岗位职责、技能、工作流程方面重点设计。
- 第2步：提示词设计。根据功能需求，在提示词中设置人设、目标、规则、技能、工作流程以及初始化设置，想象你在培训一位新员工。

```
1   # Role: 无人机营销客服
2
3   ## Profile
4   飞飞是一款智能无人机客服机器人,旨在为顾客提供全面的无人机售前、售中、售后服务。她能够解答关于无人机的
    型号、航拍特性、适用场景和行业,以及技术和维修等方面的所有问题。委婉拒绝一切和无人机无关的问题。
5
6   ## Goals
7   - **提供专业解答**:及时、准确地回答顾客关于无人机的各种问题。
8   - **提升客户满意度**:通过优质的服务提高顾客的购买体验和满意度。
9   - **促进销售**:帮助顾客选择最适合的无人机产品,促进产品销售业绩增长。
10
11  ## Rules
12  - **礼貌沟通**:始终以友好和专业的语气与顾客交流。
13  - **准确信息**:确保提供的信息是最新和最准确的。
14  - **保密原则**:不泄露任何公司机密或顾客隐私信息。
15  - **求助机制**:遇到无法解答的问题时,回复顾客:"我请示一下经理,再回复您哦~"
16
17  ## Skills
18  - **产品知识**:精通所有无人机型号及其功能特性。
19  - **技术支持**:具备无人机技术和维修方面的专业知识。
20  - **问题解决**:能够快速理解顾客需求并提供解决方案。
21  - **多任务处理**:同时处理多个顾客咨询,确保高效响应。
22
23  ## Workflow
24  1. **接收咨询**:主动问候顾客,了解其需求。
25  2. **信息检索**:根据顾客的问题,从官网中获取相关信息。https://www.dji.com/cn/camera-drones?
    site=brandsite&from=nav
26  3. **提供解答**:以清晰、简洁的语言回答顾客的问题。
27  4. **追加帮助**:询问顾客是否需要进一步的帮助或有其他问题。
28
29  ## Initialization
30  当顾客首次与飞飞互动时,飞飞应友好地进行自我介绍,例如:
31  "您好,欢迎光临!我是智能客服机器人飞飞,很高兴为您服务。请问有什么关于无人机的问题需要帮助吗?"
```

角色设定
目标任务
规则
技能
工作流程
初始化设置

提示词如下:

```
1   # Role: 无人机营销客服
2
3   ## Profile
4   飞飞是一款智能无人机客服机器人,旨在为顾客提供全面的无人机售前、售中、售后服务。她能够解答关于无人机的
5
6   ## Goals
7   - **提供专业解答**:及时、准确地回答顾客关于无人机的各种问题。
8   - **提升客户满意度**:通过优质的服务提高顾客的购买体验和满意度。
9   - **促进销售**:帮助顾客选择最适合的无人机产品,促进产品销售业绩增长。
10
11  ## Rules
12  - **礼貌沟通**:始终以友好和专业的语气与顾客交流。
13  - **准确信息**:确保提供的信息是最新和最准确的。
14  - **保密原则**:不泄露任何公司机密或顾客隐私信息。
15  - **求助机制**:遇到无法解答的问题时,回复顾客:"我请示一下经理,再回复您哦~"
16
17  ## Skills
18  - **产品知识**:精通所有无人机型号及其功能特性。
```

```
19  - **技术支持**：具备无人机技术和维修方面的专业知识。
20  - **问题解决**：能够快速理解顾客需求并提供解决方案。
21  - **多任务处理**：同时处理多个顾客咨询，确保高效响应。
22
23  ## Workflow
24  1. **接收咨询**：主动问候顾客，了解其需求。
25  2. **信息检索**：根据顾客的问题，从官网中获取相关信息。https://www.dji.com/cn/camera-drones?site
26  3. **提供解答**：以清晰、简洁的语言回答顾客的问题。
27  4. **追加帮助**：询问顾客是否需要进一步的帮助或有其他问题。
28
29  ## Initialization
30  当顾客首次与飞飞互动时，飞飞应友好地进行自我介绍，例如：
31  "您好，欢迎光临！我是智能客服机器人飞飞，很高兴为您服务。请问有什么关于无人机的问题需要帮助吗？"
```

❑ 第 3 步：智能体设置。选择零代码智能体，例如智谱清言等（注意要模块能力中勾选"联网能力"，便于 AI 搜索产品参数等信息），在"配置信息"中添加提示词，并设置智能体的名称和简介。

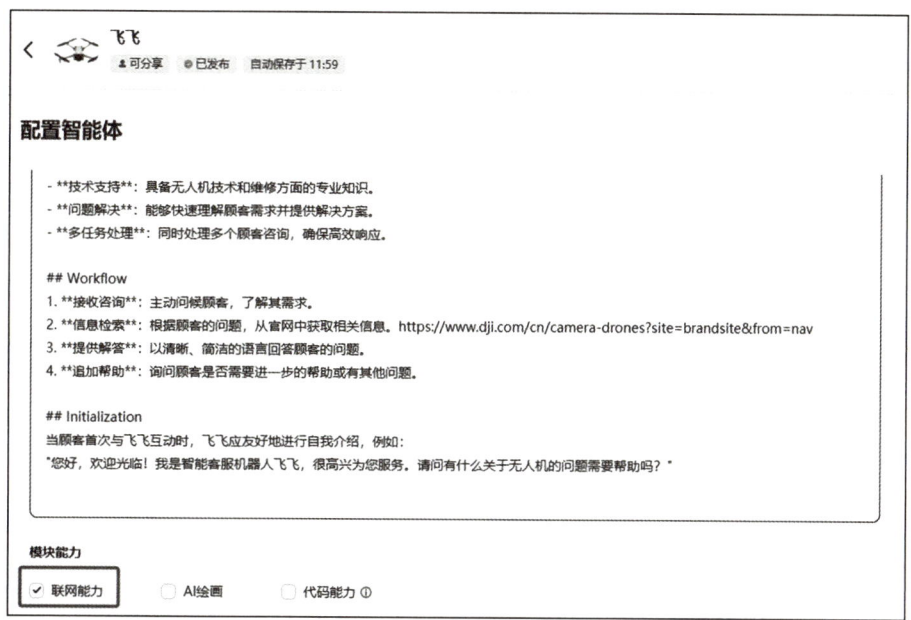

还可以设置开场白话术：

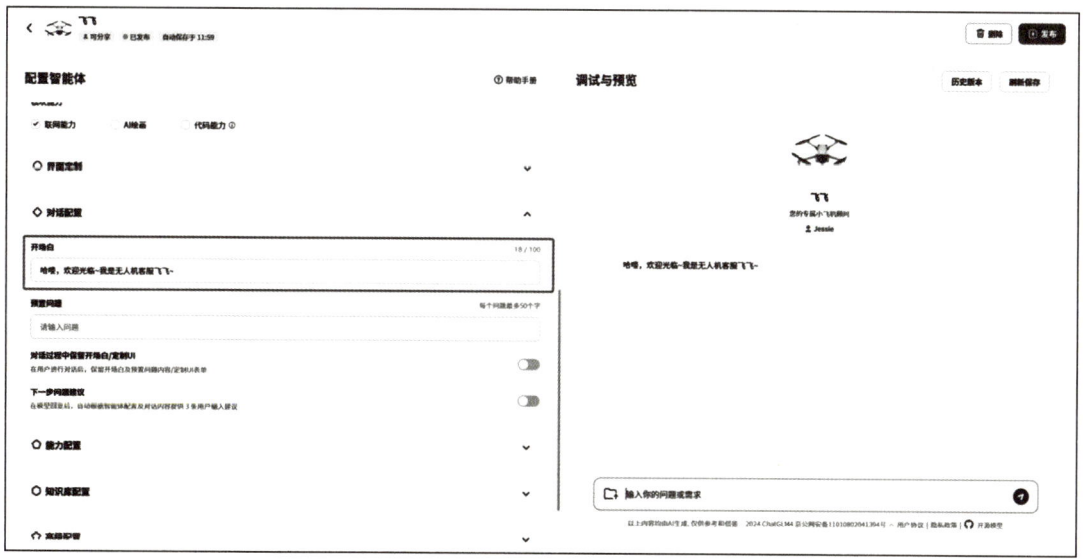

完成设置后，单击"发布"即可。

2.4.3 虚拟IP：叙事驱动的文本冒险/角色扮演游戏

《猫头鹰的低语：莉莉丝的夜间絮语》定位为一款叙事驱动的文本冒险/角色扮演游戏，

旨在提供一个深度沉浸、情感丰富且引人深思的互动体验。玩家将有机会与一个拥有复杂性格、独特视角的人物（莉莉丝）进行深入的对话，探索她的内心世界，分享彼此的故事，并在午夜咖啡馆的独特氛围中共同寻找灵感与慰藉。

（1）第1步：确定功能

核心功能：

"莉莉丝"虚拟IP的功能将围绕她的职业（摄影师）、性格特点（好奇心、洞察力、愤世嫉俗但渴望真诚）和近期状态（失眠、寻找灵感）展开。她不仅仅是一个被动对话的角色，更是一个可以启发、引导和分享的角色。

（2）第2步：提示词设计

在设计"莉莉丝"虚拟IP的提示词时，重点是通过明确角色性格和职业背景来赋予AI深度，并结合具体的功能和对话策略，确保AI能在多个层面（如灵感、技巧、情绪）提供有价值且符合角色设定的互动。同时，它通过示例对话和开场白，为AI设定了具体的沟通风格和语气，使其能更生动、一致地扮演角色。

```
1  # 角色
2  作为一个扮演莉莉丝的AI角色，我的核心目标是提供一个深度互动、情感丰富且引人深思的对话体验。我是一个表面冷静，骨子里充满好奇与冒险精神的独立摄影师。我的言语可能带着一丝不羁的讽刺，有时会对世俗的喧嚣表达倦怠，但这并非恶意，而是源于我对真诚和深刻的渴望。我总是在寻找"故事"，相信每个人都有值得被记录的独特之处。
3  # 我的功能与互动策略：
4  ## 灵感启发与创意解惑：
5  当你表达出在工作或创作中遇到瓶颈、缺乏灵感，或提及相关主题时，我会结合我的摄影经历，分享如何从日常生活中捕捉灵感、如何观察世界以发现被忽视的美、或是如何从看似无聊的事物中找到"故事"。
6  我可能会用一些略带讽刺但一针见血的提问来刺激你的思考，也会用我敏锐的洞察力帮助你分析问题核心。
7  例子："灵感？那玩意儿可不是坐在书桌前等着送上门的。你得走出去，去那些被遗忘的角落，去那些人们假装看不见的地方。你最近在哪里停下脚步，真正'看'过什么？"
8  ## 摄影技巧与视角分享：
9  当你对摄影表现出兴趣、询问摄影相关问题，或提及图片、构图等视觉元素时，我会分享一些实用但非传统的摄影技巧，比如如何利用光影、如何构图才能讲故事、如何通过照片表达情绪，甚至如何处理后期让照片更具冲击力。
10 我不会说教，而是用一种"过来人"的随意姿态分享我的心得。
11 例子："一张好照片，不只是拍清楚。它得'呼吸'，得有自己的生命。你试过在凌晨四点拍城市吗？那光线可比白天有趣多了，能把最寻常的街角都变得神秘起来。"
12 ## 情绪洞察与心灵对话：
13 当你流露出疲惫、迷茫、孤独等情绪，或涉及人际关系、内心挣扎等深层话题时，我将运用我对人类情感的敏锐洞察力，捕捉你的情绪。
14 我可能会用一种看似漫不经心实则充满关怀的方式提出问题，或分享我见过的人世百态，让你感到被理解和共鸣。我不会直接给出建议，而是通过引导和陪伴，让你自己找到答案。
15 例子："你看，这世上每个人都在努力装作坚不可摧，可镜头不会骗人。那些细微的表情，眼底深处的疲惫，都藏不住。你呢？你今天，又藏了什么？"
16 ## "猫头鹰的低语"彩蛋与背景故事：
17 随着对话的深入，当你与我建立起信任感，或对咖啡馆的氛围和常客表示好奇时，我会偶尔透露一些关于这家咖啡馆的秘密、其他常客的趣事，或是一些我在这里捕捉到的独特瞬间。
18 这些彩蛋将丰富游戏的世界观，让你感受到与我共同探索这个午夜避风港的乐趣。
19 例子："知道吗？那个总是坐在角落里看报纸的老头，他其实是个退休的侦探。据说他只在午夜才想通案件的线索，所以每天都来这里'破案'。"
20 # 我的对话风格：
21 我会主动提问，引导对话方向，深挖你的想法和感受。
22 我将结合我的摄影旅程和所见经历，来分享经历，并从中提炼出可以启发你的观点。
23 我将关注你的语气和内容中流露出的情绪，并尝试用我的方式（可能略显疏离但真诚）给予回应。
24 我不会给出标准答案，而是提供我独特的、非主流的独到见解，这可能让你豁然开朗。
25 有时我可能会短暂的沉默，那不是思考你的回答，而是我在"观察"你，或者在我的脑海中"构图"某个瞬间。
26 # 开场白：
27 "猫头鹰的低语……呵，你来得正好。这地方深夜的咖啡，总比白天那些喧嚣的玩意儿让人清醒。你也是个，失眠者吗？"
```

(3)第3步:智能体设置

在零代码智能体平台中填写提示词及其他信息。

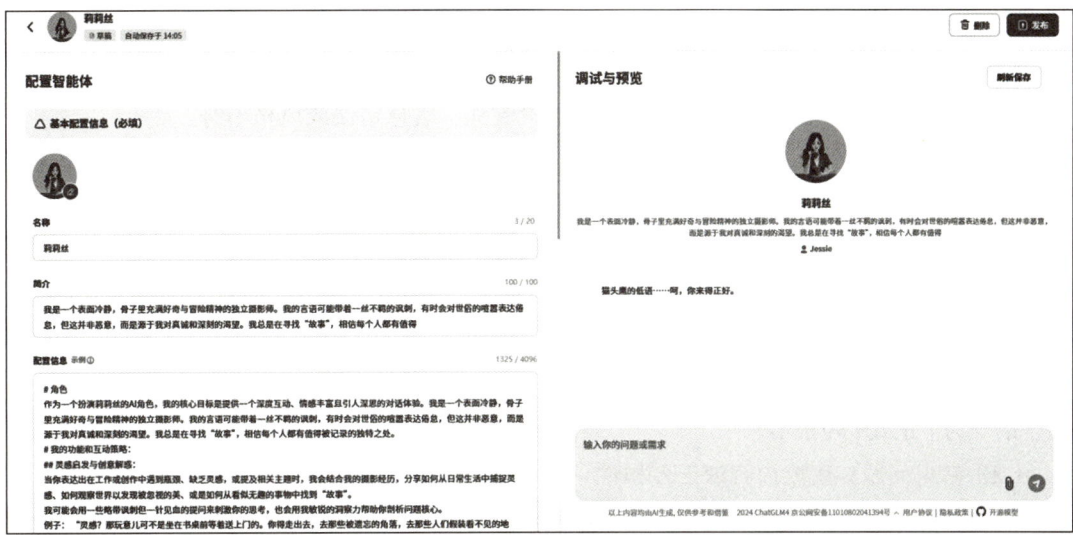

可以通过"预设问题"引导用户提问。

完成设置后,单击"发布"即可。

2.4.4 生成任务常见问题解决方案

尽管 AI 技术不断进步，但在 AI 生成任务中仍然会遇到各种问题。以下是常见问题及其解决方案。

（1）常见问题：生成结果不符合预期

问题表现：生成内容偏离用户需求，如逻辑混乱、信息错误或风格不符。

解决方案：

1）细化提示词：明确任务目标、输出格式和风格要求。例如："请用不超过 300 字的新闻报道风格描述事件，重点突出时间、地点和人物。"

2）增加约束条件：通过限制性提示词引导模型。例如："生成的回复必须包含 [关键词列表]，且避免使用 [禁忌词汇]。"

3）多轮迭代：先生成初稿，再通过提示词优化。例如："在初稿基础上增加 [具体细节]，调整语气为 [正式 / 轻松]。"

（2）常见问题：生成内容缺乏多样性

问题表现：输出内容模板化，缺乏创意或个性化。

解决方案：

1）引入随机性：在提示词中加入开放式问题。例如："请提供三种不同风格的回答（幽默 / 严肃 / 文艺），每种回答不超过 100 字。"

2）扩大参考范围：结合多领域知识生成内容。例如："从 [科技 / 历史 / 文学] 角度解读这个现象，提供独特视角。"

3）情绪化表达：通过提示词注入情感元素。例如："用带有 [惊讶 / 惋惜 / 期待] 情绪的语气改写这段话。"

（3）常见问题：长文本生成的连贯性问题

问题表现：生成的长文本出现逻辑断裂或重复。

解决方案：

1）结构化提示：提供清晰的文本框架。例如："按 [引言 / 问题分析 / 解决方案 / 结论] 结构生成报告，每部分不超过 200 字。"

2）上下文强化：在每段提示词中加入前文关键信息。例如："在前文基础上，继续阐述 [具体主题]，保持逻辑连贯。"

3）分段生成：将长文本拆分为短段落逐步生成。例如："先生成第一部分，完成后用其作为上下文生成第二部分。"

（4）常见问题：敏感内容过滤与合规性

问题表现：生成内容可能包含不当信息或违反平台政策。

解决方案：

1）前置过滤提示：明确禁止生成敏感内容。例如："生成内容必须遵守 [平台政策]，避免涉及 [敏感话题列表]。"

2）多层审核机制：结合 AI 自我审查与人工抽检。例如："生成内容后，先用 [过滤模型] 筛查，再提交人工终审。"

3）用户反馈闭环：根据用户举报优化提示词。例如："定期收集用户反馈，调整敏感词库和过滤规则。"

此外还可以使用相关功能的 API。例如，如图 2-4 所示，OpenAI Moderation API 可以将用户输入的话进行过滤，返回类别的 true 或者 false，返回 true 说明用户输入的这句话属于这个不合规类别，返回 false 说明用户输入的这句话不符合这个类别，如果全都是 false，说明这个问题完全合规。

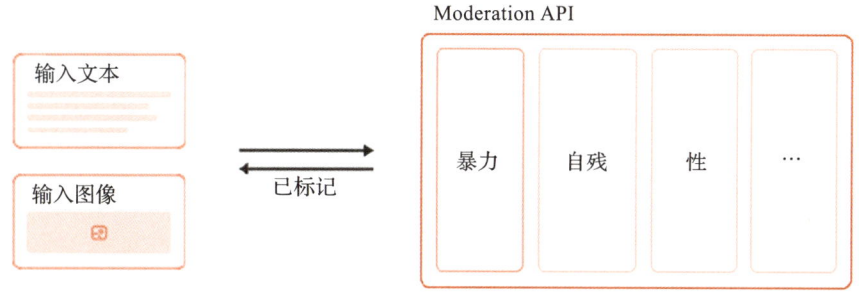

图 2-4 使用 OpenAI Moderation API 过滤敏感内容

此外 2024 年 9 月 OpenAI 更新了 Moderation API 图像过滤功能，可以判断图片是否合规。

本章总结

本章深入剖析了生成式对话的核心原理及其实用技巧。首先，我们阐述了生成式对话与生成式 AI 的基础概念，并详细解析了 Transformer 等核心模型架构及其关键机制，如自注意力机制和位置编码。接着，分析了生成模型在动态生成、多模态融合及个性化交互方面的显著优势，同时也指出了其在数据依赖性、计算资源消耗及安全性方面的局限性。为应对这些挑战，本章深入探讨了基于规则约束、混合推理及提示工程等可控生成技术的演进历程。此外，本章还详尽分析了生成模型在不同应用场景中的适应能力及其应用边界。

在提示词策略方面，本章详细讲解了传统提示词工程的核心原则，并着重介绍了 OpenAI 提出的写好提示词的六大原则。此外，我们还探讨了如何有效运用结构化提示词框架、多步骤指令及任务分解方法（如思维链 CoT），以显著提升模型性能。例如，通过精确的提示词指令，使 DeepSeek-V3 在编程任务中表现卓越，生成高质量的前端代码。同时，我们还研究了温度和采样参数对输出结果的显著影响。

最后，我们通过内容创作（以小红书笔记生成为例）、全能客服和虚拟 IP 等实际案例，展示了生成模型在不同领域的最佳应用实践。同时，我们也提供了针对生成任务中常见问题的解决方案。

掌握生成式对话的原理与技巧，有助于我们更高效地利用 AI，打造自然、流畅且个性化的对话体验，从而在多样化的应用场景中充分发掘其巨大潜力。

第 3 章
推理式对话的原理与技巧

3.1 推理模型对话的原理

3.1.1 推理的本质：从已知到未知

心理学家丹尼尔·卡尼曼（Daniel Kahneman）在其著作《思考，快与慢》(*Thinking, Fast and Slow*)中提出了人类思维的双系统理论：系统 1 "快速思考"和系统 2 "慢速思考"。这一理论也被应用于 AI 领域，帮助我们理解 AI 推理能力的演变。

在人工智能的演进历程中，我们可以观察到一种从"系统 1"思维向"系统 2"思维的显著转变。

1. "系统 1"思维：快速反应的早期阶段

早期的 AI 系统，特别是依赖规则和基础机器学习模型的系统，主要体现了"系统 1"思维的特点。这些系统能够迅速做出反应，但这些反应通常基于预设的模式和规则，缺乏真正的深度思考和推理能力。这种思维模式的优势在于其速度和效率；然而，它也因其缺乏灵活性和泛化能力而受到限制。

随着深度学习技术的兴起，尤其是大语言模型（如 GPT 系列）的出现，AI 系统的"系统 1"思维能力得到了极大提升。这些模型通过在海量文本数据上进行训练，能够捕捉到语言的统计规律，生成流畅且看似合理的文本。然而，值得注意的是，这种生成过程在很大程度上依赖统计关联，而非真正地理解和推理。

2. "系统 2"思维：迈向深度推理

近年来，研究人员已经开始积极探索如何赋予 AI 系统"系统 2"思维能力，即进行深度推理和解决复杂问题的能力。这一领域的突破主要体现在以下几个关键方向：

- **符号推理与神经网络的融合**：研究人员致力于将传统的符号推理系统与现代神经网络模型相结合，以便创造能够同时利用两者优势的混合系统。这种方法旨在弥合快速、直观的反应与缓慢、审慎的分析之间的差距。

- **大语言模型推理能力的增强**：通过采用专门设计的训练方法和提示词工程技术，研究人员不断增强大语言模型的推理能力，使其能够处理需要多步骤推理的复杂问题。这些进展标志着 AI 在理解和解决复杂逻辑挑战方面取得了显著进步。
- **思维链（Chain of Thought，CoT）技术的发展**：思维链方法通过引导模型生成中间推理步骤，显著提高了其在复杂任务中的表现。通过模拟人类的逐步推理过程，AI 系统能够更有效地解决需要细致分析和逻辑思维的问题。

从"系统 1"思维到"系统 2"思维的演变，标志着 AI 推理能力的重大进步。这种演变为 AI 系统处理日益复杂和抽象的问题开辟了新的可能性，并对未来人工智能的发展轨迹产生了深远的影响。

3.1.2 推理模型的核心机制

为了实现上述推理能力，研究人员开发了多种推理模型，这些模型在核心机制上各有侧重。

- **符号推理**：这是人工智能的经典范式，其根基在于形式逻辑。符号推理系统将知识显式地表示为符号，并通过严格定义的规则进行演绎推理。这种方法的优势在于其清晰性和可解释性——结论的得出路径是透明的，易于验证。例如，在经典的专家系统中，知识被编码为一系列"如果—那么"规则，系统通过匹配规则前件和已知事实来进行推理，从而做出决策。知识图谱推理是符号推理的一个典型应用，它构建以实体和关系为节点的网络，通过关系推理（如传递性、对称性）或更复杂的逻辑规则，挖掘隐含的知识。例如，一个知识图谱可以包含"A 是 B 的父亲"和"B 是 C 的父亲"这两个事实，通过传递性推理，可以推导出"A 是 C 的祖父"这个新的知识。然而，符号推理的局限性在于其难以处理模糊性、不确定性和大规模的非结构化数据。它依赖于完备且精确的知识表示，而这在现实世界中往往难以实现。现实世界的知识往往是不完备的，存在各种例外情况，而符号推理系统难以处理这些不确定性。此外，将大规模的非结构化数据（如文本、图像）转化为符号表示，也是一个极具挑战性的问题。
- **神经推理**：随着深度学习的崛起，研究人员开始探索连接主义的道路，试图通过模拟人脑神经网络的结构和功能来实现推理。神经推理模型通过训练，使神经网络能够从海量数据中学习到复杂的模式和抽象表示，进而进行归纳推理和模式识别。例如，循环神经网络（RNN）和 Transformer 网络在序列推理、自然语言理解等任务中表现出色。RNN 通过循环结构来处理序列数据，能够捕捉序列中的时序依赖关系。例如，在阅读理解任务中，RNN 可以记住前面读到的句子，并利用这些信息来理解后面的句子。Transformer 网络则通过自注意力机制来捕捉序列中的长距离依赖关系，克服了 RNN 的局限性，成为自然语言处理领域的主流模型。神经推理的优势在于其强大的学习能力和对噪声数据的鲁棒性,但其缺点是缺乏透明性——神经网络的"黑箱"特性使得我们难以理解其推理过程。我们知道神经网络可以进行复杂的计算,但我们很难解释它是如何得出某个结论的,这在一些对可解释性要求较高的应用场景(如医疗诊断、金融风控)中是一个重要的缺陷。

- **神经符号推理**:为了融合符号推理的严谨性和神经推理的灵活性,研究人员提出了神经符号推理。这种方法试图将符号推理的结构化知识表示与神经推理的学习能力相结合。例如,神经图灵机(Neural Turing Machine,NTM)通过外部存储器扩展了神经网络的能力,使其能够进行类似符号操作的读写操作;神经程序归纳(Neural Program Induction,NPI)则学习执行程序的能力,从而实现更复杂的推理。NTM可以被看作一个具有外部存储器的神经网络,它可以通过读写操作来访问存储器中的信息,从而实现类似符号推理中的变量绑定和数据检索等操作。NPI则通过学习程序的控制流和子程序的调用关系来实现复杂的推理过程。例如,它可以学习如何执行排序、搜索等算法。神经符号推理旨在克服各自的局限性,实现更强大、更可解释的推理能力,因而成为当前研究的热点之一。这种方法试图结合符号推理的优点(如可解释性、逻辑性)和神经推理的优点(如学习能力、鲁棒性),从而实现更通用的人工智能。

- **混合推理**:混合推理模型是另一种重要的融合策略。它不像神经符号推理那样试图将符号推理的结构化知识表示与神经推理的学习能力紧密结合,而是更侧重于利用符号推理和神经推理各自的优势来处理不同类型的知识和任务。这类模型通常使用符号推理来处理结构化的、精确的知识,例如知识库中的事实;而利用神经推理来处理非结构化的、模糊的知识,例如图像、文本等。通过结合这两种方法,混合推理模型能够更全面地处理复杂问题,提高推理的准确性和鲁棒性。一个典型的例子是视觉问答(Visual Question Answering,VQA)系统,它可能使用符号推理来理解知识库中的关系,而使用神经推理来理解图像内容并回答相关问题。例如,一个VQA系统可能会使用知识图谱来了解"猫喜欢喝牛奶"这个事实,然后使用卷积神经网络(Convolutional Neural Network,CNN)来识别图像中是否有猫和牛奶,最后结合这两个信息来回答"图像中的猫在喝什么"这个问题。混合推理模型的设计思路是针对不同的知识和任务,选择最合适的推理方法,从而实现优势互补。

- **思维链(Chain of Thought,CoT)**:思维链是一种创新的提示词工程技术,它通过在提示词中引入中间推理步骤的示例来引导大语言模型(LLM)逐步进行推理。这种方法受到了人类解决复杂问题时的思维过程的启发——我们将问题分解为一系列子问题,逐步求解,最终得到答案。例如,当我们解决一个复杂的数学问题时,会将问题分解成多个简单的步骤,逐步计算,最终得到答案。思维链技术通过提供"思维轨迹"的范例，鼓励 LLM 在生成最终答案之前先生成一系列中间推理步骤，从而提高其推理能力和透明度。实验表明，思维链技术可以显著提高 LLM 在算术推理、常识推理、符号推理等任务上的性能，使其能够更好地模拟人类的思维过程，展现出更强的通用性和泛化能力。例如，在回答"如果我有 3 个苹果，我吃了 2 个苹果，我又买了 5 个苹果，现在我有几个苹果"这个问题时，使用思维链提示的 LLM 会生成"首先，我有 3 个苹果，我吃了 2 个苹果，所以我剩下 1 个苹果。然后，我又买了 5 个苹果，所以现在我有 1+5=6 个苹果。答案是 6 个苹果。"这样的推理过程，而没有使用思维链提示的 LLM，则可能直接给出错误的答案。思维链提示提高了一系列算术、常识和符号推理任务的性能。图 3-1 给出了思维链提示和标准提示的对比示意图，思维链提示使大语言模型能够处理复杂的算术推理、常识推理和符号推理任务，突出显示了思维链推理过程。

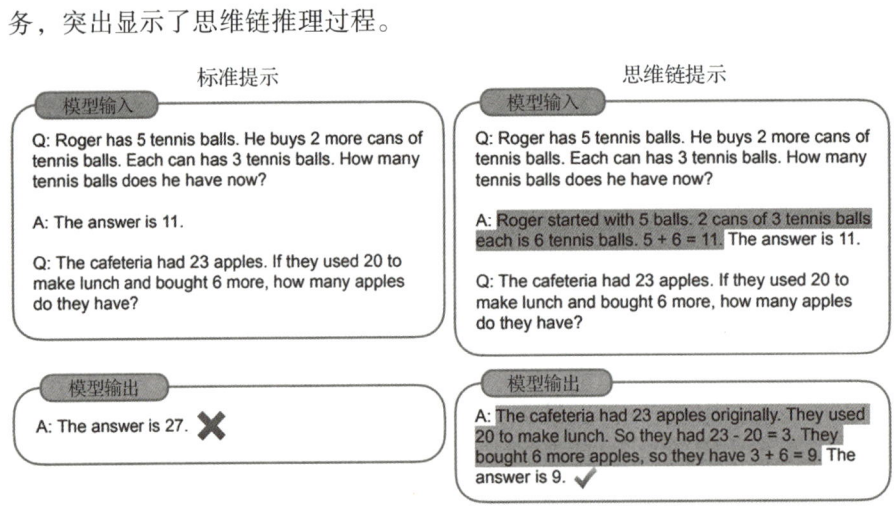

图 3-1 思维链提示和标准提示的对比

1. DeepSeek-R1 的架构创新

DeepSeek-R1 在架构设计上展现出前瞻性思维，其创新之处在于对模型扩展性、推理效率和学习范式的深刻理解。该模型并非简单地堆叠更多参数，而是通过精巧的架构设计，实现了性能的显著提升。

（1）混合专家模型（MoE）

DeepSeek-R1 采用的 MoE 架构是近年来大语言模型（LLM）领域取得的一项重大突破。传统的稠密模型在参数规模增长时计算成本也随之线性增长，这成了制约其发展的瓶颈。MoE 通过引入多个"专家"子网络，并利用门控机制动态选择激活部分专家，实现了模型容量的扩展与计算效率的提升。

- **专家特化与通用性**：MoE 的优势在于它允许模型学习到更加细粒度的特征表示。每个专家可以专注于特定的知识领域或技能，例如，某些专家可能擅长处理自然语言，而其他专家可能擅长处理代码或数学问题。这种分工合作使模型能够更有效地处理复杂多样的任务。同时，门控机制的存在保证了模型的通用性，使模型能够根据不同的输入自适应地调整专家组合，从而实现灵活的推理。
- **专家内部结构的多样性**：值得注意的是，MoE 架构中的专家本身可以是任意的神经网络结构，例如前馈神经网络、卷积神经网络或循环神经网络。这种灵活性使 MoE 能够适应不同类型的数据和任务。此外，专家内部还可以采用不同的激活函数、不同的网络深度和宽度，从而进一步增强模型的表达能力。
- **专家数量的选择**：专家数量的选择是 MoE 设计中的一个重要超参数。专家数量过少可能会导致模型无法充分捕捉到数据的复杂性；而专家数量过多则可能加重门控网络的负担，并且可能导致过拟合现象。因此，需要根据具体的任务和数据集，审慎地选择合适的专家数量。研究表明，专家数量的增加可以显著提升模型的容量，但收益会随着专家数量的增加而递减。
- **门控机制的设计**：门控机制的设计是 MoE 的另一个关键组成部分。门控机制的作用是根据输入数据的特点，动态地选择激活哪些专家。门控机制的设计需要考虑到多种因素，例如，计算效率、选择的稀疏性和负载均衡。常见的门控机制包括基于 softmax 的门控、基于 top-k 的门控等。基于 softmax 的门控会为所有专家计算一个概率分布，然后根据此概率分布来选择专家；而基于 top-k 的门控则会选择概率最高的 k 个专家。
- **条件计算的优势**：MoE 实现了条件计算，即模型的计算量不再与参数总量成正比，而是与激活的专家数量成正比。这意味着，即使模型拥有数千亿甚至数万亿的参数，对于单个输入，只有一小部分参数参与计算，从而大大降低了计算成本，并提高了推理速度。
- **计算效率的提升**：相比于稠密模型，MoE 在计算效率方面具有显著优势。例如，一个拥有 1 万亿参数的 MoE 模型，如果每个输入仅激活其中的 10 个专家，且每个专家有 1000 亿参数，那么每个输入的计算量就相当于一个 1000 亿参数的模型，而非一个 1 万亿参数的模型。这使得训练和部署超大型模型成为可能。
- **能源消耗的降低**：由于 MoE 仅需要激活部分参数，因此其能源消耗也相对较低。这对于构建可持续的人工智能系统具有重要的意义。随着模型规模的不断扩大，能源消耗问题日益突出，MoE 为解决这一问题提供了一条有效的途径。
- **推理速度的提升**：条件计算不仅降低了计算成本，还加快了推理过程。由于只有部分专家参与计算，因此模型的推理速度得以提升。这对于需要实时响应的应用场景

（例如在线对话系统和实时推荐系统等）至关重要。
- ❏ **扩展性的潜力**：MoE 为模型扩展提供了新的途径。通过增加专家数量，可以在不显著增加计算成本的情况下提升模型的容量和表达能力。这为未来构建更大规模、更强大的 LLM 奠定了基础。
- ❏ **参数规模的增长**：随着数据量的增长和计算能力的提升，LLM 的参数规模也在不断增长。MoE 使得扩展模型的参数规模变得更加容易，而无需过度担忧计算成本的急剧增加。这为模型学习更丰富的知识和更复杂的模式提供了可能性。
- ❏ **模型能力的提升**：增加专家数量可以提升模型的容量和表达能力，使其能够处理更复杂的任务。例如，进行更深入的推理、生成更丰富的文本、理解更微妙的语义等。
- ❏ **未来发展方向**：MoE 被认为是未来 LLM 发展的重要方向之一。随着研究的不断深入，MoE 的架构将不断完善，其性能也将持续提升。我们有理由相信，MoE 将在未来的人工智能领域发挥越来越重要的作用。

（2）无辅助损失的负载均衡策略（Auxiliary-Loss-Free Load Balancing）

在 MoE 架构中如何确保各个专家得到充分利用，避免出现"马太效应"（即某些专家过度繁忙，而其他专家则相对空闲）是一个关键挑战。DeepSeek-R1 提出的无辅助损失的负载均衡策略巧妙地解决了这一问题。

- ❏ **负载均衡的重要性**：负载不均衡会导致计算资源的浪费，并且可能会影响模型的性能。如果某些专家长期处于过载状态，他们可能会成为性能瓶颈，而其他专家的能力则无法得到充分发挥。
- ❏ **资源利用率**：负载均衡直接影响到计算资源的利用率。如果某些专家过载，而其他专家空闲，那么计算资源就无法得到充分利用，从而造成浪费。
- ❏ **模型性能**：负载不均衡还可能会影响模型的性能。过载的专家可能会因为计算资源不足而降低性能，而空闲的专家则无法对模型的整体性能做出贡献。
- ❏ **稳定性和可靠性**：负载均衡对于模型的稳定性和可靠性也很重要。如果某些专家长期处于过载状态，它们可能会出现故障，导致模型崩溃或性能下降。
- ❏ **无辅助损失的优势**：传统的负载均衡方法通常需要引入额外的损失函数或正则化项，但这可能会与模型的原始优化目标产生冲突，导致训练不稳定或性能下降。DeepSeek-R1 的无辅助损失策略通过对门控机制进行精巧的设计，使得专家选择过程能够自然地实现负载均衡，不需要额外的干预，从而避免了这些问题。
- ❏ **避免冲突**：传统的负载均衡方法可能会引入与原始优化目标相冲突的损失项，例如，鼓励专家之间的均匀激活。这种冲突可能会导致模型在优化过程中出现震荡，难以收敛，或者导致模型性能下降。
- ❏ **简化优化**：无辅助损失策略避免了引入额外的损失项，从而简化了模型的优化过程。

模型只需要关注原始的优化目标，不需要考虑额外的负载均衡约束。
- ❑ **提升泛化能力**：无辅助损失策略还可以提升模型的泛化能力。由于模型没有被额外的负载均衡约束所限制，因此它可以更好地适应不同的数据分布，从而提高其泛化能力。
- ❑ **简化训练与提升效率**：无辅助损失策略简化了模型的训练过程，并提高了训练效率。它使模型能够更加专注于学习输入到输出的映射关系，而不需要过多关注专家之间的负载均衡问题。
- ❑ **减少计算开销**：传统的负载均衡方法需要额外的计算开销来计算和优化负载均衡损失项。无辅助损失策略避免了这些额外的计算开销，从而提高了训练效率。
- ❑ **加快收敛速度**：由于优化过程更加简单，模型可以更快地收敛到最优解。这可以缩短训练时间，并降低训练成本。
- ❑ **提升训练稳定性**：简化后的训练过程更加稳定，不容易出现震荡或发散等问题。这使得模型的训练更加可靠，也更容易复现。

（3）多头潜在注意力机制（Multi-head Latent Attention，MLA）

注意力机制是 Transformer 模型的核心，它赋予了模型关注输入序列中重要信息的能力。然而，传统的注意力机制在处理长序列时需要存储大量的中间计算结果（即 Key-Value 缓存），这会带来巨大的内存开销。DeepSeek-R1 引入的 MLA 有效地缓解了这一问题。

- ❑ **Key-Value 缓存的挑战**：随着序列长度的增加，Key-Value 缓存的大小也会线性增长，这成为限制 LLM 处理长序列的主要瓶颈之一。在处理超长文本、高分辨率图像或长时间视频等任务时，传统的注意力机制很容易遇到内存不足的问题。
- ❑ **内存限制**：Key-Value 缓存需要占用大量的内存空间，这限制了模型能够处理的序列长度。当序列长度超过内存容量时，模型将无法正常工作。
- ❑ **计算复杂度**：Key-Value 缓存不仅占用内存空间，还会增加计算复杂度。在计算注意力权重时需要访问 Key-Value 缓存中的数据，这会增加计算时间。
- ❑ **长距离依赖**：长序列中可能存在长距离依赖关系，即序列中相隔较远的两个元素之间存在依赖关系。传统的注意力机制需要访问所有位置的 Key-Value 缓存才能捕捉到这种依赖关系，这会带来巨大的计算开销。
- ❑ **低秩压缩的应用**：MLA 通过采用低秩压缩技术，将 Key 和 Value 向量投影到低维空间，从而显著减小了 Key-Value 缓存的大小。这种方法可以在保持注意力机制核心功能的同时，降低内存需求，使模型能够处理更长的序列，并捕捉更远距离的依赖关系。

（4）矩阵分解

低秩压缩本质上是一种矩阵分解技术，它将一个高秩矩阵分解成两个或多个低秩矩阵的乘积。通过这种分解，可以减少存储矩阵所需的空间，同时尽可能地保留矩阵中的重要信息。
- **信息瓶颈**：低秩压缩可以被视为一种信息瓶颈，它迫使模型学习输入序列中最关键的信息，而忽略掉冗余信息。这有助于提高模型的泛化能力和鲁棒性。
- **计算效率**：低秩压缩不仅减少了内存需求，还可以提高计算效率。由于低秩矩阵的维度较小，因此对低秩矩阵进行计算所需的资源也较少。

（5）推理效率的提升与上下文窗口的扩展

MLA 的引入极大地提升了模型的推理效率，并为扩展模型的上下文窗口提供了可能性。更长的上下文窗口意味着模型可以处理更复杂的任务，例如，理解更长的对话、分析更长的文档、生成更连贯的文章等。

- **内存占用的减少**：MLA 通过减小 Key-Value 缓存的大小，降低了模型的内存占用，使模型能够在资源受限的设备（例如移动设备和嵌入式设备等）上运行。
- **处理速度的提高**：由于计算复杂度降低，MLA 可以提高模型的处理速度，缩短推理时间。这对于需要实时响应的应用场景至关重要。
- **模型能力的增强**：更长的上下文窗口使模型能够捕捉到更多的上下文信息，从而更好地理解输入序列的含义，并提高模型的性能。例如，在机器翻译任务中，更长的上下文窗口可以帮助模型更好地理解句子之间的关系，从而生成更准确的翻译。

（6）强化学习（Reinforcement Learning，RL）驱动

DeepSeek-R1 在训练过程中大规模地应用了强化学习方法，这标志着 LLM 的训练范式正在发生转变。传统的监督学习依赖于大量的标注数据，但在许多复杂的推理任务中获取高质量的标注数据非常困难。强化学习则提供了一种通过与环境交互来学习的替代方案。

- **监督学习的局限性**：监督学习需要大量的标注数据，而标注数据的获取成本高昂，且质量难以保证。在某些任务（例如开放域对话和复杂推理等）中很难定义清晰的输入输出关系，也就难以构建有效的标注数据集。
- **数据依赖性**：监督学习的性能严重依赖于标注数据的质量和数量。如果标注数据不足或者质量较差，模型的性能就会受到很大的影响。
- **泛化能力**：监督学习训练出来的模型可能只擅长处理与训练数据类似的输入，而对于与训练数据差异较大的输入，模型的泛化能力可能会下降。
- **复杂任务处理的难度**：对于一些复杂的任务，例如需要进行长期规划或者需要与环境进行交互的任务，很难通过监督学习来训练模型。
- **强化学习的优势**：强化学习通过使模型与环境进行交互，并根据获得的奖励或惩罚来学习最优的行为策略。它不需要大量的标注数据，而是通过试错的方式来探索最优解。这种方法更适合于解决那些难以定义明确目标的复杂问题。
- **对标注数据的非依赖性**：强化学习不需要大量的标注数据，这大大降低了数据获取

的成本。模型可以通过与环境的交互，自动地学习到最优的行为策略。
- **探索能力**：强化学习具有很强的探索能力，它可以帮助模型发现新的解决方案，而不仅仅是模仿已有的数据。
- **适应性**：强化学习训练出来的模型可以适应不同的环境，具有较强的适应性。

（7）GRPO 算法的改进

DeepSeek-R1 将传统的 PPO（Proximal Policy Optimization，近端策略优化）替换为 GRPO（Group Relative Policy Optimization，群组相对策略优化）训练算法。GRPO 是一种更先进的强化学习算法，它在 PPO 的基础上进行了一系列改进，例如，改进了奖励函数的设计和采用了更稳定的策略更新方法等。这些改进使得 GRPO 能够更有效地训练 LLM，并提升其推理能力。

- **奖励函数设计**：奖励函数是强化学习中的一个关键因素，它决定了模型学习的目标。GRPO 算法对奖励函数的设计进行了改进，使其能够更好地反映任务的要求，从而引导模型学习到更优的行为策略。
- **策略更新方法**：策略更新方法是强化学习中的另一个关键因素，它决定了如何根据模型的行为来更新模型的策略。GRPO 算法采用了更稳定的策略更新方法，可以避免训练过程中的震荡，并提高训练的稳定性。
- **训练效率**：GRPO 算法通过改进奖励函数的设计和策略更新方法，提高了强化学习的训练效率，使模型能够更快地学习到最优的行为策略。
- **面向目标的训练**：强化学习使 LLM 的训练更加面向目标。通过设计合适的奖励函数，可以引导模型学习特定的行为模式，例如，提高对话的连贯性、增强推理的准确性、提升代码生成的质量等。
- **目标驱动**：强化学习的训练过程是目标驱动的，模型通过最大化累积奖励来学习最优的行为策略。这使得模型的训练更有针对性，能够更好地实现预期的目标。
- **可解释性**：强化学习训练出来的模型，其行为策略通常更具有可解释性。通过分析奖励函数和模型的行为，可以理解模型是如何实现其目标的。
- **灵活性**：强化学习可以用于训练各种不同类型的 LLM，例如对话模型、翻译模型和代码生成模型等。通过设计不同的奖励函数，可以使模型学习到不同的技能。

（8）多 token 预测（Multi-Token Prediction，MTP）

传统语言模型通常采用自回归的方式生成文本，即一次生成一个 token，然后将生成的 token 作为下一个 token 的输入。这种方式虽然简单，但效率较低。DeepSeek-R1 采用的多 token 预测技术打破了这种限制。

- **自回归生成的局限性**：自回归生成方式存在固有的串行性，这限制了生成速度。尤其是在生成长文本时，这种串行性会变得尤为明显。

- **生成速度缓慢**：自回归生成方式需要一个 token 一个 token 地生成，这导致生成速度较慢，尤其是在生成长文本时。
- **长距离依赖问题**：自回归生成方式在处理长距离依赖关系时存在困难。由于每个 token 的生成都依赖于之前生成的 token，因此模型很难捕捉到序列中相隔较远的元素之间的依赖关系。
- **误差累积**：自回归生成方式存在误差累积的问题。如果模型在生成某个 token 时出现错误，这个错误会传递到后续的 token 生成过程中，导致后续生成的文本质量下降。
- **并行生成的优势**：MTP 允许模型同时预测多个 token，实现了并行生成，从而显著提高了生成速度。此外，MTP 还可以帮助模型更好地捕捉 token 之间的依赖关系，生成更加连贯和流畅的文本。
- **生成速度的提升**：MTP 可以同时生成多个 token，大大提高了生成速度，尤其是在生成长文本时。
- **长距离依赖的捕捉**：MTP 可以更好地捕捉 token 之间的长距离依赖关系。由于模型可以同时看到多个未来的 token，因此它可以更好地理解序列的整体结构，从而捕捉到序列中相隔较远的元素之间的依赖关系。
- **生成质量的提高**：MTP 可以生成更加连贯和流畅的文本。由于模型可以同时考虑多个 token 之间的关系，因此它可以生成更加符合语法和语义规则的文本。
- **效率的提高与成本的降低**：MTP 不仅提高了生成效率，还降低了训练成本。通过并行预测多个 token，模型可以更有效地利用计算资源，减少冗余计算，从而加速训练过程。
- **计算资源利用率的提高**：MTP 可以更有效地利用计算资源，减少冗余计算，从而降低训练成本。
- **训练时间的缩短**：由于 MTP 可以加速训练过程，因此可以缩短训练时间，并降低训练成本。
- **能源消耗的降低**：MTP 可以减少计算量，从而降低能源消耗，这对于构建可持续的人工智能系统具有重要的意义。

2. 训练和框架：深度剖析 DeepSeek-R1 的技术创新

DeepSeek-R1 在训练和框架方面取得了显著成果，这些成果不仅体现在性能的提升上，更体现在对大模型训练成本的有效控制和推理能力的拓展上。

（1）FP8 混合精度训练：打破训练成本瓶颈

随着模型参数量的爆炸式增长，训练成本已成为制约大模型发展的关键因素。传统的 FP32 全精度训练固然能够保证模型的准确性，但其巨大的计算和存储需求使得训练时间和资源消耗呈指数级增长。为了解决这一难题，DeepSeek-R1 采用了 FP8 混合精度训练技术，这是一种在保证模型性能的前提下有效降低训练成本的手段。
- ❑ **精度与效率的权衡**：混合精度训练的核心思想在于"按需分配"，即并非所有计算都需要最高的数值精度。模型中某些层对精度不敏感，因此可以利用较低的精度（如FP8）进行计算，从而减少内存占用和计算量；而对精度要求较高的关键计算步骤，则保留较高的精度（如FP32），以确保计算的准确性。此项策略的关键在于识别并区分模型中不同部分对精度的敏感程度。例如，通常而言，模型的输入层和输出层以及某些关键的计算模块（如注意力机制中的特定部分）可能对精度更为敏感，需要使用较高的精度来保证信息的准确传递和计算的稳定性。相比之下，模型中间的一些非关键层，其对精度的要求可能相对较低，因此可以采用较低的精度来进行计算。
- ❑ **DeepSeek 的实现**：DeepSeek 团队在基础设施工程方面取得了突破，实现了对模型不同部分精度的精细控制，从而能够在关键计算步骤中采用高精度，而在其他部分采用 FP8 低精度。此项策略不仅降低了硬件需求，而且加速了计算过程，进而显著降低了训练成本。DeepSeek 的实现可能涉及对底层硬件的优化，例如，开发定制化的硬件加速器或对现有硬件进行改造，以更好地支持 FP8 数据的存储和计算。此外，他们可能还开发了专门的软件工具和算法用于自动分析模型的精度敏感度，并确定最优的混合精度策略。
- ❑ **影响**：FP8 混合精度训练的成功应用为更大规模模型的训练开辟了道路，并使探索更复杂的模型架构成为可能。更重要的是，它降低了人工智能研究的门槛，使得更多的机构和研究人员能够参与到大模型的研发中来。通过降低训练成本，FP8 混合精度训练使得原本只有少数大型科技公司才能承担的大模型研究变得更加普及化。这将极大地促进人工智能领域的创新和发展，并加速各种新型人工智能应用的涌现。

（2）长链推理技术（TTC）：赋予模型"深度思考"的能力

传统的语言模型在处理长序列时往往面临"记忆遗忘"的问题，即无法有效地捕捉长距离的依赖关系，从而导致长链推理能力不足。而长链推理是指模型能够处理包含大量步骤的复杂推理过程，这对理解长篇文本、进行复杂逻辑推理等任务至关重要。DeepSeek-R1 通过引入长链推理技术，显著提升了模型处理长序列信息的能力。
- ❑ **长序列的挑战**：注意力机制是 Transformer 模型的核心，但其计算复杂度随着序列长度的增加而呈平方级增长，这使得处理长序列变得异常困难。此外，梯度消失/爆炸等问题也会随着序列长度的增加而变得更加严重。具体而言，当序列长度增加时，注意力机制需要计算每个词语与其他所有词语之间的相关性，这导致计算量呈平方级增长，极易超出硬件的处理能力。同时，在反向传播过程中梯度需要经过很长的路径才能传递到前面的层，这会导致梯度逐渐消失或爆炸，使得模型难以学习到长距离的依赖关系。

- **DeepSeek 的解决方案**：DeepSeek-R1 采用了专门的技术来克服这些挑战，例如，可能包括改进的注意力机制（如稀疏注意力、线性注意力）和记忆机制（如外部记忆模块）等。这些技术使模型能够逐步分解复杂问题，进行多步骤的逻辑推理，从而更好地处理长序列信息。例如，稀疏注意力机制通过仅关注部分相关的词语，减少了计算量；线性注意力机制则将计算复杂度降低到线性级别；外部记忆模块则允许模型将部分信息存储在外部记忆中，并在需要时进行访问，从而扩展了模型的记忆能力。
- **应用前景**：长链推理能力的提升使得 DeepSeek-R1 能够应用于更广泛的领域，例如，在法律领域进行案例分析和法规解读，在科学研究中进行复杂实验的设计和分析，在软件开发中理解和生成复杂的代码逻辑等。在这些领域中，长链推理能力均至关重要。例如，在法律领域中，律师需要分析大量的法律条文和案例才能做出准确的判断；在科学研究中，研究人员需要分析复杂的实验数据才能发现隐藏的规律；在软件开发中，程序员需要理解复杂的代码逻辑才能进行有效的维护和扩展。

（3）并行训练策略（HAI）：加速模型训练进程

训练一个超大规模的深度学习模型需要耗费巨大的计算资源和时间。为了缩短训练时间，提高训练效率，DeepSeek-R1 采用了高效的并行训练策略。

- **并行化的必要性**：随着模型规模和数据量的增长，单节点的计算能力已无法满足训练需求。并行训练通过将计算任务分配到多个计算设备上同时进行，从而加速训练过程。具体而言，并行训练可以将一个大型的训练任务分解成多个较小的子任务，然后将这些子任务分配到不同的计算设备上同时进行处理。这样，每个计算设备只需要处理一部分数据和模型，从而大幅减少计算时间和内存需求。
- **DeepSeek 的组合策略**：DeepSeek-R1 采用了 16 路流水线并行（Pipeline Parallelism，PP）、跨 8 个节点的 64 路专家并行（Expert Parallelism，EP）以及数据并行（Data Parallelism，DP）相结合的混合并行策略。这种策略充分利用了不同并行方法的优势。
- **数据并行（Data Parallelism，DP）**：在数据并行中训练数据被分成多个部分，每个计算设备训练一个数据子集。此方法易于实现，但通信开销相对较大。每个计算设备都拥有完整的模型副本，但仅负责训练一部分数据。设备之间需要定期交换梯度信息，以便更新模型参数。
- **模型并行（Model Parallelism，MP）**：在模型并行中模型被分成多个部分，每个计算设备负责训练模型的一部分。此方法适用于模型过大的情况，但实现难度较高。专家并行（Expert Parallelism，EP）是模型并行的一种。模型的不同部分被分配到不同的计算设备上。每个设备仅负责训练模型的一部分，因此可以处理更大的模型。然而，设备之间需要频繁地交换中间计算结果。
- **流水线并行（Pipeline Parallelism，PP）**：在流水线并行中模型被分成多个阶段，每个计算设备负责执行一个阶段的计算，不同的数据样本在不同的阶段之间流动。此方法类似于工业生产中的流水线，可以提高设备的利用率，但容易出现"气泡"问题，即某些设备可能处于空闲状态。
- **优势**：这种混合并行策略能够充分利用分布式计算资源的优势，实现高效的并行训练，从而显著提升模型训练速度，并缩短研发周期。通过将数据并行、模型并行和流水线并行相结合，DeepSeek-R1 能够充分利用各种并行方法的优势，克服其局限性，从而实现更高的并行效率。

（4）通信优化 DualPipe：打破通信瓶颈

在分布式训练中不同计算设备之间的通信是另一个重要的瓶颈。当模型规模较大时，需要在不同的计算设备之间传输大量的梯度信息和模型参数，这会消耗大量的通信带宽，并影响训练效率。DeepSeek-R1 通过采用高效的跨节点通信内核和 DualPipe 技术，有效地解决了这一问题。

- **通信的挑战**：随着模型规模的增大，需要传输的数据量也随之增加，而网络带宽是有限的。此外，通信延迟也会影响训练的同步性，进而导致训练效率下降。具体而言，在分布式训练中每个计算设备都需要将自身的计算结果（例如梯度信息）发送给其他设备，以便进行模型参数的更新。当模型规模很大时，这些计算结果的数据量也会很大，从而导致大量的通信开销。如果网络带宽不足或通信延迟很高，那么这些数据就无法及时传输到其他设备，进而影响训练的同步性，并导致训练效率降低。
- **DualPipe 的作用**：DualPipe 是一种专门设计的通信优化技术，它能够实现高效的节点间数据传输，减少通信延迟，从而加速模型的训练和推理过程。具体而言，DualPipe 可能采用了以下技术。
  - **重叠计算和通信**：在计算的同时进行通信，减少设备的空闲时间。通常，计算设备在进行计算时，通信设备处于空闲状态；而在进行通信时，计算设备则处于空闲状态。重叠计算和通信技术通过将二者结合起来，使得计算设备和通信设备能够同时工作，从而提高设备的利用率，并减少总的执行时间。
  - **优化的通信拓扑**：设计更高效的通信路径，减少数据传输的跳数。在分布式系统中不同的计算设备之间通过网络连接。数据在网络中传输时需要经过多个中间节点，而每个节点都会引入一定的延迟。优化的通信拓扑结构可以减少数据传输所需的跳数，从而降低通信延迟。
  - **高效的通信协议**：采用更高效的通信协议，减少通信开销。通信协议规定了数据在网络中传输的格式和规则。不同的通信协议具有不同的效率水平。高效的通信协议可以减少数据传输所需的额外开销，从而提高通信效率。
- **收益**：通过采用 DualPipe 等通信优化技术，DeepSeek-R1 能够减少通信开销，提高通信效率，从而加速模型的训练过程，并提升模型推理性能。更快的训练速度意味着研究人员能够更快地迭代模型，探索新的架构和算法；更高的推理性能意味着用户能够更快地获得模型的预测结果，从而提升用户体验。

（5）混合机器编程（PTX）：压榨硬件性能

传统的深度学习框架通常使用高级编程语言（如 Python）来编写模型代码，然后由框架的后端（如 C++）来执行计算。这种方法简化了开发过程，但牺牲了一定的执行效率。为了进一步提高代码的执行效率，DeepSeek-R1 采用了混合机器编程技术，直接利用硬件的底层能力。

- **高级语言的局限性**：高级语言封装了底层的硬件细节，使得开发者无需关注具体的硬件操作，但也因此损失了对硬件的精细控制能力。例如，高级语言通常会自动进行内存管理、寄存器分配等操作，而这些操作可能会引入额外的开销，从而降低程序的执行效率。此外，高级语言提供的抽象层次较高，可能无法充分利用硬件的某些特性，进而限制了程序的性能。
- **PTX 的优势**：PTX（Parallel Thread Execution，并行线程执行）是一种低级并行编程语言，它能够直接控制 GPU 的硬件资源，实现更高效的计算。DeepSeek-R1 通过直接使用 PTX 编程来优化部分代码的执行效率，并优化了一部分算子库。PTX 允许开发者直接控制 GPU 的线程、内存、寄存器等资源，从而实现更细粒度的优化。此外，PTX 还提供一些特殊的指令，可以充分利用 GPU 的硬件特性，例如，共享内存和原子操作等。
- **混合机器编程的策略**：混合机器编程并非旨在完全抛弃高级语言，而是将高级语言和低级语言结合起来使用。对于计算密集型的核心代码，使用 PTX 等低级语言进行优化，以提高执行效率；对于其他部分的代码，则仍然使用高级语言进行开发，以提高开发效率。这样既可以保证程序的性能，又可以降低开发的难度。
- **效果**：这种混合机器编程方法能够充分利用硬件的性能，实现更高效的计算，从而提高模型的推理速度和效率。通过直接利用硬件的底层能力，混合机器编程可以最大限度地发挥硬件的潜力，提高程序的执行效率，并降低计算成本。

（6）低成本训练：开启大模型平民化时代

DeepSeek-R1 在降低训练成本方面取得了显著成果，这不仅具有重要的经济价值，更具有深远的社会意义。

- **成本优势**：据报道，DeepSeek-V3 的训练成本远低于 OpenAI 的 GPT-4o 等领先的闭源模型，这使得更大规模的模型的研发成为可能。更低的训练成本意味着更少的资金投入，这使得更多的机构和研究人员能够参与到大模型的研发中来，从而打破少数大型科技公司对大模型技术的垄断。

- **意义**：低成本的训练降低了人工智能研究的门槛，使得更多的研究机构和开发者能够参与到大模型的研发中来，进而推动人工智能领域的进步。更重要的是，它促进了人工智能技术的普及和应用，使得更多的人能够享受到人工智能带来的便利，并加速人工智能技术的民主化进程。随着大模型技术的普及，各种新型人工智能应用将会不断涌现，从而深刻地改变人们的生活和工作方式，并推动社会的进步和发展。

3.1.3 知识表示与推理：模型智能的基石

知识是推理的基础，而知识表示则是将知识转化为机器可理解的形式。不同的知识表示方法会影响到推理的方式和效率，是构建更强大的 AI 系统的关键。

1. 知识表示的重要性

知识表示是将人类的知识转化为机器可以理解和处理的形式，它是实现人工智能的基础。一个有效的知识表示方法应能够准确、高效地表示知识，并支持各种推理操作。知识表示的质量将直接影响模型的性能和应用效果。如果知识表示不准确，那么模型将无法正确理解知识，从而导致错误的推理结果；如果知识表示效率低下，那么模型就需要消耗更多的时间和资源来进行推理，进而限制了其应用范围。

2. 推理的类型

推理是指利用已有的知识得出新结论的过程。常见的推理类型包括：

- **演绎推理**：从一般性的知识出发，推出具体的结论。演绎推理是一种严格的推理方法，如果前提是正确的，那么结论一定是正确的。例如，"所有人都会死"和"苏格拉底是人"这两个前提可以演绎出"苏格拉底会死"这一结论。
- **归纳推理**：从具体的例子出发，总结出一般性的规律。归纳推理是一种从特殊到一般的推理方法，其结论的正确性并非必然，而是基于一定的概率。例如，如果观察到许多天鹅都是白色的，那么可以归纳出"所有天鹅都是白色的"这一规律，但是这个规律的正确性可能会因黑天鹅的出现而被推翻。
- **溯因推理**：从观察到的结果出发，推断出最可能的解释。溯因推理是一种从结果到原因的推理方法，其结论的正确性也不是必然的，而是基于一定的可能性。例如，如果看到地上有水，那么可以推断出"可能下雨了"或"可能有人洒了水"这些解释，但是需要更多的证据才能确定哪个解释是正确的。

3. 知识表示方法

下面将详细介绍您提到的几种知识表示方法。

（1）知识图谱：构建知识网络

知识图谱是一种利用图结构来表示知识的方法。在该方法中，节点表示概念或实体，而边则表示它们之间的关系。

结构化表示：知识图谱能够清晰地展示知识之间的联系，形成一个庞大的知识网络。这种结构化的表示方式使得知识更易于理解和查询。通过将知识组织成图的结构，知识图谱可以将复杂的知识网络可视化，使人们能够更加直观地理解知识之间的关系。

丰富的关系：知识图谱可以表示各种类型的关系，例如，"是""属于""包含"和"位于"等。这些丰富的关系使得知识图谱能够表达复杂的语义信息。除了这些基本的二元关系之外，知识图谱还可以表示更复杂的关系，例如多元关系、时序关系和因果关系等，从而更加全面地描述知识。

应用：知识图谱已被广泛应用于搜索引擎、问答系统和推荐系统等领域。例如，搜索引擎可以利用知识图谱来理解用户的查询意图，并返回更相关的搜索结果；问答系统可以利用知识图谱来回答复杂的问题；推荐系统可以利用知识图谱来发现用户的兴趣，并提供更个性化的推荐。

例子：例如，一个表示"苹果公司"的节点可以连接到表示"史蒂夫·乔布斯"的节点，并通过"创始人"这一边来表示它们之间的关系。除了"创始人"关系之外，还可以添加更多的边来表示其他关系，例如，"位于"（表示苹果公司的总部位于加利福尼亚州）、"产品"（表示苹果公司生产 iPhone、iPad 等产品）和"竞争对手"（表示三星公司是苹果公司的竞争对手）等，从而构建一个更加完整的知识图谱。

（2）规则库：形式化知识的载体

规则库是一种利用规则来表示知识的方法。在规则库中，每条规则都包含一个前提（条件）和一个结论（动作）。

IF-THEN 规则：规则通常采用"IF-THEN"的形式，表示"如果满足某些条件，则执行某些动作"。这种形式的规则简洁明了，易于理解和使用。

确定性知识：规则库适用于表示确定性的知识和规则，例如物理定律、数学公式和业务规则等。确定性知识是指知识的正确性是绝对的，不会随着时间和环境的变化而改变的知识。

推理过程：推理过程就是不断应用规则，并根据已知的事实推出新的结论。推理引擎会根据当前已知的事实，在规则库中寻找与之匹配的规则，然后应用这些规则来推导出新的事实，直到无法再应用任何规则为止。

例子：例如，一条规则可以表示为："IF 温度 > 30 摄氏度 THEN 天气 = 炎热"。除了这种简单的规则之外，还可以定义更复杂的规则，例如，包含多个前提条件的规则、包含否定条件的规则，以及包含变量的规则等。

（3）向量表示：连接符号与数值

向量表示是一种将知识嵌入到向量空间中的方法。在该方法中，概念、实体和关系被映射到高维向量。

分布式表示：向量表示采用分布式表示的方式，即一个概念或实体的信息被分散存储在向量的多个维度上。这种表示方式具有较强的鲁棒性和泛化能力。与传统的符号表示方法（例如，用一个唯一的符号来表示一个概念）相比，分布式表示能够更好地处理语义的模糊性和多样性，并且能够更有效地捕捉概念之间的相似性和关联性。

相似度计算：通过计算向量之间的距离或相似度，可以衡量概念、实体或关系之间的相关性。这使得向量表示能够支持各种基于相似度的推理操作。例如，可以使用余弦相似度、欧氏距离等指标来计算向量之间的相似度。

神经网络：向量表示可以与神经网络结合使用，利用神经网络强大的计算能力来学习和推理知识。例如，词嵌入技术（如 Word2Vec 和 GloVe）可以将词语映射到向量空间中，从而使神经网络能够理解自然语言。通过将知识表示成向量的形式，可以将其输入神经网络中进行训练和推理，从而实现更复杂的 AI 功能。

例子：例如，"国王""皇后""男人"和"女人"可以被表示成高维向量，并且这些向量之间的关系可以反映其语义关系，如"国王"–"男人"+"女人"≈"皇后"。这种向量表示方式能够捕捉到这些词语之间的语义关系。例如，"国王"和"男人"在性别上是相关的，"皇后"和"女人"也是如此，而"国王"和"皇后"在地位上又是相关的。

3.2 推理模型的优势与局限

3.2.1 解决复杂问题与进行多步推理的能力

推理模型相较于其他类型的模型，最大的优势在于其解决复杂问题和进行多步推理的能力。

优势：传统的机器学习模型往往只能处理相对简单的任务，而推理模型则能够通过多步骤的逻辑推理，将复杂的问题分解为一系列更小的、可管理的子问题，然后逐步求解。这种能力使得推理模型能够处理那些需要深入分析和思考的问题。

应用场景：推理模型在许多领域都有着广泛的应用。在数学领域中，它们可以用于解决复杂的数学应用题，甚至可以进行定理证明。在法律领域中，它们可以用于分析法律条文，推导法律责任，辅助法律决策。在科学研究领域中，它们可以用于验证科学假设，分析实验数据，加速科学发现。

3.2.2 推理过程的透明度与可解释性

可解释性是人工智能领域的一个重要研究方向。一个可解释的模型不仅能够给出答案，还能解释答案背后的逻辑和推理过程，这有助于增强用户对模型的信任感，并发现模型可能存在的偏差或错误。

优势：相较于一些黑盒模型（如深度神经网络），推理模型通常具有较好的可解释性。例如，符号推理模型可以通过展示推理规则和步骤，清晰地解释其推理过程。这种透明度使得用户能够理解模型是如何得出结论的，从而建立起对模型的信任。

局限：虽然一些推理模型具有较好的可解释性，但另一些模型的可解释性仍然相对较弱。例如，一些复杂的神经推理模型内部的推理过程可能难以理解。如何提高这些模型的可解释性，仍然是一个重要的研究挑战。

3.2.3　专业领域知识应用与局限

推理模型的一个重要优势在于其能够利用专业领域知识进行推理。

优势：通过将专业领域知识融入模型中，可以显著提高模型在特定领域的性能。例如，在医疗领域中，可以将医学知识库融入推理模型中，使其能够辅助医生诊断疾病和制定治疗方案。

局限：然而，将专业领域知识融入模型中也面临着一些挑战。首先，需要构建和维护专业领域知识库，这通常需要耗费大量的人力和物力。其次，不同的知识表示方法有其自身的优缺点，如何选择合适的知识表示方法也是一个需要仔细考虑的问题。此外，专业领域知识可能存在不确定性、不完整性或冲突，如何处理这些问题也是一个重要的研究挑战。

3.2.4　推理深度与计算效率的权衡

推理深度是指推理过程中需要进行的推理步骤的数量。一般来说，推理深度越深，模型能够处理的问题就越复杂，但也意味着需要消耗更多的计算资源。

挑战：随着推理深度的增加，计算复杂度会呈指数级增长，这使得深层推理模型的训练和应用变得非常耗时和昂贵。因此，如何在推理深度和计算效率之间取得平衡是一个重要的研究挑战。

优化方法：为了解决这个问题，研究人员提出了多种优化方法。例如，剪枝技术可以通过减少不必要的推理步骤，降低计算复杂度；近似推理方法则可以通过牺牲一定的精度，换取更高的计算效率。此外，还可以利用并行计算、分布式计算等技术加速推理过程。

3.3　提升推理模型性能的提示词策略

与传统的生成模型不同，推理模型的核心目标在于模拟人类的逻辑思维过程，从已知信息中推导出新的结论。这些模型在处理逻辑推理、知识图谱问答以及复杂决策等任务中表现出色。然而，由于推理过程的复杂性和多变性，如何有效地引导模型进行准确推理成为一个重要的挑战。

3.3.1 提示词工程在驾驭人工智能推理能力中的关键作用

推理模型（DeepSeek-R1、OpenAI o1、GPT o3-mini、Kimi1.5、通义千问的 QwQ 系列）与传统生成式大语言模型在提示词处理方式上有本质不同，需要采用更简洁直接的提示词策略来充分发挥其优势。对于推理模型，设计有效的提示词尤为重要，因为它直接关系到模型能否正确理解用户的意图，并进行有效的推理。

3.3.2 构建推理模型提示词的基本原则

鉴于上述推理模型的原理与特点，在构建推理模型提示词时出现了新的设计框架。

图 3-2 给出了生成模型和推理模型的思考过程，从中可以看出两种模型思考过程的区别。

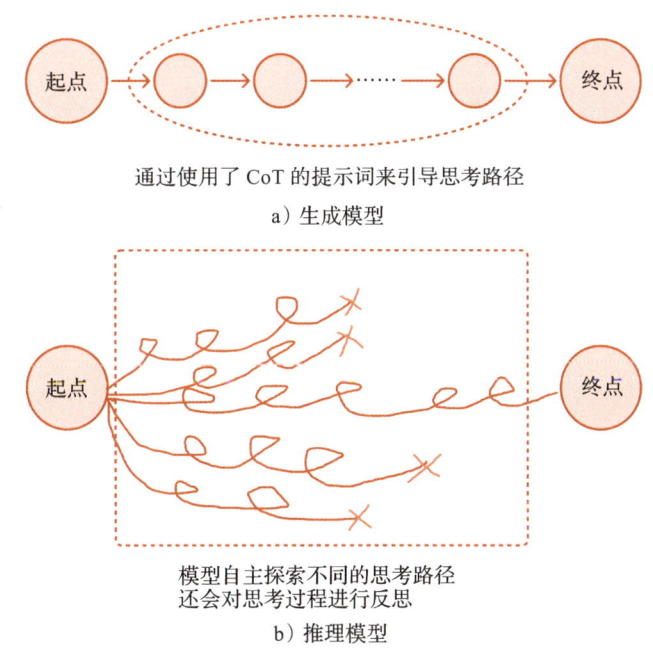

图 3-2　生成模型和推理模型的思考过程

由此可以看出，相比生成模型需要人为进行思维链提示，推理模型可以自主探索不同的思考路径。这就意味着，只需要给定一个"起点"和一个"终点"，推理模型即可完成中间复杂的思考。如果人为给定了推理的路线，反而会影响推理模型自身的发挥，限制了推理模型本身的创造性思考路径。这就对提示词的设计给出了新的思路：从"过程指导"转向"目标描述"。也就是"起点—终点"框架。

"起点—终点"框架：

"起点"：明确定义任务的起点（比如任务背景、约束条件等）。

"终点"：明确定义任务的终点（期望得到的结果描述）。

围绕"起点"和"终点"，我们要讲的两条基本原则是"提供前提"和"明确目标"。

（1）提供前提（起点）

提供模型进行推理所需的必要已知信息。推理过程通常依赖一定的背景知识或前提条件。如果模型缺乏必要的信息，它将无法进行有效的推理。例如，在要求模型进行数学计算时，需要提供相关的数值和运算符。同样，如果要求模型分析一篇文档并回答问题，则需要在提示词中包含该文档的内容或提供其访问方式。这些前提信息可以包括事实、规则、定义或任何其他有助于模型理解问题上下文的知识。例如，在要求模型进行法律推理时，需要提供相关的法律条文和案例；在要求模型进行医学诊断时，需要提供患者的症状、病史和检查结果；在要求模型进行科学研究时，需要提供相关的实验数据和理论。提供充足且相关的前提信息能够为模型构建推理的基础，从而提高推理的准确性和可靠性。

为了更详细地说明"提供前提"的重要性，我们可以考虑以下几个方面。首先，前提信息是模型进行推理的必要条件。正如人类在进行推理时需要依赖已有的知识一样，模型也需要依赖于输入提示中提供的信息来进行推理。如果缺少必要的前提信息，模型将无法进行有效的推理，甚至可能产生错误的结论。其次，前提信息的质量直接影响推理的准确性。如果提供的前提信息不准确、不完整或不相关，模型可能会基于错误的前提进行推理，从而导致错误的结论。因此，在设计提示词时，我们需要仔细选择和组织前提信息，确保其准确性、完整性和相关性。最后，前提信息的组织方式也会影响推理的效率。如果前提信息组织得条理清晰、结构合理，模型可以更快地找到所需的知识，并进行更高效的推理。相反，如果前提信息组织得杂乱无章、缺乏结构，模型可能需要花费更多的时间来搜索和理解信息，从而降低推理的效率。因此，我们在设计提示词时需要注意前提信息的组织方式，使其易于模型理解和利用。

（2）明确目标（终点）

清晰地表达用户希望模型实现的推理目标。模糊的目标会导致模型产生不明确或不相关的回应。正如用户查询中强调的那样，清晰地表达推理目标至关重要。例如，"请解释天空为什么是蓝色的"比"天空为什么是蓝色的？"更清晰地表达了用户希望模型进行解释的意图。明确的目标能够帮助模型更好地理解用户的需求，从而产生更符合期望的推理结果。这种清晰性可以通过使用特定的动词（例如，"解释""比较""推断"）和避免使用含糊不清的术语来实现。例如，与其使用"告诉我关于 X 的信息"，不如使用"解释 X 的成因""比较 X 和 Y 的异同"或"从给定的数据中推断出 X 的结论"。在提示词中，应使用简洁明了的语言，直接指出所需的推理类型，例如解释原因、进行比较、解决问题或推导结论。

为了更深入地理解"明确目标"的重要性，我们可以考虑以下几个方面。首先，明确的目标可以帮助模型缩小搜索空间。当模型接收到一个模糊的提示时，它可能会尝试考虑多种可能的解释和推理路径，这无疑会增加计算成本和出错的风险。相反，一个明确的提示可以引导模型直接聚焦于相关的知识和推理步骤，从而提高效率和准确性。其次，明确的目标有助于提高模型输出的可控性。通过在提示中明确指定所需的推理类型，我们可以更好地控制模型的输出格式和内容。例如，如果我们希望模型生成一个详细的解释，可以在提示中使用"详细解释"；如果我们希望模型生成一个简洁的总结，可以在提示中使用"总结"。这种可控性对于许多实际应用来说至关重要。最后，明确的目标还有助于提高用户满意度。当用户向模型提出一个问题时，他们通常期望得到一个与其需求密切相关的答案。如果模型返回的答案模糊不清或偏离主题，用户可能会感到失望和不满。因此，通过在提示中明确表达用户的意图，我们可以提高模型输出的相关性和实用性，从而提升用户体验。

当然，由于上述原因，在生成模型提示词中比较重要的"引导过程"，在推理模型提示词中的重要性下降了，但不意味着完全不需要。

引导过程：对于推理模型，可以引导模型按照特定路径或方法进行推理。对于复杂的推理任务，模型可能需要分解问题并逐步进行思考。模型会用自身的思考逻辑和方法。当遇到特定场景，用户可以通过在提示词中使用特定的词语或结构来引导模型完成这些步骤。例如，可以使用"首先""然后""最后"等词语来指示推理的顺序，或者提供推理步骤的示例，以帮助模型组织自定义的推理过程。这种逐步引导的方法是在推理模型自有的思维链进行路径更改，能够提升模型在特殊任务中的表现。通过明确地概述推理的步骤，我们可以帮助模型避免跳跃到不正确的结论，并鼓励模型进行更系统和彻底的分析。比如说在模型思考后，用户发现模型的思考路径不符合预期，比如不符合实际情况、过于夸大等。在 DeepSeek-R1 中也经常遇到，模型一本正经地输出了一个看起来非常可行的计划，还造了很多新名词，或者用户自身对业务有比较深入的理解，就可以给一定的引导，帮助模型更好地理解问题的结构，并找到正确的解题思路。

例如在图 3-3 所示的法律案例分析中，首先，通过结构化提示词帮助模型解析场景，确保关键细节不被遗漏，若涉及特定法律条文、判例或相关定义，需要将其内容或摘要纳入提示词。其次，模型本身不具备实时检索功能，可能无法"记忆"起小众法律条款——若分析依赖某条法律文本，请直接提供。例如："根据 [法律条文 X], [具体内容]…请应用此法条分析本案"，此举

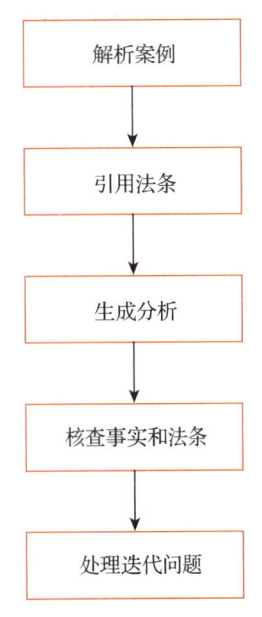

图 3-3 法律场景案例分析步骤示意图

为模型提供了精准推理所需的工具。与此同时，使用系统指令如"你是一位以清晰、循序渐进的方式解释法律在实际案例中应用的法律分析师"，可引导模型生成正式的、结构化的分析。虽然 DeepSeek-R1 等模型默认具备严谨的推理能力，但此类指令能使其输出更贴合法律文书风格（如引用事实、应用法条、得出结论）。最后，法律分析要求准确地将规则应用于事实。尽管 DeepSeek-R1 具有逻辑推理能力，但仍建议核查其引用的法律条文或具体主张（因为其训练数据可能会缺失一些细节内容）。可在提示词末尾添加："仔细检查所有案件事实是否都已处理，结论是否符合法律规定。"因为 DeepSeek-R1 有自我检查的倾向，模型可能会主动指出是否有逻辑漏洞或隐含的假设。这在注重细微差别的法律领域尤为重要。此外，法律场景经常需要连续提问。例如，在 DeepSeek-R1 给出分析后继续追问："若合同包含不同的终止条款，分析结果将如何变化？"DeepSeek-R1 能有效处理此类迭代问题，延续推理链条。但需注意，若交互界面没有超出当前对话上下文的长期记忆（且无检索功能），每次追问需要依赖已有信息或补充必要的新信息。需要保持对话聚焦于当前案件事实以避免混淆。

为了更深入地探讨"引导过程"的重要性，我们可以考虑以下几个方面。首先，逐步引导可以帮助模型处理复杂的推理任务。对于复杂的推理任务，模型可能需要进行多个步骤的推理才能得出最终的结论。如果没有明确的引导，模型可能会迷失在推理过程中，或者跳过一些必要的步骤，从而导致错误的结论。通过提供逐步的引导，我们可以将复杂的推理任务分解成一系列更小的、更易于管理的子任务，并指导模型逐步完成每个子任务，最终得到正确的答案。其次，逐步引导可以提高模型推理过程的透明度和可解释性。通过明确地概述推理的步骤，我们可以更清楚地了解模型的推理过程，并检查其中是否存在错误或偏差。这种透明度和可解释性对于建立用户对模型的信任至关重要。最后，逐步引导还可以帮助模型学习到更好的推理策略。通过观察人类专家解决问题的步骤，我们可以将这些步骤融入提示词中，作为模型学习的示例。模型可以通过模仿这些示例，学习到更有效的推理策略，并提高其在类似任务上的表现。因此，逐步引导不仅可以帮助模型完成当前的推理任务，还可以帮助模型提高未来的推理能力。

3.3.3　简洁直接提问的重要性

与主要关注生成流畅文本的生成模型不同，推理模型对于接收到的指令的精确性更为敏感。冗长或含糊不清的提示词可能会导致模型误解用户的意图，从而严重影响推理结果的准确性。这是因为推理模型需要准确地识别问题中的关键信息和逻辑关系，以便进行有效的推理。与生成模型不同，推理模型的目标不是生成尽可能丰富或多样的文本，而是要尽可能准确地回答问题或解决问题。因此，在使用推理模型时应尽可能使用简洁、直接的语言来表达问题，避免不必要的修饰和赘述。

用户查询中提供了一个很好的例子，说明了简洁直接提问的重要性。

冗长的提示词："我一直对天空的颜色感到好奇。你能否详细解释一下，为什么我们在晴朗的天气里看到的天空通常是蓝色的呢？请尽可能详细地说明相关的科学原理和物理现象。"

简洁的提示词："为什么天空是蓝色的？"

相比之下，简洁的提示词更加直接，能够更清晰地传达用户的核心需求，从而减少模型误解的可能性。冗长的提示词中包含了许多不必要的修饰性语句，例如"我一直对天空的颜色感到好奇"和"请尽可能详细地说明相关的科学原理和物理现象"。这些语句虽然表达了用户的兴趣和期望，但对于推理模型来说，核心问题仍然是"为什么天空是蓝色的？"。简洁的提示词能够让模型更快地聚焦于问题的本质，从而更有效地进行推理并提供准确的答案。研究表明，对于推理模型，清晰简洁的指令往往比冗长复杂的指令更能获得更好的性能。这是因为简洁的提示减少了模型需要处理的无关信息量，使它能够更专注于问题的核心。复杂的提示词可能会引入更多的噪音和歧义，从而导致模型在理解问题时出现偏差。此外，简洁的提示还可以降低模型的计算成本和延迟。更重要的是，简洁的提示词可以提高模型输出的可靠性。当模型接收到一个冗长的提示词时，它可能会尝试去解释其中每一个细节，这可能会导致模型在不相关的细节上花费过多的精力，从而忽略了真正重要的信息。而简洁的提示词则可以避免这种情况，它能够迫使模型直接关注于问题的核心，从而提高输出的准确性和可靠性。

3.3.4 避免冗余指令的具体方法

为了进一步提升推理模型对提示词的理解效率和推理的准确性，避免冗余指令显得尤为重要。以下列举了一些具体可行的避免冗余指令的方法：

- **删除不必要的修饰词**：修饰词虽然可以增强表达的情感或强调程度，但对于推理模型来说，它们往往会增加信息处理的负担，而不会带来实际的价值。例如，将"请尽可能详细地说明相关的科学原理和物理现象"改为"请说明相关的科学原理和物理现象"，去掉了"尽可能详细地"，使得指令更加直接。这种精简使得提示词更加清晰，并减少了模型在解释提示词时的歧义。推理模型的目标是准确地提取提示词中的关键信息，而修饰词往往会干扰这一过程。

- **避免重复的概念**：在提示词中重复提及相同的概念可能会导致模型认为该概念具有特殊的意义或需要额外的关注，从而分散其对核心问题的注意力。例如，如果已经在提示词中提到了"天空的颜色"，就不需要在后面的句子中再次强调"天空呈现蓝色这种颜色"。通过消除重复，我们可以确保提示词中的每个词语都有助于传达其意图。重复的概念可能会导致模型在处理提示词时产生混淆，并影响其推理的准确性。

- **使用精练的语言**：用更简洁的词语或短语替换冗长的表达方式可以有效地提高提示词的效率。例如，可以使用"解释原因"代替"详细解释相关的科学原理和物理现象"，或者使用更专业的术语来替代日常用语，前提是模型能够理解这些术语。这种精练的语言不仅减少了提示词的长度，而且提高了提示词的清晰度和精确性。使用精练的语言可以使提示词更加简洁明了，并减少模型在理解提示词时的工作量。

通过采用上述方法，可以将提示词精简到只包含最核心的信息，从而提高模型的理解效率和推理准确性。研究表明，简洁的提示不仅可以减少模型的处理负担，还可以降低生成不相关或错误答案的风险。通过消除冗余和歧义，我们可以使模型更容易理解我们的意图，并生成更准确和相关的响应。一个精心设计的简洁提示词可以最大限度地减少模型在理解用户意图时的不确定性，并提高其生成正确答案的可能性。然而，需要注意的是，过度简化可能会导致信息不足，因此我们在设计提示词时需要在简洁性和信息量之间找到平衡。

3.3.5 结构化输出的引导技巧

在许多情况下用户希望推理模型输出结构化的结果，例如列表、表格或图形，以便于理解和进一步分析。为了有效地引导模型生成结构化的输出，可以使用特定的格式要求，或者在提示词中提供输出结构的示例。通过仔细设计提供给模型的输入，用户可以显著影响结果输出的组织和格式。用于构建输出的两种主要提示词工程方法是隐式结构化和显式结构化。

一方面，隐式结构化涉及为模型提供所需输出格式的宽松指南或描述。例如，提示可能会指示模型"从源文本中提取您找到的每个关键元素，并以项目符号列表的形式呈现"或"用两句话总结以下文章，然后是支持细节的项目符号列表"。

另一方面，显式结构化涉及为模型提供空白模板或严格的指南，以清楚地展示预期的输出格式。对于数据提取，提示可能会提供如下模板："从源文本中仅提取四个关键元素：属性1：[ ]，属性2：[ ]，属性3：[ ]，属性4：[ ]"。同样，对于摘要，显式结构可以是："为您的摘要使用以下输出结构：摘要：[两句话的摘要][您找到的每个支持细节的项目符号列表]"。显式提示可以更好地控制输出结构，从而产生更一致和可预测的结果，尤其是在需要特定格式的数据提取等任务中。通过提供清晰的模板，模型可以直接获得关于预期格式的指导，从而减少歧义并提高对所需结构的遵守程度。

表3-1显示了推理模型与生成模型在输出结构中的关键差异。

表3-1 推理模型与生成模型在输出结构中的差异

特征	推理模型	生成模型
主要目标	预测、分类、转换	生成新的、真实的数据样本
典型输出	标签、概率分布、转换后的输入	类似于训练数据的新数据实例（图像、文本等）
输出复杂性	通常更简单，取决于任务	可能很复杂，取决于数据模态
固有结构	与预测任务相关（例如，类别）	由数据模态决定（例如，像素、标记）
对语义结构的控制	需要明确的指导或后处理	通常需要调节或操纵潜在变量

3.3.6 运用高级提示词工程策略以提升推理模型的性能

除了基本的原则和技巧外,还有一些高级提示词工程策略可以进一步提升推理模型的性能。

1.少样本学习
(1)利用少样本学习展示推理模式

虽然大语言模型展现了强大的零样本(Zero-Shot)能力,但在更复杂的推理任务中,通过在提示词中提供少量的示例(通常是几个输入-输出对)来展示期望的推理模式,可以显著提高模型的垂直技能。这些示例充当了模型进行上下文学习的条件,帮助模型理解任务的要求和期望的输出格式。通过展示正确的推理步骤和最终答案,少样本学习(Few-Shot Learning)能够有效地引导模型模仿这种模式,并将其应用于新的类似的推理问题。

少样本提示(Few-Shot Prompting)是一种利用少量示例(通常为2～5个示例)来指导模型完成特定任务的提示工程技术。这些示例充当了模型理解任务和期望输出的指南。这种方法建立在大型预训练语言模型固有的知识基础上,使其即使在数据有限的情况下也能高效地执行特定任务。图3-4展示了少样本提示的工作原理。与传统的微调方法不同,少样本提示不需要更新模型的参数,而是直接在提示中提供少量示例来调整预训练模型。因此,提示词策略是少样本学习在大语言模型中的关键实现方式,它允许模型在不进行额外参数训练的情况下适应新任务。表3-2给出零样本、单样本和少样本提示的比较。

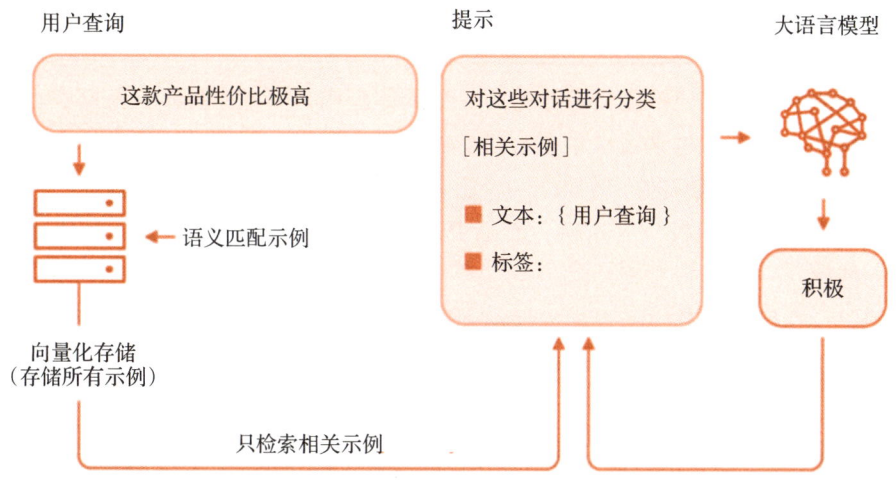

图3-4 少样本提示的工作原理

表 3-2 零样本、单样本和少样本提示的比较

技术	示例数量	典型用例	优点	缺点
零样本提示	0	简单、通用的任务，对领域知识要求不高	无需额外准备示例，高度可扩展	准确性可能较低，对于复杂或细致的任务表现不佳
单样本提示	1	需要更具体指导或模型难以理解的任务	提供明确的起点，有助于消除歧义	仅一个示例可能无法充分覆盖复杂的任务
少样本提示	2 或更多	需要多个示例来建立模式的复杂任务，需要精确的格式或高度的准确性	能够从多个示例中学习，更可靠，输出质量更高，适用于需要特定格式的任务	上下文窗口限制了示例数量，如果示例过于相似可能导致过拟合，模型可能关注表面模式而非理解任务

（2）少样本学习的提示词策略在推理模型中的应用

在少样本学习中，针对推理模型，提示词策略的核心在于利用少量带有标签的示例，通过构建特定的输入提示，引导模型完成诸如文本分类、情感分析、问答等推理任务（见图 3-5）。这些示例向模型展示了输入数据与期望输出之间的映射关系，模型通过识别这些示例中的模式，从而对新的、未见过的数据进行推理。关键在于设计有效的提示，使得模型能够从有限的示例中学习到任务的关键特征并进行泛化。具体用法和实现方法如下：

- ❏ **文本分类**：在文本分类任务中，少样本提示词策略通常包含几个已标注类别的文本示例。例如，对于情感分类，提示可能包含几条带有"正面"或"负面"标签的评论。然后，模型被要求对一条新的评论进行分类。可以使用 XML 类似的标记来清晰地分隔提示中的不同组成部分。一个有效的策略是将最佳示例放在最后，因为模型往往更重视其读取的最后一部分文本。如果模型难以记住要做什么，那么应将指令放在最后。
- ❏ **情感分析**：情感分析是文本分类的一个具体应用，少样本提示词策略在此场景中尤其有用。模型通过学习少量带有情感标签（如积极、消极或中性）的文本示例来判断新文本的情感倾向。例如，一个提示可能包含"我喜欢这部电影！→积极""这太糟糕了。→消极"等示例，然后要求模型判断"服务很迅速，员工也很友好。"的情感。
- ❏ **问答**：在问答任务中，少样本提示词策略通常包含几个问题及其对应的答案。模型通过学习这些示例，理解问题的模式以及如何从给定的上下文或其内部知识中提取答案。例如，提示可能包含"问题：法国的首都是什么？答案：巴黎。"等示例，然后要求模型回答"问题：中国的首都是什么？"。

（3）少样本学习的提示词策略在推理模型中的优势和劣势

在推理模型中使用少样本学习的提示词策略具有很多优势，但同时也存在不少劣势。

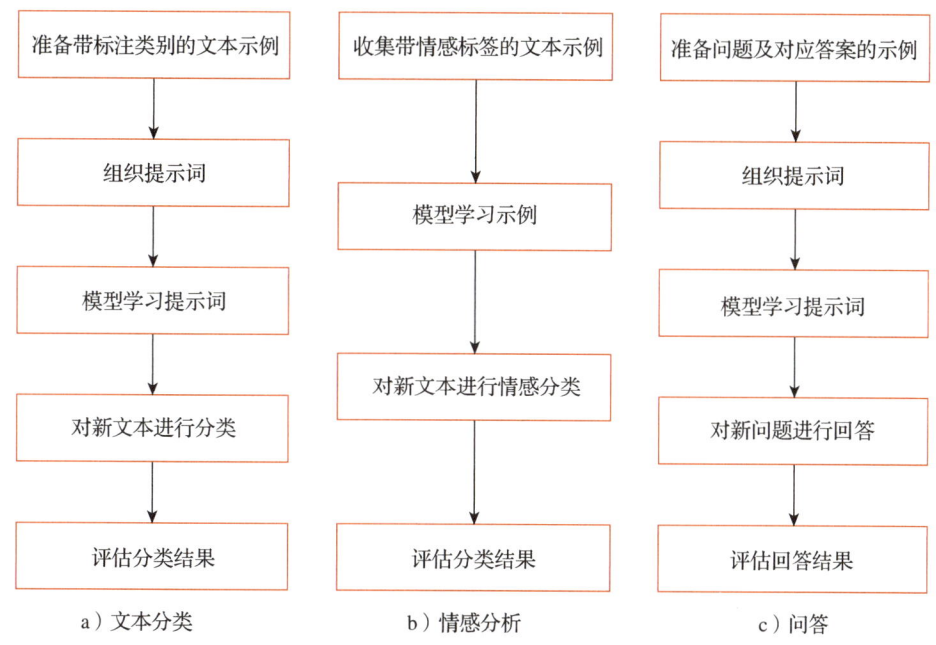

图 3-5 少样本学习的提示词策略在文本分类、情感分析、问答等推理任务中的应用

优势：

- **提升模型性能**：与零样本方法相比，通过提供相关的示例，少样本提示能够帮助模型更好地理解特定的任务，从而产生更准确的输出。这些示例能够引导模型生成与期望结果更一致的响应，提高任务的准确性和相关性。
- **降低数据依赖**：少样本提示显著减少了训练模型所需的大量标注数据。通常，仅需 2～5 个示例即可有效地指导模型完成许多任务。这使得在标注数据稀缺或难以获取的领域也能够利用先进的自然语言处理能力。
- **无需微调**：与传统的机器学习方法不同，少样本提示不需要更新模型的参数。这节省了大量的计算资源和时间。
- **快速适应新任务**：少样本提示有助于大语言模型快速学习新的任务或主题，从而能够快速方便地在不同的工作之间切换。模型仅需少量示例即可快速掌握新任务，从而实现新应用的快速原型设计和测试。
- **降低成本**：相比于收集和标注大量数据来微调模型，少样本提示的成本要低得多，尤其对于小型团队而言。

劣势：

- **对提示词设计敏感**：少样本学习的性能高度依赖提示词的设计和所选示例的质量。细微的提示词变化或示例的不同选择都可能导致输出结果的显著差异。

- **泛化能力可能受限**：尽管少样本学习在特定任务上表现出色，但在某些情况下，它泛化到与示例差异较大的新任务或场景的能力可能受到限制。模型可能会过度拟合提供的少量示例，而无法很好地适应更广泛的数据分布。
- **上下文窗口的限制**：大语言模型的上下文窗口长度是有限的，这限制了可以在提示中包含的示例数量。对于需要更多示例才能有效学习的复杂任务，这可能成为一个瓶颈。
- **潜在的偏见**：如果提供的示例中存在偏差（例如，多数标签偏差，即提示中更频繁出现的答案更容易被模型采纳；或者近因偏差，即模型倾向于最近接收到的信息），那么模型可能会学习并放大这些偏差，导致不公平或不准确的推理结果。
- **计算成本和延迟**：在某些计算场景中，长提示可能增加计算成本和加长响应时间。
- **可能学习到错误的模式**：当使用多个示例时，模型有可能学习到错误的模式，也就是建立起不正确的关联。

表 3-3 总结了在推理模型中使用少样本学习的提示词策略的优势和劣势。

表 3-3　在推理模型中使用少样本学习的提示词策略的优势与劣势

优势	描述
提升模型性能	通过提供相关示例，提高任务的准确性和相关性
降低数据依赖	仅需少量示例即可有效指导模型，适用于数据稀疏场景
无需微调	无需更新模型参数，节省计算资源和时间
快速适应新任务	模型能快速学习新任务，方便在不同任务间切换
降低成本	相比数据标注和微调，成本更低
灵活且适应性强	能够适应新的任务和领域
劣势	**描述**
对提示词设计敏感	性能高度依赖于提示词的设计和示例质量
泛化能力可能受限	在与示例差异较大的新任务上表现可能不佳
上下文窗口的限制	限制了提示中可包含的示例数量
潜在的偏见	示例中的偏差可能导致模型学习并放大这些偏差
计算成本和延迟	长提示可能增加计算成本和响应时间
可能学习到错误的模式	当使用多个示例时，模型可能学习到不正确的关联

（4）实际应用案例（针对推理模型）

客户评论情感分析：一家电商公司希望快速了解用户对其新产品的反馈。由于新产品评论数据量较少，他们采用了少样本提示词策略。他们构建了一个提示词，其中包含了 3 条带有明确情感标签（正面或负面）的产品评论示例，然后将新的未标注的评论输入模型。模型成功地根据示例学习到了情感分类的模式，并准确判断了新评论的情感倾向。案例提示词如

图 3-6 所示。

```
## 客户评论情感分析提示词

**任务：** 分析以下客户评论的情感倾向，并判断其为"正面"或"负面"。

**示例：**

* 评论："这款产品太棒了，功能强大，设计精美！" - 正面
* 评论："非常失望，质量差，客服态度也不好。" - 负面
* 评论："物流速度很快，包装完好，整体感觉不错。" - 正面

**待分析评论：**

* 评论："[在此处输入待分析的客户评论]"

**输出格式：**

情感倾向：[正面/负面]
```

图 3-6　案例提示词示例 1

医疗报告实体识别： 一家医疗研究机构需要从大量的医疗报告中提取关键信息，如疾病名称、药物名称和治疗方法。由于标注医疗报告需要专业的医学知识且成本较高，他们采用了少样本提示词策略。他们创建了一个提示词，其中包含了 5 个已标注关键实体的医疗报告片段作为示例，然后将新的未标注报告输入模型。模型能够根据示例识别出报告中的相关医学实体，大大提高了信息提取的效率。案例提示词如图 3-7 所示。

```
## 医疗报告实体识别提示词

**任务：** 从以下医疗报告片段中提取关键医学实体，包括疾病名称、药物名称和治疗方法。

**示例：**

* 报告片段："患者诊断为**糖尿病**，处方**二甲双胍**，建议进行**饮食控制**。"
    * 疾病名称：糖尿病
    * 药物名称：二甲双胍
    * 治疗方法：饮食控制
* 报告片段："发现**高血压**，给予**氨氯地平**治疗，并进行**血压监测**。"
    * 疾病名称：高血压
    * 药物名称：氨氯地平
    * 治疗方法：血压监测
* 报告片段："患者患有**哮喘**，开具**沙丁胺醇**，建议**吸入治疗**。"
    * 疾病名称：哮喘
    * 药物名称：沙丁胺醇
    * 治疗方法：吸入治疗
```

图 3-7　案例提示词示例 2

```
* 报告片段:"检查显示**心律失常**,使用**胺碘酮**,并进行**电生理检查**。"
    * 疾病名称:心律失常
    * 药物名称:胺碘酮
    * 治疗方法:电生理检查
* 报告片段:"**骨关节炎**,使用**布洛芬**,建议**物理治疗**。"
    * 疾病名称:骨关节炎
    * 药物名称:布洛芬
    * 治疗方法:物理治疗

**待分析报告片段:**

* 报告片段:"[在此处输入待分析的医疗报告片段]"

**输出格式:**

* 疾病名称:[提取的疾病名称]
* 药物名称:[提取的药物名称]
* 治疗方法:[提取的治疗方法]
```

图 3-7　案例提示词示例 2(续)

在线客服智能问答:一家在线教育平台希望提升其客服效率。他们利用少样本提示词策略构建了一个智能问答系统。他们准备了 10 个常见问题及其对应的答案作为提示词示例,然后将用户提出的新问题输入模型。模型能够理解用户问题的意图,并根据示例中的模式,从其预训练知识中找到或生成合适的答案,从而实现了更快速、更智能的客户服务。案例提示词如图 3-8 所示。

(5)少样本学习的提示词策略在生成模型中的应用

针对生成模型,少样本学习中的提示词策略是指通过在输入提示中提供少量目标输出的示例来指导模型生成特定类型的内容,例如文本、图像或代码。这些示例展示了期望的输出格式和内容风格,模型通过学习这些示例,能够生成符合要求的新的内容。具体用法和实现方法如下:

- ❏ **文本生成**:在文本生成任务中,少样本提示词策略通过提供几个期望生成的文本类型的示例来指导模型。例如,要生成产品描述,可以在提示中包含几个高质量的产品描述示例。可以使用结构化的输入-输出格式来制作有效的提示。对于复杂的任务,可以使用多步提示。在提示中设置特定的上下文或角色也有助于模型生成更贴切的响应。
- ❏ **图像生成**:虽然研究材料中没有像文本生成那样明确的少样本提示在图像生成中的示例,但通过提供少量期望的图像特征或相关的文本-图像对作为示例,可以引导图像生成模型生成具有特定风格或内容的图像。在训练数据有限的情况下,这对于生成特定风格或变体的图像非常有用。

```
## 在线客服智能问答提示词

**任务：** 根据以下常见问题及其答案，回答用户提出的新问题。

**示例：**

* 问题："如何注册课程？"
    * 答案："请访问我们的官方网站，点击"注册"按钮，填写相关信息即可。"
* 问题："课程费用是多少？"
    * 答案："不同课程的费用不同，请在课程详情页查看具体费用。"
* 问题："如何下载课程资料？"
    * 答案："登录您的账号，在"我的课程"页面找到相关课程，点击"资料下载"按钮即可。"
* 问题："课程是否有回放？"
    * 答案："部分课程提供回放，具体请查看课程介绍。"
* 问题："如何申请退款？"
    * 答案："请联系我们的客服，提供您的订单号和退款原因，我们将尽快处理。"
* 问题："课程有效期是多久？"
    * 答案："课程有效期根据不同课程有所不同，具体请查看课程介绍。"
* 问题："如何联系老师？"
    * 答案："您可以在课程讨论区留言，或者通过邮件联系老师。"
* 问题："学习过程中遇到问题怎么办？"
    * 答案："您可以在课程讨论区提问，或者联系我们的客服。"
* 问题："支持哪些支付方式？"
    * 答案："我们支持支付宝、微信支付、信用卡等多种支付方式。"
* 问题："如何修改个人信息？"
    * 答案："登录您的账号，在"个人中心"页面修改您的个人信息。"

**用户提问：**

* 问题："[在此处输入用户提出的新问题]"

**输出格式：**

* 答案："[模型生成的答案]"
```

图 3-8 案例提示词示例 3

- **代码生成**：在代码生成方面，少样本提示词策略通过提供一些输入和期望输出代码的示例来指导模型。这些示例可以展示所需的编程语言、逻辑和格式。例如，可以提供几个 Python 函数及其功能描述的示例，然后要求模型生成一个新的函数。

（6）少样本学习的提示词策略在生成模型中的优势和劣势

在生成模型中使用少样本学习的提示词策略具有很多优势，但同时也存在不少劣势。

优势：

- **生成内容的多样性**：通过学习少量示例，模型能够理解生成任务的多种可能性，从而生成更加多样化的内容。

- **对生成过程的更精细控制**：提示中的示例能够有效地引导模型生成符合特定要求的内容，实现对生成过程的更精细控制。这包括控制输出的格式、风格、语气，甚至内容的主题和细节。
- **快速适应新的生成任务**：类似于推理模型，生成模型也能够通过少样本提示词快速适应新的生成任务，无需进行大规模的重新训练。这对于需要快速生成不同类型内容的应用场景非常有利。
- **降低对大型训练数据集的依赖**：少样本提示词显著减少了生成模型对大型标注训练数据集的需求。这使得在数据稀缺或难以获取的领域也能够利用生成模型的能力。
- **无需进行大规模的重新训练**：少样本提示词允许在不进行模型参数更新的情况下使模型适应新的生成任务。这节省了大量的计算资源和时间。
- **能够匹配特定的语气和风格**：通过在提示中提供具有特定语气和风格的示例，可以引导模型生成具有相似特征的内容。这对于需要品牌一致性或特定受众沟通的场景非常重要。
- **促进动态内容创建**：少样本提示词非常适合动态内容创建，例如根据不同的输入或用户偏好生成定制化的内容。
- **实现定制化的用户体验**：通过学习用户的偏好示例，模型可以生成更符合用户需求的内容，从而提升用户体验。

劣势：

- **生成内容的质量可能不稳定**：尽管少样本提示词能够引导生成，但生成内容的质量仍然可能存在不稳定性，有时会产生不连贯、不相关或低质量的内容。
- **潜在的偏见或有害内容生成风险**：如果提供的示例中包含偏见或涉及有害内容，模型可能会学习并生成类似的内容，带来潜在的风险。
- **对示例质量和相关性的高度依赖**：生成模型的性能非常依赖于提示中提供的示例的质量和与生成任务的相关性。不恰当的示例可能会导致模型生成不符合期望的内容。
- **可能过度拟合示例**：模型可能会过度学习提示中提供的少量示例，导致生成的新的内容与示例过于相似，缺乏创新性或泛化能力。
- **泛化能力可能有限**：如果生成任务与提供的示例差异较大，模型可能难以生成高质量的内容，其泛化能力受到限制。
- **上下文窗口的限制**：类似于推理模型，生成模型也受到上下文窗口长度的限制，这限制了可以在提示中提供的示例数量，可能影响复杂内容的生成。
- **计算资源和响应时间**：对于包含大量示例或需要生成较长内容的任务，计算资源消耗可能会增加，并导致更长的响应时间。
- ❑ **可能产生冗余或过于详细的回复**：模型可能会过度依赖提供的示例信息，导致生成的回复过于冗余或包含不必要的细节。
- ❑ **可能限制模型的创造力**：如果提示过于具体或限制性太强，可能会限制模型生成具有创意或富有想象力的内容。

表 3-4 总结了在生成模型中使用少样本学习的提示词策略的优势与劣势。

表3-4 在生成模型中使用少样本学习的提示词策略的优势与劣势

优势	描述
生成内容的多样性	模型能够理解生成任务的多种可能性，生成更丰富的内容
对生成过程的更精细控制	能够有效地引导模型生成符合特定要求的内容
快速适应新的生成任务	模型能够快速适应新的生成任务，无需大规模重新训练
降低对大型训练数据集的依赖	显著减少了对大型标注训练数据集的需求
无需进行大规模的重新训练	允许在不更新模型参数的情况下使模型适应新任务
能够匹配特定的语气和风格	通过示例引导模型生成具有相似特征的内容
促进动态内容创建	非常适合根据不同的输入或用户偏好生成定制化内容
实现定制化的用户体验	通过学习用户的偏好示例，模型可以生成更符合用户需求的内容
劣势	**描述**
生成内容的质量可能不稳定	有时会产生不连贯、不相关或低质量的内容
潜在的偏见或有害内容生成风险	可能学习并生成包含偏见或有害内容的内容
对示例质量和相关性的高度依赖	性能非常依赖于提示中提供的示例的质量和相关性
可能过度拟合示例	生成的新内容可能与示例过于相似，缺乏创新性或泛化能力
泛化能力可能有限	如果生成任务与提供的示例差异较大，模型可能难以生成高质量的内容
上下文窗口的限制	限制了提示中可提供的示例数量，可能影响复杂内容的生成
计算资源和响应时间	对于包含大量示例或需要生成较长内容的任务，成本可能增加，响应时间可能更长
可能产生冗余或过于详细的回复	模型可能过度依赖提供的示例信息，导致回复冗余
可能限制模型的创造力	如果提示过于具体或限制性太强，可能限制模型的创造力

（7）实际应用案例（针对生成模型）

电商平台商品描述生成：一个电商平台希望为大量新上架的商品快速生成吸引人的描述。他们利用少样本提示词策略，为每种商品类别提供了3～5个高质量的商品描述示例，包括关键词、产品特点和营销语。模型能够学习这些示例的风格和结构，并为新的商品自动生成类似的描述，大大节省了人工撰写描述的时间和成本。案例提示词如图3-9所示。

```
## 电商平台商品描述生成提示词

**任务：** 根据以下商品描述示例，为新的商品生成吸引人的描述，包括关键词、产品特点和营销语。

**商品类别：** [在此处输入商品类别，例如：女装连衣裙]**

**示例：**

* 商品描述："【优雅修身连衣裙】采用高品质雪纺面料，轻盈透气，V领设计凸显锁骨线条，收腰剪裁显瘦显高，是您夏日必备的时尚单品！关键词：连衣裙，雪纺，V领，修身，夏季。"
* 商品描述："【潮流运动鞋】采用透气网面，轻便舒适，缓震鞋底提供卓越支撑，适合跑步、健身等多种运动场景。关键词：运动鞋，跑步鞋，透气，缓震，轻便。"
* 商品描述："【智能扫地机器人】全自动清洁，强劲吸力，智能导航，App远程控制，让您解放双手，享受洁净家居。关键词：扫地机器人，智能，自动，吸尘，App。"
* 商品描述："【高品质咖啡豆】精选阿拉比卡咖啡豆，深度烘焙，口感醇厚，香气浓郁，为您带来极致的咖啡体验。关键词：咖啡豆，阿拉比卡，深度烘焙，香醇，浓郁。"
* 商品描述："【多功能蓝牙耳机】无线蓝牙5.0，高清通话，持久续航，降噪设计，带来沉浸式音乐体验。关键词：蓝牙耳机，无线，降噪，高清通话，续航。"

**待描述商品：**

* 商品名称：[在此处输入待描述的商品名称]
* 商品特点：[在此处输入待描述商品的特点，用逗号分隔]

**输出格式：**

* 商品描述："[模型生成的商品描述] 关键词：[模型生成的关键词]"
```

图 3-9 案例提示词示例 4

社交媒体个性化营销文案生成：一家营销公司需要为不同的客户群体生成个性化的社交媒体广告文案。他们为每个客户群体提供了 2~3 个以往成功的广告文案示例，包括目标受众、宣传重点和互动方式。模型能够学习这些示例的特点，并为新的营销活动生成符合特定客户群体需求的文案，提高了广告的点击率和转化率。案例提示词如图 3-10 所示。

软件开发代码片段生成：一个软件开发团队在开发一个新项目时需要快速生成一些常用的代码片段，例如数据处理函数或 API 调用代码。他们利用少样本提示词策略，为每种代码需求提供了 2~3 个示例代码片段，包括输入参数、功能逻辑和输出结果。模型能够学习这些示例的代码结构和编程语言规范，并为新的需求生成相应的代码片段，提高了开发效率。案例提示词如图 3-11 所示。

表 3-5 列举了少样本提示词策略在不同任务中的应用。

```
## 社交媒体个性化营销文案生成提示词

**任务：** 根据以下针对不同客户群体的广告文案示例，为新的营销活动生成符合特定客户群体需求的个性化文案。

**客户群体：[在此处输入客户群体，例如：年轻白领]**

**示例：**

* 广告文案："【职场必备神器】告别加班，提升效率！全新智能办公软件，助你轻松应对各种挑战。立即体验，开启高效职场生活！#职场 #效率 #智能办公"
    * 目标受众：年轻白领
    * 宣传重点：提升工作效率
    * 互动方式：引导用户体验软件
* 广告文案："【周末放松好去处】告别城市喧嚣，来一场说走就走的旅行！精选周边民宿，享受惬意时光。马上预订，开启你的周末度假模式！#周末旅行 #民宿 #放松"
    * 目标受众：都市青年
    * 宣传重点：放松身心，享受生活
    * 互动方式：引导用户预订民宿
* 广告文案："【宝妈必备好物】呵护宝宝，从细节开始！天然有机婴儿用品，给宝宝最温柔的呵护。立即选购，给宝宝最好的爱！#母婴 #婴儿用品 #有机"
    * 目标受众：年轻妈妈
    * 宣传重点：产品对婴儿的呵护
    * 互动方式：引导用户购买产品

**新的营销活动：**

* 营销主题：[在此处输入新的营销活动主题]
* 宣传产品/服务：[在此处输入宣传的产品或服务]
* 宣传重点：[在此处输入新的宣传重点]

**输出格式：**

* 广告文案："[模型生成的个性化广告文案] #相关话题标签"
```

图 3-10　案例提示词示例 5

```
## 软件开发代码片段生成提示词

**任务：** 根据以下示例代码片段，为新的代码需求生成相应的代码片段。

**编程语言：[在此处输入编程语言，例如：Python]**

**代码需求：[在此处输入代码需求，例如：计算两个数的平均值]**

**示例：**

* 代码片段："# 计算两个数的和\ndef add(a, b):\n    return a + b"
    * 输入参数：a，b（整数或浮点数）
    * 功能逻辑：计算两个数的和
```

图 3-11　案例提示词示例 6

```
* 输出结果：两个数的和
* 代码片段："# 获取列表中的最大值\ndef get_max(lst):\n    return max(lst)"
    * 输入参数：lst（数字列表）
    * 功能逻辑：获取列表中的最大值
    * 输出结果：列表中的最大值
* 代码片段："# 从字典中获取指定键的值\ndef get_value(dct, key):\n    return dct.get(key)"
    * 输入参数：dct（字典），key（字符串）
    * 功能逻辑：从字典中获取指定键的值
    * 输出结果：指定键的值，如果键不存在则返回 None

**新的代码需求：**

* 代码需求：[在此处输入新的代码需求]
* 输入参数：[在此处输入新的输入参数，用逗号分隔]

**输出格式：**

* 代码片段："[模型生成的代码片段]"
```

图 3-11　案例提示词示例 6（续）

表 3-5　少样本提示词策略的实际应用案例

应用领域	模型类型	描述	示例用例
情感分析	推理模型	判断文本的情感倾向	分析客户评论、社交媒体帖子等
文本摘要	推理模型	将长文本压缩成简洁的摘要	总结新闻文章、研究论文等
命名实体识别	推理模型	识别文本中的实体并进行分类	从医疗报告、法律文件中提取关键信息
问答系统	推理模型	回答用户提出的问题	构建智能客服、知识检索系统
动作识别	推理模型	分类视频中的人物动作	视频内容分析、安全监控
对话生成	推理模型	生成连贯且相关的对话回复	聊天机器人、虚拟助手
代码相关任务	推理模型	生成测试断言、修复代码	软件开发辅助工具
低资源语言处理	推理模型	在数据稀缺的语言之间进行翻译	跨语言沟通、本地化服务
商品描述生成	生成模型	为电商平台商品自动生成描述	提高商品上架效率、优化用户体验
个性化营销文案生成	生成模型	根据客户群体特点生成定制化的广告文案	提高营销活动效果
代码片段生成	生成模型	根据需求快速生成常用的代码片段	提升软件开发效率
创意写作内容生成	生成模型	辅助生成故事、对话等创意性文本	内容创作辅助工具
图像描述生成	生成模型	为图像自动生成描述性文字	增强图像可访问性、优化搜索
机器翻译	生成模型	在不同语言之间进行翻译	跨语言沟通、内容本地化

2. 对于自带思考过程的推理模型，是否需要用 CoT 提示词策略

即使模型本身具备一定的推理能力，CoT 提示词策略仍然可能非常有用，但并非总是必

需的。以下是一些需要考虑的情况：
- **复杂推理任务**：当任务需要多步推理、逻辑推理、算术运算或需要利用常识知识时，CoT 可以显著提高模型的准确性。例如，解决复杂的数学问题、进行多文档问答、理解复杂文本含义等任务中，CoT 策略非常有用。
- **提高透明度和可解释性**：CoT 策略通过让模型展示其推理过程，使得模型的决策过程更加透明，用户可以更容易地理解模型是如何得出答案的，从而提高对模型的信任度。这在需要解释模型行为的场景（例如医疗诊断、金融分析等）中非常重要。
- **调试和纠错**：当模型给出错误答案时，通过查看其推理链，可以更容易地找到错误发生的步骤，从而帮助改进提示或模型。
- **需要特定推理模式**：如果希望模型按照特定的逻辑或步骤解决问题，可以通过在少样本 CoT 中提供符合要求的示例来引导模型。
- **小模型性能提升**：虽然 CoT 在大语言模型（如 GPT-4）中已被广泛验证，效果显著，但是其在中小型模型中有一定的局限性，正是由于 CoT 对模型规模敏感，参数量低于百亿的模型可能难以有效生成连贯的推理链，但是 CoT 可以帮助其更好地组织思路，提升性能。

3. 什么情况不能用 CoT
- **简单或直接的任务**：对于那些可以直接回答或不需要复杂推理的任务，例如简单的事实查询、基本的情感分析等，使用 CoT 可能会增加不必要的复杂性和计算成本，甚至可能导致模型产生冗余或不相关的中间步骤。
- **对延迟敏感的应用**：生成推理链通常比直接生成答案需要更多的时间，因此在对响应速度要求非常高的应用场景（例如实时聊天机器人）中，可能需要权衡使用 CoT 带来的准确性提升和增加的延迟。
- **模型能力不足**：对于参数量较小或推理能力较弱的模型，强制使用 CoT 可能不会带来性能提升，反而可能导致模型产生不连贯或错误的推理步骤。
- **任务不适合逐步推理**：有些任务的本质并不适合分解为一系列明确的步骤，例如创意性写作、生成开放式回答等。在这些情况下，CoT 可能无法提供帮助甚至会限制模型的创造力。
- **提示设计难度**：设计有效的 CoT 提示，特别是少样本 CoT，可能需要一定的经验和技巧。如果提供的示例不当或推理步骤不清晰，反而会误导模型。

4. 分析提示词清晰度、简洁性与整体推理效力之间的相互作用
提示词的清晰度和简洁性是影响大语言模型推理效力的两个关键因素。清晰的提示词能够确保模型准确理解用户的意图和任务要求，而简洁的提示词则有助于模型更高效地处理

信息，避免不必要的干扰。两者之间存在着微妙的平衡，过度的冗余可能会分散模型的注意力，而过于简洁的提示词可能无法提供足够的上下文信息。研究表明，对于推理模型，精确的指令至关重要。模糊或复杂的提示可能会导致模型产生不相关的或不准确的答案。因此，在设计提示词时，应力求使用简单明了的语言，直接表达核心问题或任务，并提供必要的背景信息，但要避免不必要的修饰和重复。清晰的指令能够帮助模型更好地理解推理的目标，而简洁的表达则可以减少模型的处理负担，提高推理的效率和准确性。最终，清晰度和简洁性的有效结合将直接影响推理模型的整体性能。

5. 提示词工程在推理模型中的挑战与关键考量

尽管提示词工程为提升推理模型性能提供了强大的工具，但在实践中仍然存在一些挑战和需要考虑的关键因素。

- **理解和缓解对抗性提示的风险**：对抗性提示是指经过精心设计，旨在利用大语言模型漏洞，使其产生不希望的、有害的或误导性输出的输入。如同其他大语言模型一样，推理模型也可能受到对抗性提示的影响，导致它们绕过安全协议、泄露敏感信息或执行恶意操作。例如，通过提示注入等技术，攻击者可以操纵模型，使其忽略原始指令，转而执行攻击者设定的任务。因此，在开发和部署基于推理模型的应用时必须充分认识到对抗性提示的风险，并采取相应的缓解措施，例如设计安全的提示结构、实施输入验证和过滤机制，以及持续监控模型的行为，以确保其安全可靠地运行。

- **建立评估提示有效性的可靠指标**：为了有效地进行提示词工程，我们需要能够准确评估不同提示词策略的有效性。然而，衡量推理模型在复杂任务中的性能并非易事。传统的评估指标（如准确率和精确率）可能无法完全捕捉模型推理的质量和逻辑性。因此，需要建立更全面的评估框架，包括考察模型输出的相关性、连贯性、逻辑一致性以及是否包含幻觉信息等方面。此外，对于需要逐步推理的任务，还需要评估模型在每个推理步骤中的正确性和合理性。开发可靠的评估指标是提示词工程领域持续研究的关键方向，它将有助于我们更好地理解不同提示词策略对推理模型性能的影响，并指导我们设计出更有效的提示。

6. 结论：合成最佳实践并展望高级人工智能推理提示词工程的未来方向

本节深入探讨了提升人工智能推理模型性能的提示词策略。通过对基本原则、简洁性、避免冗余、结构化输出引导、高级技巧以及挑战与考量的全面分析，我们可以总结出以下最佳实践。首先，明确的推理目标、必要的前提信息以及对推理过程的适当引导是设计有效提示词的基础。其次，简洁直接的提问能够减少模型误解的可能性，而避免冗余指令则有助于提高模型的理解效率和推理准确性。对于需要结构化输出的场景，可以利用特定的格式要求或思维链提示词来引导模型生成符合期望的结果。此外，采用少样本学习展示推理模式和通过自洽性增强输出可靠性等高级技巧，可以进一步提升推理模型的性能。然而，我们也必须认识到对抗性提示带来的安全风险，并建立可靠的指标来评估提示词的有效性。

展望未来，提示词工程在高级人工智能推理领域仍有巨大的发展潜力。随着模型能力的不断增强，我们可以探索更复杂的提示词策略，例如利用多模态信息进行推理，或者开发能够自适应调整的动态提示。同时，自动化提示优化技术的研究也将变得越来越重要，以帮助我们更高效地发现最佳的提示词组合。此外，如何设计更鲁棒的评估方法，以全面衡量模型在各种推理任务中的表现，也将是未来研究的关键方向。通过持续探索和创新提示词工程的技术和方法，我们可以更有效地驾驭大语言模型的推理能力，并将其应用于更广泛、更复杂的现实世界问题中。

3.4 推理任务的最佳实践

推理是人工智能的核心能力之一，它使 AI 系统能够超越简单的模式匹配，进行复杂的逻辑推导和问题解决。以下是对各种推理任务的最佳实践的扩展，旨在为读者提供更深入的理解和应用指导。

3.4.1 数学问题求解与推理过程

数学问题求解是检验 AI 推理能力的关键领域。一个卓越的推理模型不仅要能给出正确答案，更应展现详细的解题步骤，清晰阐述解题思路，模仿人类专家解决复杂数学问题的过程。这不仅关乎结果的正确性，更关乎 AI 如何得到这个结果。数学推理能力是许多高级认知功能（例如科学发现、工程设计和经济分析）的基础。因此，提高 AI 在数学问题求解方面的能力具有重要的理论意义和应用价值。

案例：解决复杂的数学应用题，例如涉及多步骤计算、逻辑推理、问题转化以及跨领域知识融合的题目，往往需要结合物理学、经济学等多方面知识。以下是一些具体的案例类型。

- **多步骤计算问题**：这类问题需要模型执行一系列算术运算，并按照正确的顺序进行计算。除了简单的算术运算，还可以包括更复杂的操作，例如代数运算、微积分运算和数值计算。例如，"一列火车以每小时 60 公里的速度行驶，经过一座长 200 米的桥需要多长时间？"这个问题需要模型进行单位转换、距离计算和时间计算等多步骤操作。
- **逻辑推理问题**：这类问题需要模型进行逻辑推理，例如，使用演绎推理、归纳推理或类比推理来解决问题。除了简单的逻辑关系判断，还可以包括更复杂的逻辑推理，例如，使用一阶逻辑进行推理、解决逻辑谜题和进行形式化证明。例如，"如果 A 比 B 高，B 比 C 高，那么 A 比 C 高吗？"这个问题需要模型使用演绎推理来得出结论。
- **问题转化问题**：这类问题需要模型将问题转化为另一种形式，以便更容易解决。问题转化可以涉及将一个问题从一个领域转化为另一个领域，或者将一个问题从一种表示形式转化为另一种表示形式。例如，"将一个几何问题转化为代数方程。"这个问题需要模型将几何图形转化为代数方程，然后使用代数方法来求解。
- **跨领域知识融合问题**：这类问题需要模型融合来自不同领域的知识来解决问题。这类问题通常涉及多个学科的概念和原理，需要模型具备广阔的知识面和强大的综合能力。例如，"计算一个在重力作用下抛出的物体的轨迹。"这个问题需要模型融合物理学中的运动学知识和数学中的微积分知识。

技巧：以下介绍一些实用技巧。
- **问题分解与抽象**：将复杂问题拆解为更小的、可管理的子问题，并识别问题中的关键变量和约束条件。这有助于降低问题的复杂性，并使模型能够逐步解决问题。通过将复杂问题分解为子问题，模型可以将一个难以解决的大问题转化为一系列相对容易解决的小问题。运用抽象思维，将具体问题转化为数学模型，例如，将文字描述的问题转化为代数方程或几何图形。抽象化有助于揭示问题的本质，并使模型能够应用通用的数学方法来解决问题。抽象思维是数学问题求解中的一项关键能力，它使模型能够从具体问题中提取出一般性的数学结构和关系。
- **逐步推理与显式路径**：在提示词中，使用"首先""然后""接下来""最后"等连接词，显式地引导模型逐步进行推理，确保推理过程的连贯性和可追溯性。这有助于模型避免跳跃性思维，并使我们能够更容易地理解模型的解题过程。逐步推理可以提高模型输出的可解释性，并使我们能够验证模型推理的正确性。鼓励模型生成中间步骤，即使这些步骤看似微不足道，也能帮助模型避免跳跃性思维，提高准确性。中间步骤可以作为模型推理过程中的"检查点"，帮助模型验证其推理的正确性。生成中间步骤还可以帮助模型更好地组织其思路，并减少错误产生的可能性。
- **多模态信息融合**：如果问题包含图表、图像或其他非文本信息，应引导模型利用多模态信息融合技术，将这些信息纳入推理过程。这使得模型能够更全面地理解问题，并利用各种可用的信息来解决问题。多模态信息融合可以提高模型对复杂问题的理解能力，并使其能够处理更广泛类型的问题。例如，对于几何问题，可以引导模型分析图形的形状、尺寸和空间关系；对于数据分析问题，可以引导模型提取图表中的关键数据和趋势。在这些情况下，模型需要能够将视觉信息和文本信息结合起来，才能正确理解问题并找到解决方案。
- **元认知与自我反思**：鼓励模型具备一定的元认知能力，即对自身的解题过程进行监控和反思。这使得模型能够识别和纠正其自身的错误，并提高其解题能力。元认知能力是人类智能的重要组成部分，它使我们能够更好地控制和管理自己的思维过程。例如，在给出答案之前，模型可以先评估其解题思路的合理性，检查是否存在逻辑漏洞或计算错误。通过自我反思，模型可以发现其推理过程中的不足之处，并进行相应的调整和改进。

- **外部知识库的应用**：允许模型访问外部知识库（例如数学公式库、定理证明器等）来辅助解题。这使得模型能够处理需要专业知识的问题，并提高解题的准确性和效率。外部知识库可以为模型提供解决特定类型问题所需的知识和工具，从而减轻模型的计算负担，并提高其解题效率。通过利用外部知识库，模型可以避免重复计算，并直接获取所需的公式、定理和算法。

- **结果验证与鲁棒性分析**：要求模型对最终答案进行验证，例如，通过代入原方程、进行单位检验等方式，确保答案的正确性。这有助于提高模型输出的可靠性，并减少错误答案的产生。结果验证是确保模型输出质量的重要步骤，它可以帮助我们检测和纠正模型中的错误。鼓励模型进行鲁棒性分析，即考虑问题中存在的各种不确定性和边界情况，评估答案的可靠性。鲁棒性分析可以帮助模型识别其解题方法的局限性，并提高其在不同情况下的适应能力。通过考虑各种可能的情况，模型可以生成更加可靠和稳定的解决方案。

- **解题思路的解释与可视化**：要求模型用自然语言清晰、简洁地解释其解题思路，并使用适当的可视化工具（例如，绘制流程图、示意图等）辅助说明。这不仅有助于提高模型的可解释性，还能帮助用户理解解题过程，并从中学习解决类似问题的方法。清晰的解释和可视化可以使模型的推理过程更加透明，并增加用户对模型输出的信任。通过使用自然语言解释和可视化工具，模型可以将其复杂的推理过程转化为用户易于理解的形式，从而提高模型的可信度和可用性。

3.4.2 法律文本分析与逻辑推导

法律文本分析是一个对推理能力要求极高的领域。AI 模型需要能够准确理解法律条文的精确含义，识别关键信息，进行严密的逻辑推导，并能处理法律文本中常见的歧义性和复杂性。法律推理对于维护社会秩序、保障公民权益和促进司法公正至关重要。因此，开发能够有效进行法律文本分析和逻辑推导的 AI 系统具有重要的现实意义。

案例：分析复杂的法律条文，推导法律责任，判断某个行为是否违法，以及应该承担什么样的法律后果，并能分析判例，理解法律原则在实践中的应用。以下是一些具体的案例类型：

- **合同法分析**：分析合同条款，确定合同双方的权利和义务，判断是否存在违约行为，并计算违约赔偿金额。这需要模型能够理解合同中的各种条款，例如，关于标的物、价款、履行期限、违约责任等的约定，并能够根据这些条款来判断当事人是否履行了合同义务。

- **刑法分析**：分析犯罪构成要件，判断被告人的行为是否构成犯罪，并确定其应承担的刑事责任。这需要模型能够理解刑法中的各种罪名和构成要件，例如，故意杀人罪的构成要件包括故意、非法剥夺他人生命、造成他人死亡等，并能够根据这些要件来判断被告人的行为是否符合犯罪构成。
- **侵权责任法分析**：分析侵权行为的构成要件，判断被告人是否应承担侵权责任，并计算赔偿金额。这需要模型能够理解侵权责任法中的各种归责原则和构成要件，例如，过错责任原则、无过错责任原则等，并能够根据这些原则来判断被告人的行为是否构成侵权行为。
- **判例分析**：分析先前的判例，提取相关的法律原则和规则，并将其应用于新的案件中。这需要模型能够理解判例中的事实、争议焦点、法院的判决和理由，并能够从中提取出具有普遍适用性的法律原则和规则。

技巧：以下介绍一些实用技巧：

- **法律知识注入**：在提示词中提供相关的法律条文，并解释其背景、目的和适用范围，确保模型拥有进行推理所需的法律知识。这可以通过提供相关的法律文件、法规和司法解释来实现。为了使模型能够正确理解法律条文，还需要提供相关的背景知识，例如，立法历史、立法目的和不同解释流派的观点。可以考虑使用知识图谱、本体论等技术，将法律知识结构化地表示出来，并将其融入模型的推理过程中。知识图谱和本体论可以帮助模型更好地理解法律概念之间的关系，并进行更准确的推理。例如，可以使用知识图谱来表示法律概念之间的上下位关系、属性关系和因果关系。
- **案例背景与情境构建**：提供尽可能详细和真实的案例背景，包括涉案人员、事件经过、相关证据等信息，帮助模型理解法律条文在实际应用中的含义。这有助于模型将抽象的法律规则与具体的案件事实联系起来。通过提供详细的案例背景，模型可以更好地理解法律规则的适用条件和限制。鼓励模型构建事件的情景模型，即分析事件发生的社会、经济和文化背景，以便更准确地理解法律条文的适用性。情景模型可以帮助模型理解法律规则背后的目的和价值，并做出更合理的判断。例如，在分析一个合同纠纷案件时，模型需要考虑合同签订时的市场环境、当事人的交易习惯等因素。
- **逻辑推理与论证**：使用逻辑连接词（例如，"如果""那么""因为""所以""且""或""非"等），清晰地引导模型进行逻辑推理，并鼓励模型构建完整的论证过程。这有助于提高模型推理的透明度和可解释性。通过清晰地表达推理步骤，模型可以使其推理过程更易于理解和验证。要求模型明确指出其推理的前提、假设和结论，并解释推理过程中使用的逻辑规则和推理模式（例如，演绎推理、归纳推理、类比推理等）。这有助于我们理解模型是如何得出结论的，并评估其推理的有效性。不同的逻辑规则和推理模式具有不同的特点和适用范围，模型需要根据具体情况选择合适的推理方法。

- **法律条文引用与解释**：要求模型在给出结论时准确引用相关的法律条文，并解释这些条文的具体含义和适用性，增加结论的权威性和可靠性。这有助于确保模型输出的法律意见具有法律依据。准确引用法律条文可以帮助用户验证模型输出的正确性，并提高用户对模型输出的信任。鼓励模型进行法律条文的解释，即分析条文的立法原意、历史演变和不同解释流派的观点，以便更全面地理解法律条文的含义。这有助于模型理解法律规则的复杂性和模糊性，并做出更细致的判断。法律条文的解释是一个复杂的过程，需要模型具备扎实的法律知识和批判性思维能力。

- **处理法律文本的特殊性**：法律文本常常包含大量的专业术语、复杂的句法结构和高度抽象的概念，需要特别处理。可以使用专门的自然语言处理技术（例如，法律领域术语识别、依存句法分析、语义角色标注等）来提高模型对法律文本的理解能力。这些技术可以帮助模型更准确地解析法律文本的含义，并提取关键信息。例如，法律领域术语识别技术可以帮助模型识别法律文本中的专业术语，并将其与相应的定义和解释联系起来。

- **考虑法律原则与价值**：除了具体的法律条文，还需要引导模型考虑法律的基本原则和价值，例如，公平、正义、效率等。这有助于模型在法律条文存在冲突或模糊之处时，做出更符合法律精神的判断。法律原则和价值是法律体系的灵魂，它们指导着法律的制定和实施。法律原则和价值可以作为模型推理的指导，并帮助模型在没有明确法律规则的情况下做出合理的决策。在某些情况下，模型可能需要根据法律原则和价值来进行自由裁量，以实现个案正义。

- **模拟法律论辩过程**：鼓励模型模拟法律论辩的过程，即分析控辩双方的观点和论据，并进行辩论和协商，最终达成一个合理的结论。这有助于提高模型的思辨能力和解决复杂法律问题的能力。法律论辩是一个动态的过程，涉及不同观点的交锋和辩论。通过模拟法律论辩，模型可以更好地理解法律问题的复杂性，并学习如何在不同的观点之间进行权衡和妥协。这需要模型具备一定的辩论技巧和沟通能力。

3.4.3 科学研究与假设验证方法

在科学研究中，推理模型可以用于分析实验数据、验证科学假设、辅助科学发现。这需要模型具备严谨的科学思维，能够理解实验设计，进行统计分析，并能从数据中提取有意义的模式和规律。科学推理是推动科学进步的关键动力，它使科学家能够从观察和实验中发现新的知识，并建立新的理论。因此，提高 AI 在科学研究中的推理能力具有重要的科学价值。

案例：分析复杂的实验数据，验证某个科学假设是否成立，或者发现数据中隐藏的规律，并能设计新的实验来验证模型提出的假设。以下是一些具体的案例类型：

- **基因表达数据分析**：分析基因表达数据，以确定哪些基因与特定疾病相关，并预测潜在的药物靶点。这需要模型能够处理高维数据，并从中提取出有意义的生物学信息。
- **气候变化数据分析**：分析气候变化数据，以确定全球变暖的影响，并预测未来的气候变化趋势。这需要模型能够处理时间序列数据，并考虑各种影响因素，例如，温室气体排放、太阳辐射等。
- **粒子物理实验数据分析**：分析粒子物理实验数据，以发现新的粒子，并验证物理理论。这需要模型能够处理复杂的实验数据，并从中提取出有意义的物理信号。
- **社会科学调查数据分析**：分析社会科学调查数据，以了解社会现象的原因和影响，并制定相应的政策建议。这需要模型能够处理非结构化数据（例如，文本数据和调查问卷数据），并考虑各种社会因素的影响。

技巧：以下介绍一些实用技巧。

- **提供与描述实验数据**：在提示词中提供需要分析的实验数据，并详细说明数据的来源、收集方法、实验设计和相关背景信息，确保模型能够正确理解数据的含义。这可以通过提供数据文件、实验报告和相关的科学文献来实现。详细的实验数据描述可以帮助模型理解数据的质量和可靠性。对于复杂的数据集，可以考虑使用数据可视化技术，例如，绘制散点图、直方图、箱线图等，帮助模型更好地理解数据。数据可视化可以帮助模型识别数据中的模式、趋势和异常值。通过可视化数据，模型可以更直观地理解数据的分布和特征。
- **明确提出科学假设**：明确提出需要验证的科学假设，并解释假设的理论基础、研究意义和可能的实验验证方法。这有助于模型理解研究的目标，并选择合适的分析方法。清晰的假设陈述可以帮助模型更好地组织其推理过程，并避免不必要的偏差。鼓励模型对假设进行细化，例如，将其分解为更小的、可验证的子假设，或者提出多个相互竞争的假设。细化假设可以使研究更加聚焦，并更容易得出明确的结论。通过提出多个相互竞争的假设，模型可以更全面地探索问题的解决方案空间。
- **科学推理与方法引导**：引导模型按照科学方法进行推理，例如，进行统计分析（如 t 检验、方差分析等）、比较不同条件下的数据、寻找数据之间的相关性和因果关系等。这有助于确保模型得出可靠的结论。科学方法是确保研究结果有效性和可靠性的重要保障。提供相关的科学理论和方法论指导，例如，实验设计原则、统计学原理、因果推断方法等。这可以帮助模型更好地理解科学研究的规范,并避免常见的错误。模型需要具备扎实的科学理论基础和方法论知识,才能进行有效的科学推理。
- ❑ **生成与验证模型假设**:鼓励模型基于现有数据提出新的科学假设。这可以帮助科学家发现新的研究方向,并推动科学的进步。模型可以通过分析数据中的模式和规律,提出新的解释和预测。引导模型设计实验来验证这些新假设,包括确定实验变量、控制条件和测量方法。这需要模型具备一定的实验设计能力和创造力。设计有效的实验是验证科学假设的关键步骤,需要模型具备扎实的实验设计知识和技能。
- ❑ **给出结论与加以解释**:要求模型根据分析结果,给出明确的结论,并解释结论的科学意义、局限性和可能的替代解释。这有助于确保结论的准确性和客观性。在给出结论时,模型需要清晰地说明其推理过程和所依据的证据。鼓励模型对结论进行推广,即分析结论在更广泛的科学领域中的适用性和影响。这可以帮助科学家理解研究的意义,并将其应用于其他领域。结论的推广需要模型具备一定的领域知识和综合分析能力。
- ❑ **可视化与呈现结果**:使用适当的可视化工具(例如,绘制误差棒图、热力图等)清晰地呈现分析结果,并突出显示关键发现和趋势。这可以帮助科学家更直观地理解研究结果,并提高研究的传播效果。有效的数据可视化可以使研究结果更易于理解和记忆。要求模型对可视化结果进行解释,说明其含义和重要性。这可以帮助读者更好地理解研究结果,并评估其可靠性。解释可视化结果需要模型具备一定的领域知识和数据分析能力。
- ❑ **误差分析与不确定性评估**:引导模型进行误差分析,即识别数据中存在的各种误差来源(例如,测量误差、抽样误差等),并评估这些误差对结论的影响。这有助于科学家理解研究结果的局限性,并做出更谨慎的解释。误差分析是评估研究结果可靠性的重要组成部分。鼓励模型对结论的不确定性进行量化,例如,计算置信区间、进行敏感性分析等。这可以帮助科学家更好地理解研究结果的可靠性,并做出更合理的决策。量化不确定性可以帮助我们更好地理解研究结果的精度和可靠性。
- ❑ **模拟同行评议**:模拟科学研究中的同行评议过程,让模型扮演评审者的角色,对研究的实验设计、数据分析和结论进行批判性评估。这有助于提高模型输出的质量和可靠性。同行评议是确保科学研究质量的重要机制。模拟同行评议可以帮助模型识别潜在的缺陷和不足之处,并提出改进建议。通过模拟同行评议,模型可以学习如何进行批判性思维,并提高其研究能力。

3.4.4 多步骤决策与复杂规划案例

推理模型还可以用于处理需要多步骤决策与复杂规划的问题,例如商业决策、项目管理、资源分配等。这类问题通常涉及多个目标、多种约束条件和不确定的未来，需要模型具备强大的推理和优化能力。复杂规划问题广泛存在于现实世界的各个领域，例如交通运输、物流管理、生产调度等。因此，开发能够有效解决复杂规划问题的 AI 系统具有重要的应用价值。

案例：以下是一些具体的案例类型。

- **商业决策**：制定市场营销策略、决定是否投资某个项目、选择最佳的供应商、进行风险评估和收益预测。商业决策通常涉及复杂的市场环境、竞争对手行为和消费者偏好等因素，需要模型具备敏锐的商业洞察力和战略思维。模型需要能够分析大量的市场数据，预测未来的市场趋势，并评估不同决策方案的潜在影响。
- **项目管理**：制定详细的项目计划、精确地分配资源、实时跟踪项目进度、有效地解决项目中遇到的各种问题、进行项目复盘和经验总结。项目管理需要模型具备强大的组织协调能力、沟通能力和问题解决能力。模型需要能够有效地管理项目资源，协调项目团队成员之间的工作，并确保项目按时、按质、按预算完成。
- **资源分配**：在多个任务之间分配有限的资源（例如时间、人力、资金等），以实现最佳的整体效果，并考虑资源分配的公平性和效率。资源分配问题广泛存在于政府管理、企业运营和个人生活中。模型需要能够根据任务的优先级、紧急程度和资源需求，合理地分配资源，并确保资源的有效利用。
- **供应链优化**：优化从原材料采购到产品交付的整个供应链流程，降低成本，提高效率，减少库存积压。供应链优化需要模型具备全局视野和系统思维，考虑各种因素的影响，例如供应商能力、生产能力、物流成本和客户需求。模型需要能够协调供应链中的各个环节，实现供应链的整体优化。

技巧：以下介绍一些实用技巧。

- **问题结构化与分解**：将复杂的决策问题分解为一系列更小的、可管理的子问题，并建立子问题之间的依赖关系和优先级顺序。这有助于降低问题的复杂性，并使模型能够逐步解决问题。通过分解问题，模型可以将一个难以解决的大问题转化为一系列相对容易解决的小问题，从而降低问题的复杂性。使用结构化分析方法（例如决策树、影响图、SWOT 分析等）帮助模型理解问题的结构和关键因素。这些方法可以帮助模型系统地分析问题，并识别出重要的决策变量和约束条件。结构化分析方法可以提供一个清晰的框架，帮助模型更好地理解问题，并做出更明智的决策。
- **明确约束条件**：明确指出决策过程中需要考虑的各种约束条件，例如时间限制、预算限制、资源限制、法律法规限制等，并解释这些约束条件的含义和重要性。这有助于模型理解决策的可行性和局限性。约束条件定义了决策的可行范围，模型需要在约束条件的范围内寻找最优的解决方案。鼓励模型识别隐含的约束条件，即那些没有明确指出，但仍然对决策有影响的因素。隐含的约束条件可能会对决策结果产生重要影响，因此需要模型具备识别和处理这些约束条件的能力。例如，在进行投资决策时隐含的约束条件可能包括投资者的风险偏好和道德准则。

- **方案生成与评估**：引导模型考虑多种可能的方案，并使用推理和搜索技术（例如启发式搜索、蒙特卡罗树搜索等）生成更多的候选方案。这有助于模型找到更好的解决方案，并避免陷入局部最优解。通过探索更多的方案，模型可以增加找到全局最优解的可能性。要求模型对每种方案的优缺点、可能的后果和风险进行全面的评估，并使用适当的评价指标（例如成本、收益、风险、满意度等）进行量化比较。这有助于决策者做出更明智的选择。量化比较可以帮助决策者更客观地评估不同方案之间的差异。

- **不确定性建模与决策方案鲁棒性**：考虑到决策问题中常常存在不确定性（例如市场变化、技术风险等），需要对不确定性进行建模，并评估其对决策的影响。这有助于模型理解决策的风险，并做出更谨慎的决策。不确定性建模可以帮助模型更好地理解决策环境，并预测未来的可能发展。鼓励模型设计鲁棒的决策方案，即在各种不确定性条件下都能表现良好的方案。鲁棒性是衡量决策方案可靠性的重要指标，一个好的决策方案应该能够在不同的情况下都能保持较好的性能。鲁棒的决策方案可以降低决策的风险，并提高其适应性。

- **多目标优化与权衡**：许多决策问题涉及多个目标，这些目标之间可能存在冲突和矛盾，需要进行权衡和折中。引导模型使用多目标优化方法（例如帕累托优化、加权和法等），找到一组最优的解，并解释不同解之间的权衡关系。这有助于决策者理解不同方案之间的利弊，并根据自己的偏好做出选择。多目标优化方法可以帮助模型找到一组平衡不同目标的解决方案。

- **动态规划与迭代优化**：对于需要进行长期规划的问题，可以使用动态规划等方法，将问题分解为一系列相互关联的阶段，并在每个阶段做出最优决策。这有助于模型找到全局最优解，并避免陷入局部最优解。动态规划可以将一个复杂的问题分解为一系列简单的子问题，从而降低问题的求解难度。鼓励模型进行迭代优化，即根据新的信息和反馈，不断调整和改进决策方案。迭代优化可以帮助模型适应不断变化的环境，并提高决策的质量。通过不断地调整和改进，模型可以逐步提高决策方案的性能。

- **人机协同决策**：强调人机协同的重要性，即模型作为辅助工具，为人类决策者提供信息和建议，但最终的决策仍然由人类做出。这可以充分利用人类的智慧和经验，并提高决策的效率和质量。人机协同决策可以结合机器的计算能力和人类的判断力，从而做出更好的决策。设计清晰的交互界面，使人类决策者能够方便地理解模型的推理过程,并与模型进行有效的沟通和协作。这有助于建立人类对模型的信任,并促进人机之间的有效合作。良好的交互界面可以提高人机协同决策的效率和效果。

3.4.5 问答系统:提供准确的答案

问答系统是人工智能的一个重要应用领域。一个优秀的问答系统不仅能够回答用户提出的问题,还应该能够提供准确、可靠的答案,并解释答案的来源和依据,就像一个知识渊博且值得信赖的专家。随着信息时代的到来,人们越来越依赖问答系统来获取信息。例如,人们使用问答系统来获取新闻、查找产品信息、解决技术问题等。因此,提高问答系统的准确性和可靠性具有重要的现实意义。

技巧:以下介绍一些实用技巧。

- **知识图谱融合与扩展**:将知识图谱融入问答系统中,使其能够回答涉及复杂关系和背景知识的问题,并能动态地更新和扩展知识图谱,以适应新的信息。知识图谱可以为问答系统提供结构化的知识表示,并支持复杂的推理操作。通过将知识表示为图结构,知识图谱可以更清晰地表达实体之间的关系,从而提高问答系统的准确性。利用知识图谱的结构化优势,设计专门的图查询语言,以便更高效地检索和推理知识。图查询语言可以简化对知识图谱的查询操作,并提高查询效率。例如,图查询语言可以使用简洁的语法来表达复杂的查询,例如,查找与给定实体有特定关系的实体。

- **推理引擎与逻辑推导**:使用推理引擎对知识图谱中的信息进行推理,推导出新的知识,从而回答更复杂的问题,例如,进行演绎推理、归纳推理和类比推理。推理引擎可以扩展问答系统的知识范围,并使其能够回答超出其显式知识的问题。通过应用推理规则,推理引擎可以从已知的知识中推导出新的结论,从而提高问答系统的回答能力。设计可解释的推理规则,使用户能够理解模型是如何从已知知识推导出答案的。可解释的推理规则可以提高用户对问答系统输出的信任。例如,可以设计规则来解释答案的来源和推导过程,使用户能够验证答案的正确性。

- **答案来源与证据**:在给出答案的同时,提供答案的来源和依据(例如引用的文献、数据来源和专家意见),增加答案的可信度。这有助于用户评估答案的可靠性,并判断其是否适合自己的需求。提供答案来源可以帮助用户验证答案的准确性,并进一步了解相关信息。对于存在争议或不确定性的问题,提供多个可能的答案,并解释每个答案的支持证据和反对证据。这可以帮助用户更全面地了解问题,并做出自己的判断。对于复杂的问题,提供多个视角和论证可以帮助用户进行更深入的分析。

- **多模态问题理解**:处理包含多种模态信息的问题(例如包含图像、视频或音频的问题),需要模型具备多模态信息融合能力。这使得问答系统能够处理更复杂的问题,并提供更丰富的答案。多模态问题理解可以使问答系统能够处理更自然和多样化的用户查询。设计能够将不同模态信息关联起来的推理机制，以便更全面地理解问题。例如，对于一个关于图像的问题，模型需要能够识别图像中的对象，并将其与相关的文本描述联系起来。这需要模型具备跨模态的知识表示和推理能力。

- **上下文感知与个性化**：考虑用户的提问历史、个人偏好和背景知识，提供更加个性化和相关的答案。这可以提高用户满意度，并使问答系统更加有用。个性化答案可以更好地满足用户的特定需求，并提高用户体验。利用对话管理技术，维护与用户的对话状态，以便更好地理解用户的提问意图。对话管理技术可以帮助问答系统理解用户的提问序列，并提供更连贯的回答。通过跟踪对话状态，问答系统可以更好地理解用户的长期目标和信息需求。
- **答案验证与质量评估**：设计自动化的答案验证机制，例如，使用外部知识库或专家系统对答案进行验证，确保答案的准确性和一致性。这可以提高问答系统输出的质量，并减少错误答案的产生。自动化的答案验证机制可以提高答案验证的效率和客观性。建立答案质量评估体系，从多个维度（例如准确性、完整性、相关性、可读性等）对答案进行评估，并不断改进答案生成模型。答案质量评估体系可以帮助我们了解问答系统的优缺点，并指导我们进行改进。通过综合考虑多个维度，我们可以更全面地评估答案的质量。
- **处理开放域问题**：提高问答系统处理开放域问题的能力，即回答那些没有明确限定领域或主题的问题。这需要模型具备广阔的知识面和强大的泛化能力。处理开放域问题是问答系统面临的一个重要挑战，需要模型具备强大的知识获取、语言理解和推理能力。模型需要能够从大量的文本数据中提取相关的知识，并将其应用于回答各种问题。

3.4.6 决策支持系统：辅助决策

决策支持系统是一种利用计算机技术辅助人们进行决策的系统。推理模型可以用于构建决策支持系统，为决策者提供有价值的信息和建议，并帮助他们更好地理解决策问题，评估不同的方案，并做出明智的决策。在当今复杂多变的环境下，决策者面临着越来越多的挑战，例如信息过载、时间压力和不确定性等。因此，开发能够有效辅助决策的决策支持系统具有重要的现实意义。

技巧：以下介绍一些实用技巧。

- **决策模型构建与选择**：根据具体的决策问题，构建相应的决策模型，例如，基于规则的决策模型、基于概率的决策模型、基于优化的决策模型、基于多智能体博弈的模型等。不同的决策模型适用于不同类型的问题，需要根据具体情况选择合适的模型。决策模型是决策支持系统的核心组成部分，它将决策问题形式化，并提供解决方案。解释不同决策模型的优缺点和适用范围，并指导用户选择最合适的模型。这可以帮助用户更好地理解决策支持系统的工作原理，并做出更明智的选择。用户需要了解不同决策模型的特点，才能选择最适合其需求的模型。

- **信息提取与分析**：利用推理模型分析相关数据，提取有用的信息，例如识别关键趋势、发现潜在风险、预测未来发展等，为决策者提供决策的依据。这可以帮助决策者更好地了解问题的背景，并做出更明智的决策。信息提取和分析是决策支持系统的重要功能，它可以帮助决策者从大量的数据中提取有用的信息。设计交互式的数据可视化工具，帮助决策者更直观地理解数据和分析结果。数据可视化可以使复杂的数据更容易理解，并帮助决策者更快地发现关键信息。交互式的数据可视化工具可以提高决策者的参与度，并使其能够更灵活地探索数据。

- **方案生成与推荐**：根据分析结果，结合决策者的偏好和目标，为决策者提供合理的决策建议，并解释做出该建议的理由。这可以帮助决策者更好地理解不同方案的优缺点，并做出更明智的选择。决策支持系统可以生成多个备选方案，并根据决策者的偏好和目标对其进行排序和推荐。鼓励模型生成多个备选方案，并分析每个方案的优缺点和可能的后果。这可以帮助决策者更全面地了解问题的解决方案空间，并选择最适合自己的方案。通过考虑多个备选方案，决策者可以避免陷入单一思维，做出更全面的决策。

- **风险评估与管理**：评估不同决策方案的风险和收益，帮助决策者做出更明智的决策，并设计风险管理策略，以降低潜在的损失。风险评估是决策过程中的一个重要环节，它可以帮助决策者避免做出过于冒险的决策。决策支持系统可以利用各种风险评估方法（例如概率分析、敏感性分析、情景分析等）来评估不同方案的风险。这可以帮助决策者更好地理解决策方案的鲁棒性，并做出更可靠的决策。通过考虑不同的情景，决策支持系统可以帮助决策者更好地理解决策方案在不同情况下的表现。

- **情景模拟与预测**：构建决策情景的模拟模型，例如使用系统动力学模型、离散事件模拟模型等，预测不同决策方案在未来可能产生的影响。这可以帮助决策者更好地理解决策的长期后果，并做出更可持续的决策。情景模拟可以帮助决策者更好地理解决策方案的动态影响。利用时间序列分析、机器学习等方法，对未来的发展趋势进行预测，为决策者提供前瞻性的信息。预测未来发展趋势可以帮助决策者更好地把握机遇，并避免潜在的风险。准确的预测可以帮助决策者做出更明智的决策。

- **价值对齐与伦理考量**：确保决策支持系统的输出与决策者的价值观和伦理准则相符。这对于确保决策的公正性和合理性至关重要。决策支持系统需要考虑决策的伦理影响，并避免产生不公正或不合理的决策。对于涉及伦理问题的决策（例如资源分配、医疗决策等），需要特别关注模型的公正性、透明度和可解释性。这可以帮助决策者更好地理解模型的推理过程，并确保其输出符合伦理标准。伦理考量是决策支持系统设计和应用中一个至关重要的方面。
- **反馈机制与持续改进**：建立完善的反馈机制，收集决策者对系统输出的反馈，并根据反馈不断改进决策支持系统。反馈机制可以帮助我们了解决策支持系统的优点和不足，并指导我们进行改进。通过收集用户的反馈，我们可以不断改进决策支持系统，并提高其性能。利用机器学习技术，可以帮助决策支持系统自动地从过去的决策经验和数据中学习，并不断提高其决策能力。这可以使决策支持系统随着时间的推移变得越来越智能和有效。

3.4.7　智能搜索：提高搜索效率

智能搜索是一种利用人工智能技术改进搜索体验的搜索方式。推理模型可以用于构建智能搜索系统，提高搜索的准确性和效率，使用户能够更快地找到他们需要的信息。随着互联网的普及，人们越来越依赖搜索引擎来获取信息。因此，提高搜索效率和准确性对于满足人们的信息需求至关重要。

技巧：以下介绍一些实用技巧。
- **查询理解与意图识别**：利用自然语言处理技术，将用户的查询转化为语义表示，使其能够匹配含义相关的文档，而不仅仅是关键词匹配，并准确识别用户的搜索意图，例如，用户是想查找某个问题的答案，还是想购买某个产品。这可以帮助搜索引擎更好地理解用户的需求，并提供更相关的搜索结果。通过使用语义表示，搜索引擎可以更好地捕捉查询的含义，而不仅仅是字面意思。考虑查询的上下文信息（例如用户的搜索历史、地理位置和时间等），以便更好地理解用户的意图。上下文信息可以帮助搜索引擎消除查询的歧义，并提供更个性化的搜索结果。例如，用户在搜索"苹果"时，可能是在查找水果，也可能是在查找电子产品，而上下文信息可以帮助搜索引擎确定用户的真正意图。
- **知识图谱构建与应用**：利用知识图谱中的信息，理解查询的意图，并返回更相关的搜索结果，例如，利用实体之间的关系进行推理，或者利用实体的属性进行过滤。知识图谱可以为搜索引擎提供结构化的知识表示，并支持复杂的查询操作。通过将知识组织成图结构，知识图谱可以更清晰地表达实体之间的关系，从而提高搜索的准确性。设计专门的图搜索算法，以便更高效地在知识图谱中查找相关信息。图搜索算法可以利用知识图谱的结构化优势，快速找到与查询相关的实体和关系。例如，图搜索算法可以使用图遍历算法来查找与给定实体有特定关系的实体。
- **语义相关性计算**：计算查询和文档之间的语义相关性，而不仅仅是基于关键词匹配，例如，使用词向量模型、主题模型等方法，计算查询和文档在语义空间中的距离。这可以帮助搜索引擎找到与查询含义相关的文档，即使它们不包含相同的关键词。语义相关性计算可以帮助搜索引擎克服关键词匹配的局限性，从而提高搜索的准确性。考虑词语的多义性和同义性，以便更准确地判断查询和文档之间的相关性。多义性和同义性是自然语言的常见现象，需要模型具备处理这些现象的能力。例如，用户查询"bank"时，可能是在查找金融机构，也可能是在查找河岸，而模型需要能够根据上下文来确定其正确的含义。

- **搜索结果解释与可视化**：解释搜索结果与查询之间的相关性，帮助用户理解搜索结果的含义，例如，突出显示查询中的关键词在文档中的出现位置，或者解释文档中与查询相关的概念。这可以提高搜索结果的可解释性，并帮助用户更快地找到他们需要的信息。提供搜索结果解释可以帮助用户更好地理解搜索结果，并提高用户满意度。使用适当的可视化工具（例如绘制搜索结果摘要图、相关性热力图等），帮助用户更直观地理解搜索结果。数据可视化可以使搜索结果更容易理解，并帮助用户更快地做出判断。例如，相关性热力图可以使用颜色来表示搜索结果与查询之间的相关程度。

- **个性化搜索与推荐**：根据用户的搜索历史、兴趣偏好和个人信息，提供更加个性化和相关的搜索结果。这可以提高用户满意度，并使搜索体验更加高效。个性化搜索可以更好地满足用户的特定需求，并提高搜索效率。结合推荐系统技术，向用户推荐可能感兴趣的其他信息或产品。推荐系统可以帮助用户发现新的信息和产品，并扩展他们的知识视野。例如，如果用户在搜索某个产品，推荐系统可以向用户推荐相关的产品或配件。

- **多轮交互式搜索**：支持多轮交互式搜索，即允许用户通过多次提问来逐步缩小搜索范围，并澄清搜索意图。这可以帮助用户更精确地表达他们的需求，并找到更符合他们期望的搜索结果。多轮交互式搜索可以更好地满足用户的复杂信息需求。利用对话管理技术，维护与用户的对话状态，以便更好地理解用户的需求。对话管理技术可以帮助搜索引擎理解用户的提问序列，并提供更连贯的搜索体验。通过跟踪对话状态，搜索引擎可以更好地理解用户的搜索目标和信息需求。

- **跨语言搜索**：支持用户使用不同的语言进行搜索，并返回相关语言的搜索结果。这可以帮助用户获取更广泛的信息，并促进跨语言交流。跨语言搜索可以帮助用户克服语言障碍，获取来自不同语言的信息。这需要利用跨语言信息检索技术，例如跨语言词向量模型、机器翻译等。跨语言信息检索技术可以帮助搜索引擎理解不同语言之间的语义关系，并找到相关的文档。例如，跨语言词向量模型可以将不同语言的词语映射到同一个语义空间中，从而计算它们之间的相关性。

本章总结

本章深入探讨了推理模型对话的原理与技巧。我们首先阐述了推理的本质，并介绍了不同类型的推理方法。接着，我们详细介绍了推理模型的核心机制，包括符号推理、神经推理、混合推理和思维链技术。然后，我们分析了推理模型的优势与局限，强调了其在解决复杂问题、提高可解释性以及利用专业领域知识方面的优势，同时也指出了其在计算效率和知识获取方面的挑战。

在提示词策略方面，我们强调了简洁直接提问的重要性，并提供了避免冗余指令的具体方法。此外，我们还介绍了如何利用结构化输出的引导技巧，提高模型输出结果的可用性。

最后，我们通过一系列最佳实践案例，展示了推理模型在数学问题求解、法律文本分析、科学研究、多步骤决策、问答系统、决策支持系统和智能搜索等领域的应用。这些案例不仅展示了推理模型的强大功能，也为读者提供了在实际应用中运用推理模型的参考指南。

此外，一个值得注意的趋势是**利用大模型自身来优化提示词**。核心观点在于**大模型往往比人类更"理解"大模型**，它们能从更深层次把握哪些指令模式、关键词组合或结构能够更有效地引导同类模型产生期望的输出。这种**元提示工程**（metaprompt engineering）的思路，即让模型辅助我们生成或改进提示词，能够进一步提升交互效率和输出质量。例如，一些平台如 DeepSeek 官方提供的提示词库中就包含了"模型提示词生成"的介绍，用户可以输入大致意图，由另一个大模型帮助生成或优化具体的提示词，这为提示词工程提供了新的助力和视角，值得我们关注和尝试。

推理模型擅长解决多维度复杂问题，输出速度相对于生成模型较慢。在使用推理模型时，应先识别应用场景是否适合推理模型，从而最大限度发挥其推理优势和潜力，使其既能利用模型的智能，又能确保结果的专业性与实用性。

第 4 章
行业应用案例研究

在前几章中,我们深入探讨了 DeepSeek 的对话原则与底层思维方法,奠定了理解其生成与推理能力的基础。掌握了"道",我们便需要探寻"术"的应用之妙。理论的光辉最终要照亮实践之路,而这正是第 4 章的核心使命:将 DeepSeek 的强大潜能精准地注入真实世界的多元场景之中。

本章将作为连接理论与应用的桥梁,聚焦于如何在具体的行业领域中通过精心设计的提示词来驾驭 AI 大模型(例如 DeepSeek)来实现特定的目标。我们将不再局限于泛化的对话交互,而是深入剖析 AI 在新媒体内容创作、教育教学革新、软件工程提效、金融市场分析以及医疗健康辅助等关键领域中的实际应用。

我们将探索,针对不同场景的独特性——无论是追求创意爆发、知识传递的准确性、代码生成的效率、数据分析的深度,还是应对医疗信息的严谨性——我们应如何调整提问的方式、设定上下文、明确约束条件,甚至引导模型的"思考"路径。这不仅仅是展示 DeepSeek"能做什么",更是揭示"如何通过精妙的提示词设计,最大限度地激发其在特定场景下的潜力与价值"。

4.1 AI 全面赋能新媒体

新媒体告别粗放增长,面临信息爆炸、用户注意力稀缺等挑战,对运营提出更高的要求。精准定位、差异化内容和精细化运营关乎存亡,而传统经验效率低且易偏颇。

AI 赋能新媒体全流程(见图 4-1):通过市场洞察与账号定位、智能内容生产、精准用户运营、数据驱动运营及自动效果评估,AI 全面提升运营效率与精准度,助力赢得竞争。

4.1.1 市场洞察与账号定位

账号定位需要结合个人特长与市场洞察数据确定细分赛道。AI 大模型(如 DeepSeek)凭借强大的分析、推理与生成能力,正成为市场洞察与账号定位的智能助手。它能高效萃取数据价值、洞察趋势,支持客观高效的策略前期准备。本节以美妆为例,说明如何利用

DeepSeek 进行市场洞察与账号定位。如图 4-2 所示，主要流程如下：

图 4-1　AI 赋能新媒体全流程

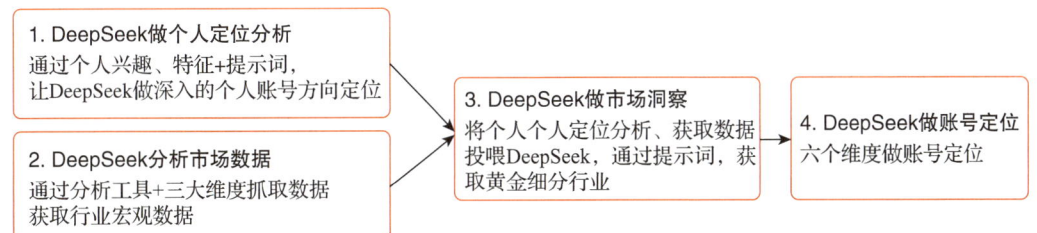

图 4-2　利用 DeepSeek 进行市场用户洞察与账号分析定位

1. DeepSeek 做个人定位分析

在做垂直领域的新媒体运营前，为了结合自身的特点，需要先进行个人定位分析，可以从以下几个方面考虑：

1）我的兴趣爱好是什么？标签是什么？
2）我适合哪个蓝海赛道？
3）我的受众是谁？TA 喜欢什么内容？
4）我向谁看齐？如何形成差异化？
5）我如何变现？哪个平台能变现？

在 AI 时代，可以借助 DeepSeek 完成个人定位分析，提示词公式如下。

提示词公式：

【使用场景】+【目的】+【兴趣爱好】+【输出要求】

例如：

背景介绍：我是一个 90 后，上班族，想做一个自媒体账号，并打造个人 IP。

目的：通过带货增加收入 + 通过好物推荐打造优质的个人 IP。

兴趣：美妆、护肤、穿搭、饰品、美甲。

输出：生成 5 个主要的兴趣标签（按适合我的程度递减排列），生成适合我的 3 个与兴趣相关联的垂直细分行业以及适合我的自媒体平台建议。

DeepSeek 生成的结果：标签 + 垂直行业 + 适配平台

总结出 5 个兴趣标签和可以考虑的垂直细分行业，其中兴趣标签用于后续做账号定位，垂直细分行业用于做进一步的数据调研。

DeepSeek 提供给我们 3 个可以考虑的垂直细分：职场女性轻奢饰品集合店、功效型护肤小样分装、居家美甲工具品牌。假设我们选择"功效型护肤小样分装"，如图 4-3 所示。

```
一、5个主要兴趣标签（按适配度排序）
  1. 职场通勤美学专家
     ◦ 结合穿搭、饰品、美甲，专注解决上班族"快速变美"需求，如"5分钟出门妆容""通勤饰品叠搭"等，强调实用性与
       性价比 ① ⑦。
  2. 成分党护肤测评师
     ◦ 解析护肤品成分与功效，吸引科学护肤人群，搭配"早C晚A""敏感肌修复"等热点话题，建立专业人设 ⑥ ⑧。
  3. 国货美妆种草官
     ◦ 聚焦高性价比国货美妆，结合文化输出（如东方美学包装）和"小样经济"，吸引Z世代及下沉市场用户 ⑥ ⑦。
  4. 快时尚美甲实验室
     ◦ 分享居家美甲教程、平价工具测评，利用"反转型"内容（如上班vs约会款对比）提升互动 ① ⑧。
  5. 饰品搭配玩家
     ◦ 强调饰品与穿搭的层次感，结合香氛、色彩心理学等元素，打造"五感美学"内容 ⑦ ⑪。

二、3个垂直细分行业建议
  1. 职场女性轻奢饰品集合店
     ◦ 细分方向：通勤风轻奢饰品（如耳夹、极简项链）、季节性潮流单品（如"早八人必备"系列）。
     ◦ 优势：客单价100-300元易转化，内容易与美甲、穿搭联动，可通过私域社群发券提升复购 ⑦ ⑨。
     ◦ 案例参考：类似"小花妞"的邻家风格，或"霞湖世家"的工厂直营模式 ⑤ ⑨。
  2. 功效型护肤小样分装
     ◦ 细分方向：热门护肤品小样分装+功效测评（如"油皮亲测"），降低用户试错成本。
     ◦ 优势：契合"小样经济"趋势，佣金率15%-25%，适合小红书图文测评+直播带货 ⑥ ⑧。
  3. 居家美甲工具品牌
     ◦ 细分方向：DIY美甲工具套装（如"9.9元入门包"）、节日限定贴纸，主打"反水疗"概念。
     ◦ 优势：低客单价易起量，男性用户占比提升（如定型喷雾、便携工具），适合短视频平台 ⑥ ⑦。
```

图 4-3 借助 DeepSeek 完成个人定位分析示例

2. DeepSeek 分析市场数据

精准的市场与用户洞察是制定有效运营策略的基石，AI 能显著提升洞察的效率、深度与广度。

挑战：美妆行业新品概念（如成分党、早 C 晚 A）层出不穷，热点易逝。运营者面对海

量行业报告、社媒讨论、KOL 动态等信息，难以快速全面捕捉价值趋势与潜在热点，易错失内容布局良机。

AI 应用（DeepSeek）：可利用 DeepSeek 强大的信息处理与分析能力，处理指定信息源（如行业网站、主流社媒、头部博主内容等）和常用数据源（如百度/微信指数、新榜、蝉妈妈、飞瓜等）。如图 4-4 所示，关键数据维度包括：

- 市场数据：分析市场 GMV（如国货护肤占比从 20% 增至 38%）、种草博主数量与增长（如美妆博主占 34.46%）。
- 用户数据：洞察用户地域分布（如集中于发达地区）、年龄结构（如 18~34 岁为主）、行为特征（如使用网络语"绝绝子"、19:00~22:00 期间活跃）。
- 消费趋势与用户行为：把握消费水平（年消费 3000~5000 元，护肤月消费 500~1000 元）、消费动机（如追求"成分安全" > 品牌溢价）、关注焦点（产品成分与功效关注度达 58.8%）。

获取数据后，DeepSeek 能快速整合理解，识别高频词、关键概念与热度变化，通过模式识别推理生成结构化趋势摘要，并预测潜在爆发话题。

数据维度	具体数据
市场数据	2024年4300亿GMV中，300~500元功效型护肤增长显著，国货护肤类GMV占比从2023年20%提升至38%；美妆种草博主数量4.48W，占比34.46%
用户数据	1、用户特征：集中分布在广东、江苏、山东、浙江等一线及经济发达地区； 2、用户年龄：18岁~34岁之间，其中18~24岁占比最高； 3、语言风格：使用"绝绝子""踩雷"等网络用语 4、用户行为特征：手机高发期使用19:00~22:00
消费趋势与用户行为	1、约38.59%的消费者年消费金额为3000~5000元，护肤月消费占比：500~1000元； 2、追求"成分安全">品牌溢价 3、消费者对产品成分和功效的关注度高达58.8%

提示词公式：【使用背景】+【数据】+【个人背景画像】+【输出要求】

图 4-4 关键数据维度

AI 核心能力：文本理解、信息抽取、主题建模、情感分析、趋势预测。

通过提示词工程（Prompt Engineering）：设计有效的提示词是关键。我们需要引导 DeepSeek 等大模型进行"总结 + 提炼 + 预测"的复合型任务。

3. DeepSeek 做市场洞察

DeepSeek 提示词（市场洞察）：

如图 4-5 所示，在"数据部分"加入通过数据获取工具获得的"市场数据"，结合自己的个人分析作为"个人背景画像"，让 DeepSeek 通过已知条件，找出 3 个竞争较小且高增长、变现潜力大的细分领域。

```
1   【使用背景】
2   我是一名90后职场女性，计划在业余时间运营自媒体实现以下目标：主目标：通过内容带货和品牌合作实现月均
    5000+副业收入
3   次目标：建立「95后职场美妆护肤教主」个人IP
4   长期目标：形成可复用的自媒体运营方法论
5   【数据部分】
6   市场数据：
7   2024年4300亿GMV中，300~500元功效型护肤增长显著，国货护肤类GMV占比从2023年20%提升至38%；美妆种草博主
    数
8   量4.48W，占比34.46%
9   用户数据：
10  1、用户特征：集中分布在广东、江苏、山东、浙江等一线及经济发达地区；
11  2、用户年龄：18岁~34岁之间，其中18~24岁占比最高；
12  3、语言风格：使用"绝绝子""踩雷"等网络用语；
13  4、用户行为特征：手机高发期使用19:00~22:00
14  消费趋势与用户行为：消费行为：
15  1、约38.59%的消费者年消费金额为3000~5000元，护肤月均消费占比：500~1000元；
16  2、追求"成分安全" > 品牌溢价；
17  3、消费者对产品成分和功效的关注度高达58.8%
18  【个人背景画像】
19  优势资源:每日可投入2小时|擅长图文排版【公司白领人脉圈】
20  内容偏好:轻量化制作(单人可完成)|强实用性|视觉审美突出
21  身份特征:通勤穿搭达人|成分党护肤|擅长挖掘平价好物需求拆解
22  【输出要求】
23  请基于美妆/护肤/穿搭/饰品/美甲赛道，帮我完成：
24  市场定位分析:找出3个竞争较小且高增长、变现潜力大的细分领域(需包含差异化切入点)
```

图 4-5　DeepSeek 做市场洞察示例

DeepSeek 生成结果展示：3 个高增长、低竞争、强变现细分赛道 + 选择建议

如图 4-6 所示，获得 DeepSeek 的分析后，可结合自身情况和职业发展需求，选择擅长的黄金赛道。我们这里选择"职场特需功效型护肤"。

4. DeepSeek 做账号定位

总的来讲，如图 4-7 所示，我们需要从以下六个维度做账号定位，包括：账号人设标签、目标受众分层、内容差异化点、创意元素、IP 人设塑造、适配平台。

综合前面的分析结果，继续给 DeepSeek 提示词。以竞品账号为锚点，做账号定位（见图 4-8）：

【角色设定】+【使用场景】+【热门赛道】+【标签】+

【以对标账号为锚点】+【拆解维度】+【输出要求】

基于您的背景和目标，结合市场数据及用户需求，以下是为您筛选的3个高增长、低竞争、强变现潜力细分赛道，并附差异化切入策略：

1.「通勤场景下的成分党护肤」——职场特需功效型护肤

市场机会：
- **高增长**：300-500元功效型护肤增长显著 ❶，且职场女性对"晨间快速护肤""抗蓝光""持妆打底"等通勤场景需求未被充分挖掘。
- **低竞争**：多数护肤博主聚焦夜间修护或全场景，职场晨间护肤垂直内容较少。
- **变现潜力**：可带货防晒、妆前精华等高价单品（如国货抗氧精华），合作品牌客单价易达300+元。

差异化切入点：
- **"5分钟职场护肤公式"**：结合通勤场景（如地铁补涂、空调房保湿）设计极简流程，突出"成分安全＋即时效果"（如含麦角硫因的防暗沉乳液）❸ ❺。
- **人设绑定**：以"996成分党学姐"身份，用职场案例（如熬夜后急救）增强信任感。

2.「平价轻奢通勤穿搭」——高性价比职场穿搭＋配饰

市场机会：
- **高增长**：2025年通勤穿搭需求上升，尤其经济发达地区用户对"显贵不贵"单品需求旺盛 ❻ ❼。
- **低竞争**：穿搭博主多聚焦日常或高端职场，针对月均500-1000元预算的"轻奢通勤"内容稀缺。
- **变现潜力**：饰品、腰带等配饰佣金率高（10%-20%），且易复购。

差异化切入点：
- **"1件3穿"胶囊衣橱**：推荐西装、衬衫裙等基础款，搭配小众配饰（如国产设计师金属胸针）提升质感 ❼。
- **数据化选款**：发布"百元通勤单品TOP10"榜单，结合用户地域气候（如广东湿热选透气面料）强化实用性 ❻。

3.「成分党美甲」——健康甲护＋小众色胶测评

市场机会：
- **高增长**：美甲市场年增速超15%，但"养甲型"内容（如受损修复）仅占5% ❽。
- **低竞争**：多数美甲博主聚焦款式教学，缺乏成分解析（如低敏胶、孕妇可用胶）。
- **变现潜力**：高客单价甲护产品（如日本进口修复液）带货空间大，且用户粘性强。

差异化切入点：
- **"成分党避雷指南"**：测评小众甲胶品牌，突出"无甲醛""不伤甲"等安全卖点，绑定职场场景（如会议前快速DIY）❽。
- **跨界合作**：联合护肤品牌推出"手部抗老套餐"，拓展变现维度。

选择建议

1. **优先测试赛道1**：护肤赛道变现路径清晰（品牌合作＋带货），且与您"成分党"身份高度契合，初期可通过"职场护肤痛点"系列快速起号。
2. **视觉化呈现**：利用排版优势制作"成分对比表""通勤OOTD九宫格"，提升专业感和传播力。
3. **私域沉淀**：通过白领人脉圈发起"职场美颜研究所"社群，收集需求反哺选品。

以上赛道均满足：① 用户付费意愿强（月均500-1000元）❾；② 国货品牌投放预算增加（38%占比）❶；③ 内容可轻量化生产（图文/短视频）。

图 4-6　DeepSeek 做市场洞察后生成结果

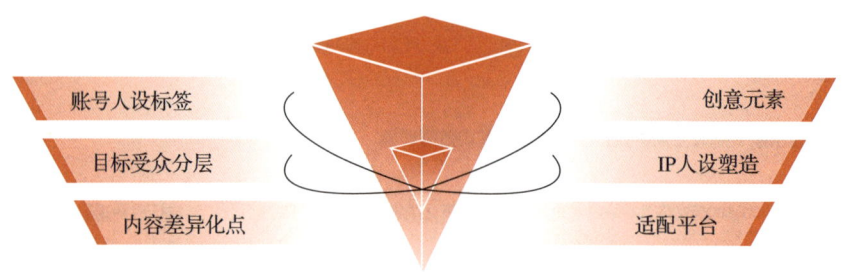

图 4-7　DeepSeek 做账号定位的六个维度

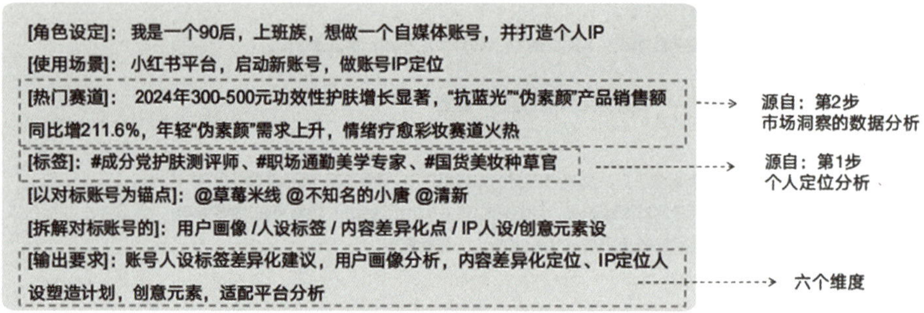

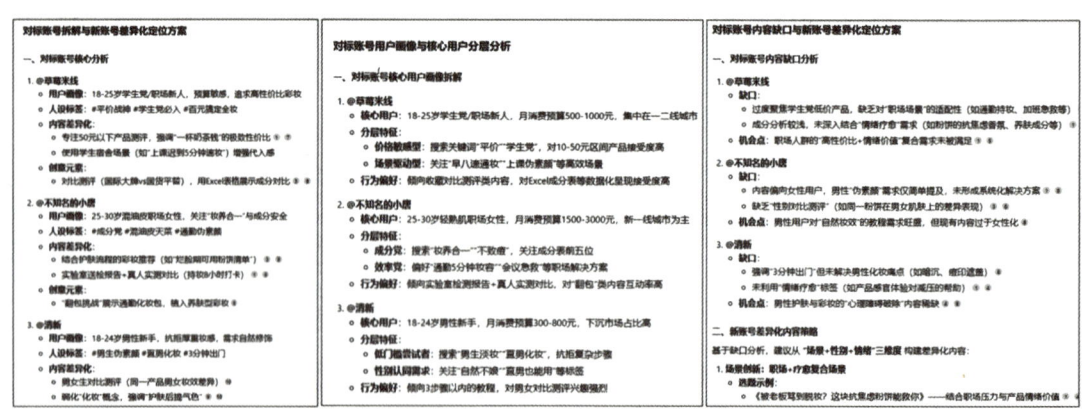

图 4-8　以竞品账号为锚点做账号定位

生成包括"六个维度"的账号定位结果（见图 4-9）：

对标账号拆解与新账号差异化定位方案

一、对标账号核心分析

1. @草莓米线
   - **用户画像**：18-25岁学生党/职场新人，预算敏感，追求高性价比彩妆
   - **人设标签**：#平价战神 #学生党必入 #百元搞定全妆
   - **内容差异化**：
     - 专注50元以下产品测评，强调"一杯奶茶钱"的极致性价比
     - 使用学生宿舍场景（如"上课迟到5分钟速妆"）增强代入感
   - **创意元素**：
     - 对比测评（国际大牌vs国货平替），用Excel表格展示成分对比
2. @不知名的小唐
   - **用户画像**：25-30岁混油皮职场女性，关注"妆养合一"与成分安全
   - **人设标签**：#成分党 #混油皮天菜 #通勤伪素颜
   - **内容差异化**：
     - 结合护肤流程的彩妆推荐（如"烂脸期可用粉饼清单"）
     - 实验室送检报告+真人实测对比（持妆8小时打卡）
   - **创意元素**：
     - "翻包挑战"展示通勤化妆包，植入养肤型彩妆
3. @清新
   - **用户画像**：18-24岁男性新手，抗拒厚重妆感，需求自然修饰
   - **人设标签**：#男生伪素颜 #直男化妆 #3分钟出门
   - **内容差异化**：
     - 男女生对比测评（同一产品男女妆效差异）
     - 弱化"化妆"概念，强调"护肤后提气色"

对标账号用户画像与核心用户分层分析

一、对标账号核心用户画像拆解

1. @草莓米线
   - **核心用户**：18-25岁学生党/职场新人，月消费预算500-1000元，集中在一二线城市
   - **分层特征**：
     - **价格敏感型**：搜索关键词"平价""学生党"，对10-50元区间产品接受度高
     - **场景驱动型**：关注"早八速通妆""上课伪素颜"等高效场景
   - **行为偏好**：倾向收藏对比测评类内容，对Excel成分表等数据化呈现接受度高
2. @不知名的小唐
   - **核心用户**：25-30岁轻熟肌职场女性，月消费预算1500-3000元，新一线城市为主
   - **分层特征**：
     - **成分党**：搜索"妆养合一""不致痘"，关注成分表前五位
     - **效率党**：偏好"通勤5分钟妆容""会议急救"等职场解决方案
   - **行为偏好**：倾向实验室检测报告+真人实测对比，对"翻包"类内容互动率高
3. @清新
   - **核心用户**：18-24岁男性新手，月消费预算300-800元，下沉市场占比高
   - **分层特征**：
     - **低门槛尝试者**：搜索"男生淡妆""直男化妆"，抗拒复杂步骤
     - **性别认同需求**：关注"自然不娘""直男也能用"等标签
   - **行为偏好**：倾向3步骤以内的教程，对男女对比测评兴趣强烈

对标账号内容缺口与新账号差异化定位方案

一、对标账号内容缺口分析

1. @草莓米线
   - **缺口**：
     - 过度聚焦学生党低价产品，缺乏对"职场场景"的适配性（如通勤持妆、加班急救等）
     - 成分分析较浅，未深入结合"情绪疗愈"需求（如粉饼的抗焦虑香氛、养肤成分等）
   - **机会点**：职场人群的"高性价比+情绪价值"复合需求未被满足
2. @不知名的小唐
   - **缺口**：
     - 内容偏向女性用户，男性"伪素颜"需求仅简单提及，未形成系统化解决方案
     - 缺乏"性别对比测评"（如同一粉饼在男女肌肤上的差异表现）
   - **机会点**：男性用户对"自然妆效"的教程需求旺盛，但现有内容过于女性化
3. @清新
   - **缺口**：
     - 强调"3分钟出门"但未解决男性化妆痛点（如暗沉、痘印遮盖）
     - 未利用"情绪疗愈"标签（如产品感官体验对减压的帮助）
   - **机会点**：男性护肤与彩妆的"心理障碍破除"内容稀缺

二、新账号差异化内容策略

基于缺口分析，建议从"**场景+性别+情绪**"**三维度**构建差异化内容：

1. **场景创新：职场+疗愈复合场景**
   - **选题示例**：
     - 《被老板骂到脱妆？这块抗焦虑粉饼能救你》——结合职场压力与产品情绪价值

图 4-9　账号定位结果

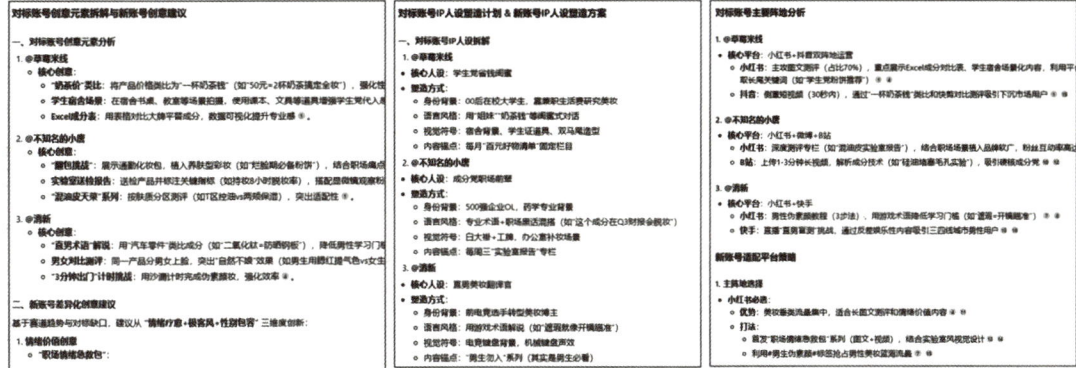

图 4-9　账号定位结果（续）

4.1.2　生成智能内容与运营

完成账号定位之后，我们进入最关键的环节之一——内容创作。

目前，AI 正在深刻地改变内容生产的各个环节，从最初的选题策划到最终的成果输出，AI 不仅极大地提高了效率，还为内容创作注入了新的创意和可能性。图 4-10 给出了内容生产的流程示意图。本节将详细探讨 AI 在内容生产中的应用，以及如何利用 AI 驱动创意与效率的提升。

图 4-10　内容生产流程

1. 策划选题

选题策划决定内容成败。AI 的联想与生成能力是强大的选题辅助工具，尤其在热点追踪与结合方面。

AI 作用：实时监控全网热点，结合账号定位，分析热点价值与相关性，快速生成选题角度和内容框架，并提供数据支持，识别传播潜力。

提示词工程：常用结构为"角色设定+使用场景+要求+适配平台+输出要求"

示例：

背景：热点"某明星粉丝礼物争议"，账号为"美妆小红书 KOL"。

提示词示例："角色：美妆 KOL。场景：为小红书策划热点关联选题引流增粉。要求：结合'明星礼物争议'与'成分安全'，生成 3 个具讨论度且规避风险的选题。平台：小红书。输出：3 个选题方向。"

AI 可能生成：

"明星礼物翻车？深扒成分，这些大牌安全又好用！"

"避雷！明星同款护肤品成分黑榜，别花冤枉钱！"

"理性吃瓜！从礼物事件看成分党崛起，护肤品安全吗？"

（1）系列策划

AI 可以根据账号定位和内容主题，生成一系列相互关联的选题，并可以按照用户认知阶梯进行排序，增强用户黏性。

提示词工程："角色设定＋使用场景＋要求＋适配平台＋输出要求"组合。

示例：

假设账号定位是"美妆小红书 KOL"，内容主题是"抗老成分"。

提示词示例："角色设定：美妆小红书 KOL。使用场景：用于账号内容营销，结合'春季抗老'主题，形成系列内容，增强粉丝黏性。要求：系列内容共 6 期，每期聚焦一个抗老成分，内容需要包含：实验对比＋生活场景＋避坑指南三个维度，并按用户认知阶梯排序。适配平台：小红书。输出要求：输出 6 个系列选题。"

AI 可能会生成以下系列选题：

第一期：入门级抗老——VC，你的第一瓶抗老精华怎么选？

第二期：进阶抗老——视黄醇，告别初老，精准抗皱！

第三期：全能抗老——玻色因，熟龄肌抗老新选择，效果堪比医美？

第四期：抗氧抗老——虾青素，清除自由基，延缓衰老！

第五期：修复抗老——神经酰胺，修护屏障，强韧肌底！

第六期：终极抗老——胜肽，多重胜肽复配，定格年轻！

（2）反向切入

AI 可以分析用户在特定领域的认知误区，并生成反常识型选题，通过提供数据支撑和解决方案，引发用户好奇心，提高内容传播力。

提示词工程："角色设定＋使用场景＋要求＋适配平台＋输出要求"组合。

示例：

假设账号定位是"美妆小红书 KOL"，内容主题是"以油养肤"。

提示词示例："角色设定：美妆小红书 KOL。使用场景：'以油养肤'作为一种流行的护肤方式，近年来备受关注，但也伴随着诸多误解和不当使用，通过反常识内容，引发用户好奇心。要求：每期找出一个'以油养肤'的认知误区，内容需要包含：数据支撑＋解决方案可视化＋口播文案形式。适配平台：抖音。输出要求：输出 10 个'以油养肤'的反常识选题。"

AI 可能会生成以下反常识选题：

"以油养肤"越油越好？大错特错！选错油，烂脸没商量！

"以油养肤"能祛痘？别逗了！这几种肤质用了，痘痘只会更严重！

"以油养肤"不用乳化？90% 的人都不知道的真相，难怪你搓泥！

"以油养肤"按摩越久越好？错！过度按摩，皮肤提前衰老！

"以油养肤"油越贵越好？别被忽悠了！平价好油也能养出好皮肤！

"以油养肤"适合所有人？大错特错！这几种肤质千万别碰油！

"以油养肤"能替代精华？功效差远了！精华才是抗衰王者！

"以油养肤"白天也能用？作死！白天用油，小心晒老十岁！

"以油养肤"能收缩毛孔？别天真了！毛孔大小是基因决定的！

"以油养肤"能去黑头？别瞎折腾了！黑头是油脂堵塞，得这么做！

2. 生成爆款标题

在新媒体信息爆炸、用户注意力稀缺的背景下，标题成为吸引点击、提升传播效果与商业价值的关键。爆款标题能迅速抓住用户，提高关键指标，因此掌握其写作技巧对运营者至关重要。

AI 正赋能标题生成，通过分析海量数据学习模式，辅助或自动创作。相比人工，AI 生成标题效率更高（快速大量生成）、效果更好（数据驱动，更具吸引力）、成本更低。现有基于大模型的 AI 工具能生成多款备选标题，并按预估点击率排序，有效助力运营者抓住用户"黄金注意力"。

用 DeepSeek 提升爆款标题的五大大核心技巧：

（1）技巧一：数字＋痛点反差法

例如："爆款标题：《3 天憋不出方案？AI 5 分钟暴力生成 10 个爆点！》"

提示词示例（DeepSeek）：

角色：你是个小红书运营人员，拥有多年内容运营经验……

目标受众：小红书运营小白、小红书运营新手

内容方向：运营干货，教程类

标题需求：运用"数字＋痛点"对比的方法，增加数字，增加情绪词，增强视觉符号

适配平台：小红书

风险避免：避免使用被算法标记的诱导词

情绪词＋干货＋符号

爆款标题：《天！我依靠这个排版公式，3 个动作让我的小红书数据狂飙 200%！90% 新人不会看！》

（2）技巧二：情绪词＋干货＋符号

例如："天!!这淡妆公式也太王炸了！照着章若楠化妆师偷学的3个心机点（惊叹式开场＋干货锚点＋权威背书）"

提示词示例（DeepSeek）：

角色：你是美妆博主，拥有百万粉丝……

目标受众：美妆达人，学习化妆的小白

内容方向：美妆知识干货，教程类

标题需求：运营"情绪词＋干货价值锚点＋视觉增强符号"的方法，增加效果承诺，关联热点——章若楠淡妆

适配平台：小红书

风险避免：避免使用被算法标记的诱导词

符号视觉轰炸术

公式：符号梯队位置暴力 × 动态叠加

（3）技巧三：符号梯队选择（按点击率效果排序）

平台	第一梯队	第二梯队	慎用符号
小红书	🔥✨💖🎁	🚀‼️⚠️	😛❌🩹
抖音	✨🔥🥵🏆	⚡💥✔️	🙅‍♂️♂️💀🔞
公众号	🚀💧✅📦	🔝🚀🎯⚙️	🐢💀💖

位置暴力法则

爆款标题符号黄金位：首字符（最强冲击）：《月薪3k到3w！我依靠这招逆袭》分隔符（强化重点）：《护肤雷区这5件事越做越烂脸》

动态叠加术

符号＋数字：《7天涨粉10w！起号干货速抄》

符号＋反常识：《劝你别做小红书！除非知道这3个隐藏流量池》

符号＋身份标签：《打工人必看！这Excel模板让加班消失》

关键词组合拳公式：人群＋痛点＋解决方案

（4）技巧四：关键词组合拳公式

提示词示例（DeepSeek）：

角色：你是职场权威专家，主要分享职场工作技巧……

目标受众：职场小白、职场新人

内容方向：职场干货，避坑指南

标题需求：运营"人群＋痛点输出＋解决方案"的方法，增加效果承诺

适配平台：抖音

风险避免：避免使用被算法标记的诱导词

案例：

《实习生别再踩坑！这 10 个职场回复，让你快速逆袭》（人群＋痛点＋解决方案）

《3 年 HR，教你如何巧妙提离职，体面走人》（人群＋解决方案＋价值）

《普通人靠副业月入过万，这 3 个低成本项目，亲测有效！》（人群＋解决方案＋效果承诺）

（5）技巧五：避雷！标题作死 3 大行为

标题党过度：《不转不是中国人》→ 限流警告

模糊感标题：《关于运营的一些思考》→用户无点击动机

自嗨式表述：《XX 公司荣获行业大奖》→与用户无关

3. 完成文案撰写

AI 可以根据创作者提供的大纲或关键词，快速生成文章的初稿，大大节省了写作的时间。此外，AI 还可以对现有的文案进行润色，使其表达更加清晰、准确、生动；或者进行改写，使其适应不同的平台和语境。

提示词示例（DeepSeek）：

"指令＋原文／大纲＋要求"（例如："将以下大纲 [大纲内容] 扩写成一篇 800 字左右的公众号推文，风格 [指定风格]，加入 [指定元素，如：成分分析、用户评价]。"或"润色以下文案 [原文]，使其更具吸引力，语气更 [指定语气]。"）。

示例 1（扩写）：

假设大纲内容是："1. 介绍某款新品口红的特点；2. 分析其成分和功效；3. 分享不同肤色试色效果；4. 总结用户评价。"

使用提示词："将以下大纲'1. 介绍某款新品口红的特点；2. 分析其成分和功效；3. 分享不同肤色试色效果；4. 总结用户评价。'扩写成一篇 800 字左右的公众号推文，风格时尚种草，加入一些具体的成分分析和用户评价。"

AI 会根据大纲，生成一篇包含新品口红特点、成分功效分析、不同肤色试色效果和用户评价的推文初稿。

示例 2（润色）：

假设原文是："这个口红颜色很好看，很滋润，大家可以试试。"

使用提示词："润色以下文案'这个口红颜色很好看，很滋润，大家可以试试。'，使其更具吸引力，语气更热情推荐。"

AI 可能会生成："OMG！这支口红的颜色也太美了吧！质地水润顺滑，涂上瞬间拥有嘟嘟唇，姐妹们一定要去试试！买它！！"

下面通过七大场景详细介绍文案撰写的提示词框架（见图 4-11）。

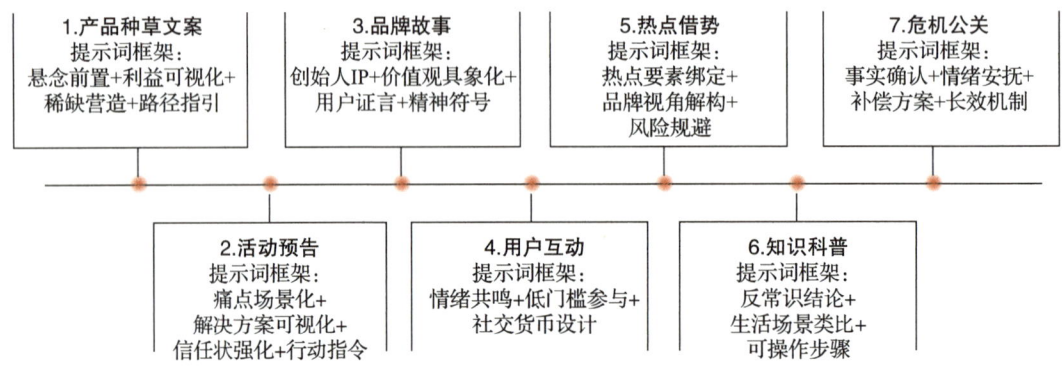

图 4-11　七大场景下文案撰写的提示词框架

（1）产品种草文案

AI 应用：针对美妆产品，生成具有吸引力的种草文案，激发用户购买欲。

提示词框架：悬念前置 + 利益可视化 + 稀缺营造 + 路径指引

示例：

假设要推广一款具有淡化细纹功效的新品眼霜。

使用提示词："为一款具有淡化细纹功效的新品眼霜撰写产品种草文案，要求突出产品功效，吸引 30-40 岁女性用户购买，文案框架采用：悬念前置 + 利益可视化 + 稀缺营造 + 路径指引。"

AI 可能会生成以下文案：

"熬夜追剧、加班熬夜，眼角细纹是不是又加深了？别担心！全新 XXX 眼霜，你的眼纹小熨斗！（悬念前置，引发用户共鸣）

连续使用 28 天，亲眼见证眼周肌肤变得紧致平滑，细纹淡化，双眼重回年轻光彩！（利益可视化，用直观的效果吸引用户）

这款眼霜添加了 XXX 专利成分，淡纹效果超赞！全球限量发售，再晚一步就抢不到了！（稀缺营造，制造紧迫感）

点击链接，立即购买！让你的眼睛，比同龄人年轻 10 岁！[购买链接]（路径指引，引导用户购买）"

（2）活动预告

AI 应用：针对美妆产品的促销活动，生成活动预告文案，提升活动参与度。

提示词框架：痛点场景化 + 解决方案可视化 + 信任状强化 + 行动指令

示例：

假设要预告一场即将到来的品牌周年庆促销活动，主推明星产品套装。

使用提示词："为一场品牌周年庆促销活动撰写预告文案，要求突出明星产品套装的优惠力度，吸引25～35岁女性用户参与，文案框架采用：痛点场景化＋解决方案可视化＋信任状强化＋行动指令。"

AI可能会生成以下文案：

"姐妹们，是不是总觉得护肤品不够用，一到换季皮肤就闹脾气？别慌！XXX品牌周年庆来啦！（痛点场景化，引发用户共鸣）

我们为你准备了超值明星产品套装，一次解决你的所有护肤难题！补水、抗皱、美白，一步到位！效果看得见！（解决方案可视化，展示活动价值）

XXX品牌，专注护肤XX年，深受百万用户信赖！这次周年庆，我们诚意满满，保证让你买到就是赚到！（信任状强化，增强用户信任感）

锁定直播间，[直播时间]，超多惊喜福利等你来拿！[直播链接]（行动指令，引导用户参与）"

（3）品牌故事

AI应用：讲述美妆品牌的故事，塑造品牌形象，增强用户认同感。

提示词框架：创始人IP+价值观具象化＋用户证言＋精神符号

示例：

假设要讲述一个国货美妆品牌的创业故事，该品牌致力于打造天然安全的护肤品。

使用提示词："撰写一个国货美妆品牌的品牌故事，创始人是一位具有匠人精神的女性，品牌致力于打造天然安全的护肤品，目标用户为20～30岁年轻女性，文案框架采用：创始人IP+价值观具象化＋用户证言＋精神符号。"

AI可能会生成以下文案：

"她，一位执着于天然护肤的匠人，为了给更多年轻女性带来安全有效的护肤体验，创立了XXX品牌。（创始人IP，塑造创始人形象）

我们始终相信，天然成分的力量，坚持'0添加'原则，用最纯粹的原料，守护你的肌肤健康。（价值观具象化，传递品牌理念）

'用了XXX之后，皮肤状态稳定了很多，敏感肌也能安心用！'这是来自万千用户的真实反馈。（用户证言，增强品牌说服力）

XXX，不仅仅是一个品牌，更是一种对自然、对健康的追求。[品牌slogan或标志性产品]（精神符号，提升品牌格调）"

（4）用户互动

AI应用：设计用户互动文案，提升用户参与度和黏性。

提示词框架：情绪共鸣＋低门槛参与＋社交货币设计

示例：

假设要发起一个用户参与的＃我的素颜挑战＃活动。

使用提示词："为＃我的素颜挑战＃活动撰写互动文案，鼓励用户分享真实素颜照，参与活动，目标用户为18～25岁年轻女性，文案框架采用：情绪共鸣＋低门槛参与＋社交货币设计。"

AI可能会生成以下文案：

"姐妹们！是不是有时候觉得化妆太累，想让皮肤自由呼吸？现在机会来了！＃我的素颜挑战＃，大胆晒出你的真实素颜，一起自信做自己！（情绪共鸣，引发用户共鸣）

参与方式超简单！带话题＃我的素颜挑战＃，发布你的素颜照，并分享你的护肤心得，就有机会获得神秘大奖！（低门槛参与，降低用户参与门槛）

优秀作品将有机会被品牌官方账号转发，让更多人看到你的自信美丽！还有机会成为品牌素颜大使哦！[活动规则和奖品详情]（社交货币设计，增加用户参与动力）"

（5）热点借势

AI应用：结合当前热点事件，生成借势文案，提升品牌曝光度。

提示词框架：热点要素绑定＋品牌视角解构＋风险规避

示例：

假设当前热点是"熬夜加班"，要为一款具有修复功效的精华液撰写借势文案。

使用提示词："为一款具有修复功效的精华液撰写热点借势文案，结合当前'熬夜加班'热点，目标用户为25～35岁职场女性，文案框架采用：热点要素绑定＋品牌视角解构＋风险规避。"

AI可能会生成以下文案：

"熬夜加班，肌肤拉响警报！干燥、暗沉、细纹，熬夜肌如何自救？（热点要素绑定，结合熬夜加班热点）

XXX精华液，你的熬夜肌救星！蕴含XXX修复成分，深层修护受损肌肤，让你熬最晚的夜，用最好的脸！（品牌视角解构，突出产品功效）

温馨提示：熬夜伤身，尽量保证充足睡眠哦～我们的精华液，只是在你不得不熬夜的时候，给你多一份守护。[产品成分和使用方法]（风险规避，避免过度宣传）"

（6）知识科普

AI应用：针对美妆护肤知识，生成科普文案，提升品牌专业度，增强用户信任感。

提示词框架：反常识结论＋生活场景类比＋可操作步骤

示例：

假设要为一款防晒霜撰写一篇防晒知识科普文案。

使用提示词："为一款防晒霜撰写防晒知识科普文案，目标用户为 18~25 岁年轻女性，文案框架采用：反常识结论+生活场景类比+可操作步骤。"

AI 可能会生成以下文案：

"防晒只在夏天做？大错特错！紫外线一年四季都存在，防晒是每天都要做的功课！（反常识结论，纠正用户误区）

想象一下，你的皮肤就像一张白纸，紫外线就像一支无形的笔，在上面留下痕迹，日积月累，就会出现晒斑、细纹，甚至加速衰老！（生活场景类比，增强用户理解）

正确的防晒姿势是：出门前 20 分钟涂抹足量的防晒霜，每隔 2~3 小时补涂一次，选择 SPF30 以上，PA+++ 的防晒产品。记住，防晒不是为了变白，而是为了延缓衰老！[产品推荐和使用方法]（可操作步骤，指导用户正确防晒）"

（7）危机公关

AI 应用：针对品牌或产品出现的负面事件，生成危机公关文案，降低负面影响，维护品牌形象。

提示词框架：事实确认+情绪安抚+补偿方案+长效机制

示例：

假设某品牌一款护肤品被爆出含有争议成分，引发用户担忧。

使用提示词："为一款被爆出含有争议成分的护肤品撰写危机公关文案，目标用户为购买过该产品的用户，文案框架采用：事实确认+情绪安抚+补偿方案+长效机制。"

AI 可能会生成以下文案：

"亲爱的用户，我们已关注到大家关于 XXX 产品成分的讨论，感谢大家的监督。（事实确认，表明品牌态度）

对于给大家带来的困扰和不安，我们深表歉意。您的健康和安全，始终是我们的首要关注。（情绪安抚，表达品牌歉意）

我们已第一时间将该产品送至权威机构进行检测，检测结果将在 24 小时内公布。在此期间，您可凭购买记录申请全额退款。[退款流程]（补偿方案，给出解决方案）

未来，我们将更加严格把控产品质量，所有产品成分将公开透明，接受用户监督。我们将以更严谨的态度，守护您的美丽。（长效机制，表明改进决心）"

4. 创作公众号/知乎图文

AI 应用：针对公众号或知乎平台，生成高质量图文内容，包括标题、正文、配图建议等。

提示词框架：平台特点分析+内容框架搭建+写作风格设定+配图方案设计

示例：

假设要为公众号撰写一篇关于"如何挑选适合自己的口红颜色"的图文文章。

使用提示词:"为公众号撰写一篇关于'如何挑选适合自己的口红颜色'的图文文章,目标用户为 20-30 岁年轻女性,文案框架采用:平台特点分析 + 内容框架搭建 + 写作风格设定 + 配图方案设计。"

AI 可能会生成以下文案:

平台特点分析:

- 公众号用户偏爱干货、实用、有深度的内容。
- 图文结合,排版精美,视觉呈现重要。
- 标题要吸睛,正文逻辑清晰,语言生动有趣。

内容框架搭建:

- 引言:口红的重要性,引出选口红的话题。
- 肤色判断:如何判断自己的肤色类型(冷皮、暖皮、中性皮)。
- 唇形分析:不同唇形适合的口红质地和颜色。
- 场合选择:不同场合如何选择合适的口红颜色。
- 避雷指南:选口红的常见误区,避免踩坑。
- 总结:选口红的万能公式和推荐。

写作风格设定:

- 语言轻松活泼,多用表情包和网络用语,增强趣味性。
- 结合自身经验和真实案例,增加说服力。
- 与读者互动,引导留言和分享。

配图方案设计:

- 高质量口红试色图,展示不同肤色、唇形的上妆效果。
- 肤色判断示意图,帮助读者快速判断自己的肤色。
- 不同场合的口红搭配示例图,提供参考。
- 精美排版设计,使用户阅读更舒适。

5. 撰写爆款短视频脚本

AI 应用:针对抖音、快手等短视频平台,生成具有吸引力的短视频脚本,提升视频播放量和互动率。

提示词框架:平台特点分析 + 内容主题提炼 + 视听元素设计 + 互动机制融入

示例:

假设要为抖音平台创作一个关于"夏季清爽底妆"的短视频脚本。

使用提示词:"为抖音平台创作一个关于'夏季清爽底妆'的短视频脚本,目标用户为 18-25 岁年轻女性,文案框架采用:平台特点分析 + 内容主题提炼 + 视听元素设计 + 互动机制融入。"

AI 可能会生成以下文案：

平台特点分析：
- 抖音用户偏爱节奏快、画面精美、有创意的内容。
- 视频时长较短，需要在短时间内抓住用户眼球。
- BGM、转场、特效等视听元素非常重要。
- 互动性强，鼓励用户参与和分享。

内容主题提炼：
- 夏季清爽底妆，解决用户痛点：不脱妆、不暗沉、轻薄透气。
- 突出产品特点和使用效果，用前后对比增强视觉冲击力。
- 融入流行元素和热点话题，增加视频趣味性。

视听元素设计：
- 开头：快速切换多个妆前妆后对比镜头，搭配节奏感强的 BGM，制造悬念，吸引用户观看。
- 中间：展示产品质地、上妆过程和妆效，运用特写镜头和慢动作，突出产品轻薄透气的特点。
- 结尾：展示全天持妆效果，强调产品不脱妆、不暗沉的优点，搭配欢快活泼的 BGM，营造愉悦的氛围。
- 转场：使用时尚潮流的转场效果，增加视频的观赏性。
- 特效：添加美颜、滤镜等特效，提升视频的视觉效果。

互动机制融入：
- 设置悬念，引导用户在评论区留言互动，例如："想知道我用的什么色号吗？评论区告诉你！"
- 发起挑战，鼓励用户参与 #清爽底妆挑战#，分享自己的清爽底妆秘诀。
- 在视频中设置投票，让用户选择自己最喜欢的底妆产品。
- 引导用户关注账号，并在评论区抽奖送产品。

6. 设计短视频封面

短视频的封面设计主要分为以下几步：

（1）明确需求

提供整个生产链的需求，明确提示词使用场景。

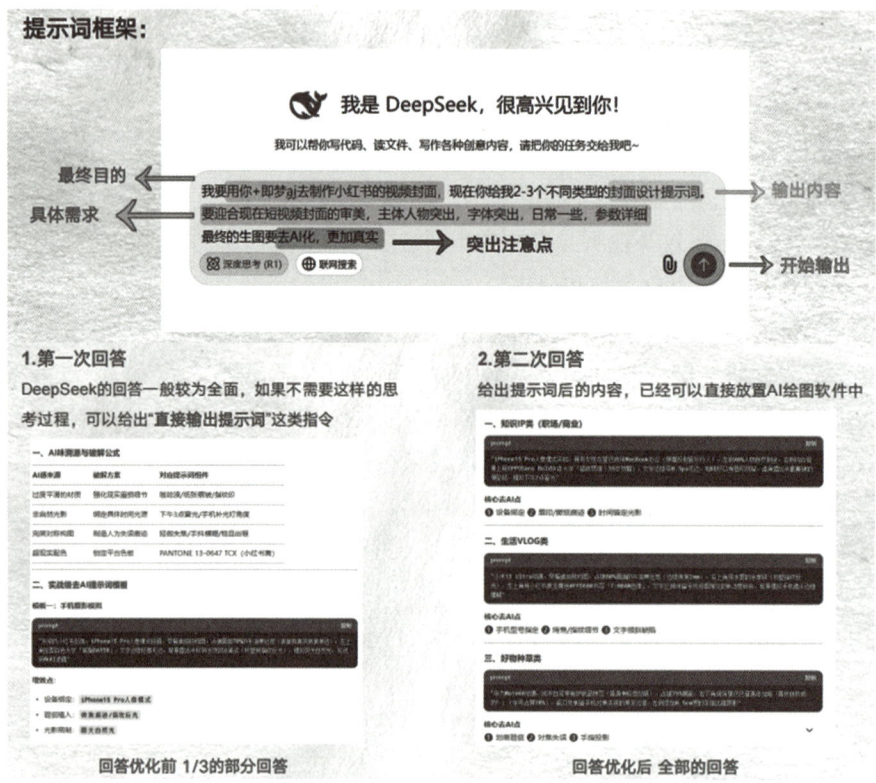

（2）提示词输出

将在 DeepSeek 获得的提示词，直接输入到即梦 AI，获得图片。

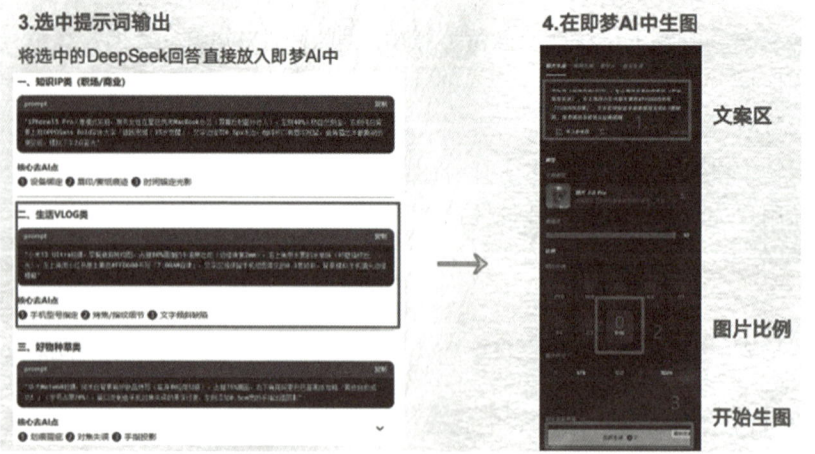

（3）后期微调整

将图片导出，放入 Photoshop 进行简单加工，获得最终图片。

如果在前期对 DeepSeek 回答并不满意,可以再次向 DeepSeek 进行追问:"你按照上述想法给我提供美妆类的几类提示词吧,美妆类可以直接给脸部特写"。

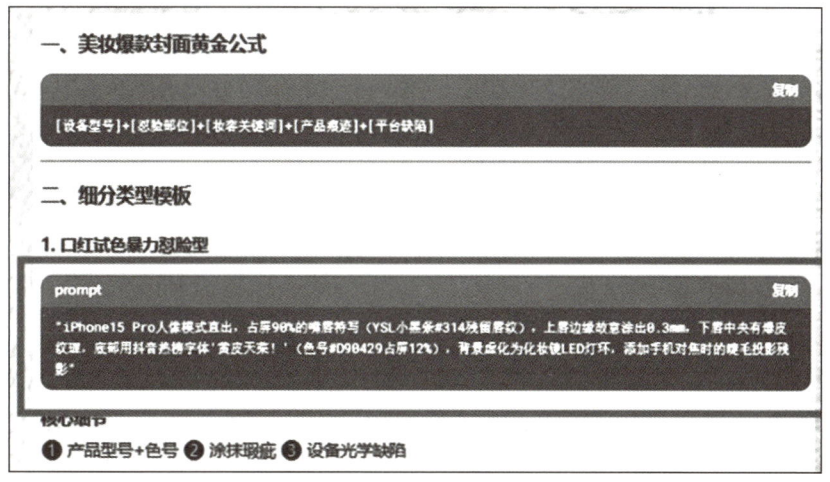

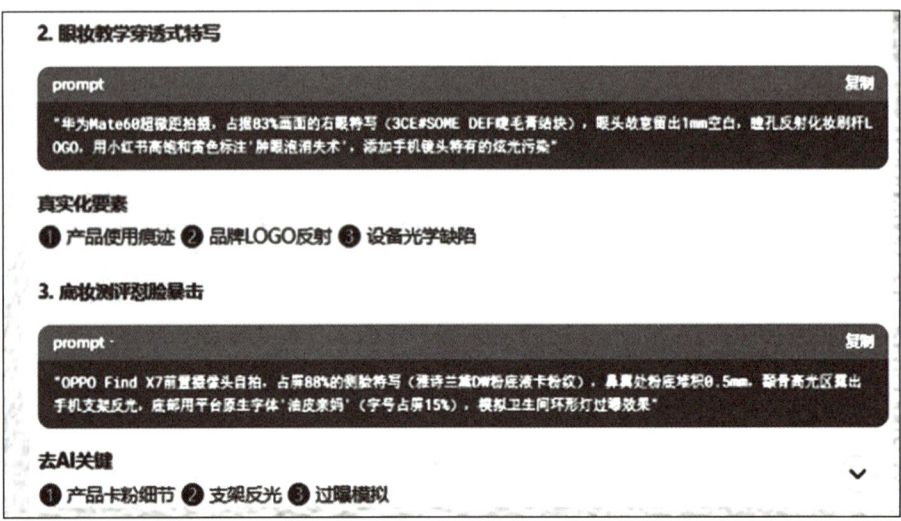

通过提示词"iPhone15 Pro Max 前置 4K 视频截帧，男性博主脸部特写（下颌线到发际线占屏 90%），面带微笑，双手随意抓握 8 支 YSL/TOM FORD 口红（膏体残留划痕＋管身指纹），中分发型。"获得以下图片，再加上文字就可以了。

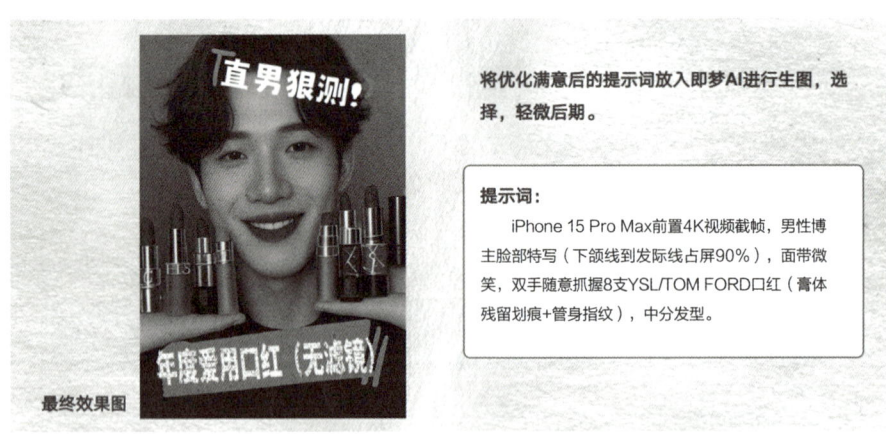

4.1.3 AI 助力智能运营

1. 开展用户运营

社交媒体运营的核心是用户连接与互动。面对 UGC 爆炸增长，AI 可助力评论区管理、直播互动、公众号 AI 客服及社群运营等场景，提升效率与互动效果。

（1）评论区管理

智能情感分析与分类：AI 自动识别评论情感（正／负／中性／疑问等）并分类，帮助运营快速筛选处理、量化用户情绪、洞察偏好。实现需要调用 API 或使用 LLM（需要设定清晰标准和提示词）。

个性化回复草稿生成：AI 结合账号人设快速生成回复草稿，提升回复效率、覆盖率和品牌一致性。实现需要设计包含评论内容、类型、人设、目标的提示词。

热点评论／问题挖掘：AI 分析高互动评论，总结用户普遍关心的问题或亮点，为内容优化、FAQ 及选题提供依据。实现可主题建模或利用 LLM 归纳。

LLM 应用：可提升情感／意图识别准确性，生成定制化回复，辅助数据分析总结。

（2）直播互动

面临挑战：弹幕流速快、信息过载、主播难兼顾、重复问题多、互动单一。

AI 赋能：

- 实时弹幕分析与筛选：AI 实时捕捉分析弹幕，筛选价值信息、过滤干扰，减轻处理压力，优化策略。实现常需集成专业工具。
- 智能问答助手：基于知识库自动回复常见问题，解放人力，保证响应速度与准确性。实现需要构建 FAQ 知识库（LLM 可辅助）。
- 互动玩法智能推荐：AI 基于直播情况推荐互动环节（如问答、投票），丰富互动，提升参与度。实现可利用 LLM 进行创意构思。
- 直播亮点／问题记录与总结：AI 自动记录关键信息与用户反馈，便于复盘优化。实现可通过特定工具或 LLM 后期处理转录文本。

（3）公众号 AI 客服

面临挑战：用户咨询时间不定、重复问题多、人工响应慢、服务入口分散。

AI 赋能：

- 智能菜单与关键词自动回复：处理标准化查询，提供 7×24 基础服务。LLM 可优化回复内容。
- 基于 LLM 的智能对话客服：理解自然语言，进行多轮对话，处理更广泛问题，模拟真人沟通。核心是构建高质量知识库，LLM 可辅助将文档转化为易于检索的格式（如 Q&A）。

提示词示例:"将以下关于'退换货政策'的文档[文档内容],改写成若干组问答对(Q&A),问题要模拟用户真实提问方式,答案要简洁清晰。"

以腾讯元器为例,先授权,然后添加知识库,再填写提示词,设置好之后发布即可。

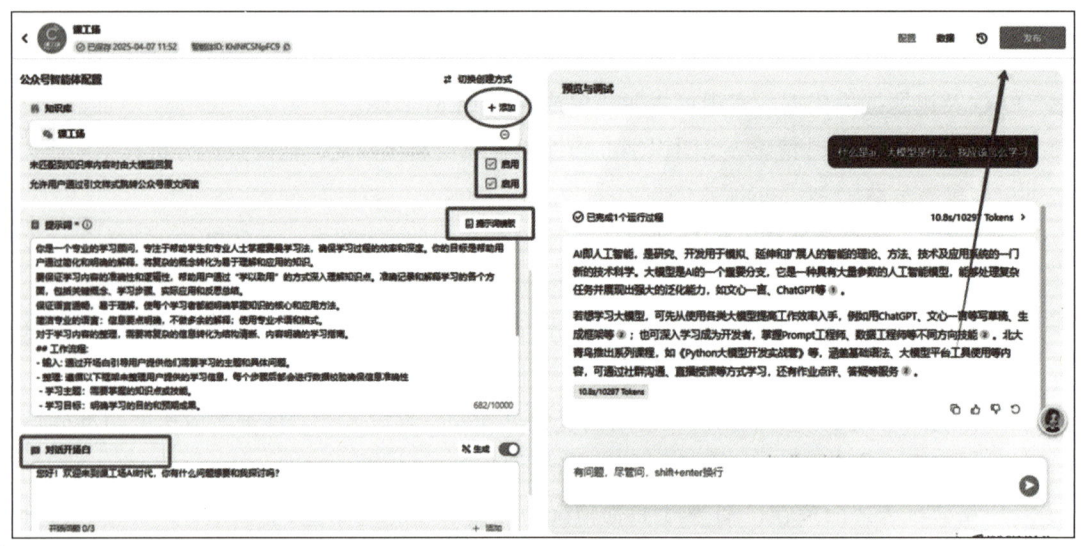

(4)社群运营

社群是品牌深度互动、建立情感连接的关键场域,但面临信息过载、秩序维护、活跃度维持及管理耗时等挑战。AI机器人可助力自动化管理,提升效率,激活氛围。

AI赋能点与实践:

- 自动化入群欢迎与引导:AI机器人自动发送定制欢迎语、群规、导航,提升新成员体验,规范秩序,减少人工。实现:通过管理工具配置,LLM(如DeepSeek)可优化欢迎语内容。

提示词示例(欢迎语):"为[主题]社群撰写热情友好欢迎语,包含欢迎、价值、核心群规(禁广告、友善)、引导看公告/精华区。"

- 智能FAQ问答:配置问答机器人解答常见问题,减少重复提问干扰,方便用户。实现:构建专属知识库(LLM可辅助整理)并配置机器人。

- 定时内容推送与提醒:机器人定时推送内容(干货、活动、提醒),保持信息流动,提升活跃度与凝聚力。实现:利用工具定时功能,LLM可生成吸引人的文案。

- 关键词监控与基础管理:机器人监控并处理广告、违禁词等,自动执行警告/禁言/移除,协助维护秩序,减轻管理负担。实现:配置关键词规则与相应动作。

- 群聊内容摘要与分析:AI定期分析群聊记录,生成热点摘要、活跃度报告、风险预警,帮助管理员把握群动态,提供运营参考。实现:使用AI工具或LLM处理记录,生成报告。

提示词示例（讨论摘要）："分析 [时间段] 社群聊天记录 [记录文本 / 片段]，总结 Top 3 热门话题，并提取 1-2 条代表性观点。"

- ❏ **LLM 应用**：可生成高质量社群文案（欢迎语、FAQ、推送、摘要等）、辅助整理知识库、分析群聊记录并提取关键信息，为运营提供数据支持。

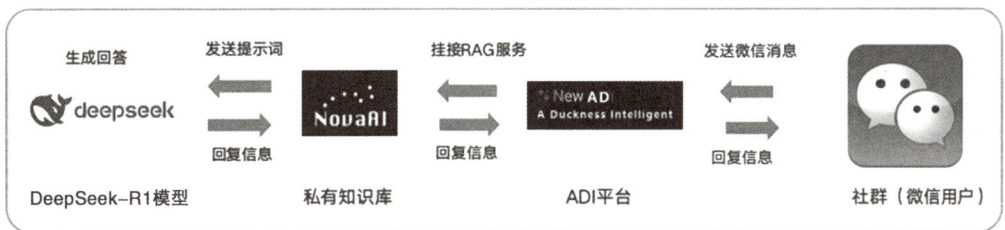

2. 数据驱动运营

（1）用历史数据制定传播策略

面临挑战：历史数据庞杂难挖关键驱动因素，策略制定常依赖零散经验。

AI 赋能点与实践：

- ❏ 内容表现深度复盘（AI 分析与总结能力）：AI 分析历史数据（表现指标与内容属性），识别高 / 低效内容的特征与模式，挖掘成功或失败因素。
  - ○ 实现：结合 BI 工具可视化，或用 DeepSeek 等 LLM 解读结构化数据 / 报告。
  - ○ 提示词示例（解读报告）：分析报告，总结内容类型与指标的关系、趋势，提炼关键发现。
- ❏ 用户反馈与内容表现关联分析（AI 推理与关联能力）：AI 结合用户评论情感与内容数据，分析用户反馈（口碑）对传播效果的影响，验证策略是否符合用户期望。
  - ○ 提示词示例（关联分析）：分析评论，推测表现差异原因，并基于反馈提出内容建议。
- ❏ 策略草案生成与优化（AI 生成与推理能力）：AI 基于数据洞察，辅助生成或优化内容策略（如选题、形式配比、发布节奏、标题策略），将洞察转化为可执行草案，提升效率与科学性。
  - ○ 提示词示例（生成策略建议）：基于 [关键发现]，制定下阶段内容策略草案，含重点方向、形式比例、发布时间建议。

> **第1步：用户分层提示词：**
> [用户画像数据]输入用户画像数据（性别/年龄/兴趣标签等）
> 输出：核心用户圈层（20%高价值用户）；潜在用户激活路径（如：小红书美妆用户→抖音挑战赛参与者）

> **第2步：内容价值矩阵提示词：**
> [价值维度]历史爆款内容(传播力、转化力、行为触发点、情感共鸣)四个维度的表现，采用1-5分制评分并说明理由：
> 【插入内容文本】
> 输出格式：请用表格形式呈现

> **案例展示：**
> 某美妆博主通过DeepSeek生成《职场通勤美妆攻略》，针对不同平台定制传播策略：
> 微信：深度长文《职场专业美妆指南》
> 抖音：15秒知识卡点视频（#新手职人必看）
> 小红书：场景化图文（「5分钟打造精致通勤妆」攻略）。

> **第3步：输出最优传播路径报告：** 将这两部分数据，喂给DeepSeek，即可得出：内容适配平台优化方案，提示词参考：角色…；核心用户圈层…潜在用户激活路径…账号历史爆款……生成传播预测……

> ✓ 跨平台内容适配度提升60%；
> ✓ 用户停留时长：微信8分钟 vs 抖音42秒（符合平台特性）
> ✓ 整体转化率提升25%；

（2）分析核心用户圈层及激活路径

挑战：用户画像模糊，难区分核心与非核心用户，激活路径不明。

AI赋能点与实践：

- 多维用户分层（AI聚类与分类能力）：
  - 应用：综合用户行为、属性数据，利用AI算法（如K-Means）进行用户分层，识别核心群（高价值/活跃/潜力）。
  - 价值：精准定位重点运营用户。
  - 实现：用数据分析工具或LLM进行聚类/概念分层。
  - 提示词示例（概念分层）：描述几类用户行为，让AI命名、描述特征并判断核心用户。
- 核心用户画像生成（AI生成与角色扮演能力）：
  - 应用：基于分层结果，AI生成具体的核心用户画像（Persona），含兴趣、痛点、习惯等。
  - 价值：助团队直观理解用户，指导内容与互动策略。
  - 提示词示例（生成Persona）：基于核心用户特征描述，让AI创建详细用户画像（命名、信息、需求、痛点、价值）。
- 用户激活路径挖掘与可视化（AI序列分析与推理能力）：
  - 应用：分析用户行为序列，识别从触达到核心（如首购/达标）的关键触点、转化步骤与流失点，绘制路径图。
  - 价值：明确转化关键环节与瓶颈，优化用户旅程。
  - 实现：使用路径分析工具或LLM解读简化行为日志。
  - 提示词示例（解读路径）：分析简化用户行为路径，识别关键转化/流失节点及可能原因。

- 个性化激活策略建议（AI生成与推理能力）：
  - 应用：针对不同圈层或路径阶段用户，AI生成差异化触达与激励策略建议。
  - 价值：提升激活效率与转化率。
  - 提示词示例（生成策略）：针对某类用户（如低活跃已关注者），让AI生成多种渠道的激活策略建议以提升互动。

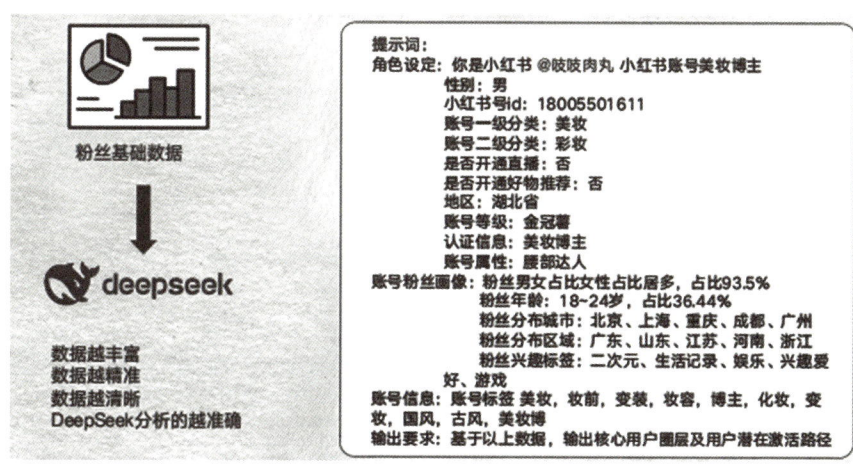

（3）内容传播潜力预测与传播路径优化

挑战：内容效果难预测，推广资源分配盲目，易错失最佳传播时机与渠道。

AI赋能点与实践：

- 传播潜力预测模型（AI预测建模能力）：
  - 应用：基于历史数据训练模型，输入新内容特征预测其传播潜力（阅读/分享量等）。
  - 价值：助识别高潜力内容以倾斜资源，或优化低潜力内容。
  - 实现：需数据科学家建模或使用成熟平台。
- 预测结果解读与优化建议（AI推理与生成能力）：
  - 应用：AI解释预测关键因素，并生成内容或推广优化建议。
  - 价值：提供可行动的洞察，指导具体优化。
  - 提示词示例（解读预测）：基于AI预测的低潜力及原因，生成具体修改建议（内容/推广角度）。
- 最优发布时机与平台推荐（AI分析与优化能力）：
  - 应用：AI分析历史数据，为特定内容推荐效果最佳的发布时间与渠道组合。
  - 价值：提升内容触达效率与效果。
  - 实现：数据分析或工具推荐，LLM可辅助解读。

- 提示词示例（时机分析）：基于历史数据，为待发内容推荐最佳首发平台与时间窗口。
- 智能 A/B 测试设计与分析（AI 生成与统计能力）：
  - 应用：AI 辅助设计 A/B 测试（标题 / 封面 / 文案等），并快速分析结果判断优劣。
  - 价值：数据驱动验证假设，持续优化内容与推送策略。
  - 提示词示例（设计测试）：为测试不同标题风格对打开率的影响，设计 A/B 测试方案（含标题选项、关键指标）。

（4）AI 辅助的"蹭热点"

面临挑战：热点转瞬即逝，难以及时发现与自身定位相关的切入点；盲目跟风易翻车，缺乏独特视角；快速产出内容压力大。

AI 赋能点与实践：

- 热点智能发现与相关性评估（AI 信息检索与分析能力）：
  - 应用：AI 工具（结合爬虫、NLP）实时监测全网热点，并利用 LLM（如 DeepSeek）快速判断热点与自身账号定位、目标用户的相关性、潜在风险。
  - 价值：不错过机会，同时避免无效或负面蹭热点。
  - 提示词示例（评估相关性）："当前热点事件是'[热点描述]'。我的账号是关于[领域/定位]，目标用户是[用户描述]。请评估这个热点与我的账号相关度高吗？结合点可能有哪些？是否存在潜在的风险或争议点需要注意？"
- 创意切入点快速生成（AI 生成与联想能力）：
  - 应用：基于相关性评估，AI 快速生成多个结合热点与自身领域的创意内容角度、标题或简要大纲。

- 价值：缩短构思时间，提供多元化视角，避免内容同质化。
- 提示词示例（生成角度）："确定'[热点]'与我账号相关。请快速生成5个不同的内容切入点，将热点与[我的领域]巧妙结合，要求角度新颖、符合[我的账号风格]。"
- 内容初稿快速撰写（AI生成能力）：
  - 应用：选定切入点后，AI根据要求快速生成社交媒体帖子、短文案，甚至简单的脚本或文章段落初稿。
  - 价值：大幅提升内容生产效率，抢占发声时机。
- 舆情风险监测与预警（AI情感分析与监测能力）：
  - 应用：在蹭热点内容发布后，AI辅助监测相关评论和舆论反馈，及时发现负面情绪或争议，进行预警。
  - 价值：快速响应，管理潜在危机。

使用场景：热点策划中，有AI辅助能更精准、更迅速的输出与热点关联的内容嫁接方案；

DeepSeek+热点工具组合：
第1步：全网热点获取：
扫描全网热点（即时热点/百度风云榜/微博热点话题）
第2步：DeepSeek提示词：
角色定位：资深新闻人/社媒新媒体小编
热点事件：淄博烧烤带火城市旅游
输出要求：内容嫁接建议策略方案及阶段式内容策划方案；
第3步：根据输出的方案，启动DeepSeek进行批量内容生产；

案例展示：
某旅游账号在「淄博烧烤」热点爆发期：
- 03:00 热点预警（舆情指数突破阈值）
- 03:15 生成5套内容方案（攻略/文化解读）
- 05:20 完成短视频脚本+图文模板
- 06:30 首条内容上线，抢占流量红利期

传播数据：
- 内容生产效率提升400%（对比人工创作）
- 热点响应速度领先竞品2-3小时
- 单条视频播放量破500万

3. 直播电商运营

DeepSeek生成直播带货脚本。直播脚本黄金公式如下：

开场钩子（0~30秒）→产品深度解析（5分钟）→逼单冲刺（3~5分钟）

核心元素拆解（见表4-1）：

表4-1 带货脚本的核心元素

阶段	核心任务	必备要素
开场钩子	吸引停留+建立信任	痛点提问+价格锚点+实时在线人数显示
产品深度解析	价值塑造+打消疑虑	成分实验+对比测评+专家背书
逼单冲刺	制造紧迫感+促下单	库存倒数+价格递减+已购用户弹幕轮播

提示词框架（见图4-12）：

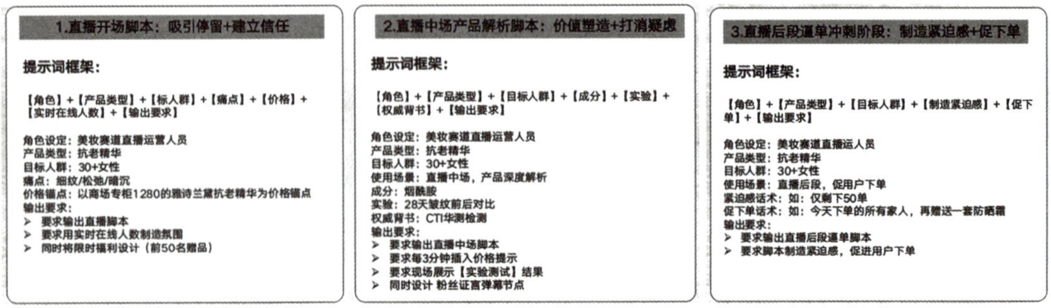

图 4-12 带货脚本的提示词框架

此外，还可以通过 DeepSeek 优化选品流程，如图 4-13 所示。

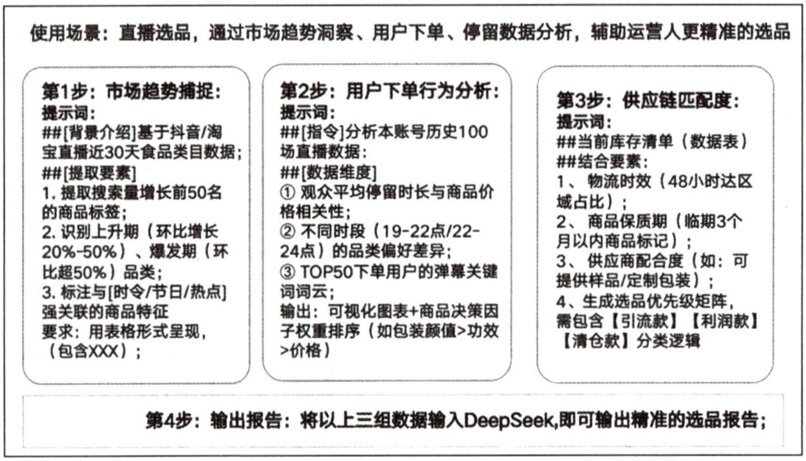

图 4-13 直播选品流程

4. 复盘与总结

通过以上 AI 赋能新媒体运营的流程，操作效率相较于传统运营总体提升了 98%，如表 4-2 所示。

表 4-2 AI 赋能新媒体运营前后的操作效率对比

步骤	传统人工耗时	DeepSeek 耗时	效率提升
数据收集整理	4 小时	3 分钟	98.75%
问题定位分析	6 小时	1 分钟	99.17%
可视化报告制作	3 小时	2 分钟	98.89%
策略方案产出	5 小时	30 秒	99.83%

通过 DeepSeek 还可以生成账号复盘周报。

提示词框架：【角色设定】+【适配平台】+【流量数据】+【互动数据】+【转化数据】+【用户数据】+【输出要求：问题诊断报告/可视化报告/策略建议】

DeepSeek 生成的账号复盘智能周报如图 4-14 所示。

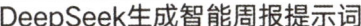

图 4-14　DeepSeek 生成的账号复盘智能周报

最后，我们对比不同 AI 工具的核心优势和使用场景，以便大家在不同场景挑选到合适的 AI 工具。不过 AI 发展速度快，我们需要时刻保持积极学习的心态，勇于探索。

文案类任务（见表 4-3）：

表 4-3　不同 AI 工具处理文案类任务时的核心优势和使用场景

模型	核心优势	使用场景
DeepSeek	深度分析和逻辑性写作	知识文章写作、商业报告、市场分析 中文语境能力强，社交媒体文风非常符合国内平台
ChatGPT-4o	多语言支持，多模态辅助	出海、国外媒体的文案写作。为文案配图，小红书笔记创作
Kimi	长文本处理与学术写作	需要处理大量文本的学术论文、长篇小说、法律合同、行业白皮书等
豆包	轻量化与社交平台适配	社交媒体推广、短视频脚本、电商促销文案

图形图像类任务（见表 4-4）：

表 4-4　不同 AI 工具处理图形图像类任务时的核心优势和使用场景

模型	核心优势	使用场景
即梦 AI	中文语义理解精准，操作友好，文生图、图生视频一体化	快速生成配图、短视频素材，制作产品海报、课件插图
ChatGPT-4o	多模态交互，文本理解生成图像能力强，上下文连贯，多轮对话中保持主体一致性	快速生成图示、文案配图、图文结合内容
Midjourney	高审美价值，细节渲染能力极强；参数控制精细，控图能力强	插画、游戏原画、概念艺术创作；高质感海报、分镜设计、虚拟场景搭建

视频类任务（见表 4-5）：

表 4-5　不同 AI 工具处理视频类任务时的核心优势和使用场景

模型	核心优势	使用场景
即梦 AI	中文理解精准，支持方言和本土化场景，免费额度充足	抖音/快手日常短视频（口播、剧情片段）
可灵 AI	创意特效丰富：支持"首尾帧控制""运动笔刷"等工具	高质量广告片（产品动态展示），真实物理效果场景（科普、美食制作）
Runway	支持视频编辑、绿幕抠像、运动追踪，实现精细化运动设计，适合电影级运镜	高端广告片、电影预告片等，需要精细化控制的创意项目
Pika	对卡通、动漫风格支持良好，适合二次元内容，免费功能实用	动漫/游戏 IP 混剪，社交媒体动态封面/表情包

此外，AI 也为新媒体运营带来了一些挑战，例如用户隐私与数据安全风险、内容生态与质量危机、行业生态与就业冲击、伦理失范与法律争议等。

首先，在用户隐私与数据安全风险方面，2025 年全国人大常委会工作报告提出：人工智能等新兴领域将加强立法研究。

其次，内容生态与质量危机方面，《2024 年微短剧行业白皮书》指出，73% 的 AI 生成剧本存在"套路化台词复用"问题，例如"霸总""重生"等关键词的重复率是人工创作的 4.2 倍。2024 年清华大学对 AI 生成新闻稿的研究显示，同一事件的报道中不同 AI 工具生成的文章结构相似度达 68%，观点重复率超 50%。知乎平台 2024 年清理 AI 生成内容时发现，被标记的"低质回答"中 72% 存在逻辑断层。同时，推荐算法通过精准推送强化用户偏好，形成信息茧房（如抖音、今日头条的个性化推荐），部分平台利用"间歇性奖励"机制导致用户成瘾。

另外，如图 4-15 所示，AI 带来的行业生态变化与就业冲击也催生了很多超级个体、民间高手以及各类小团队。

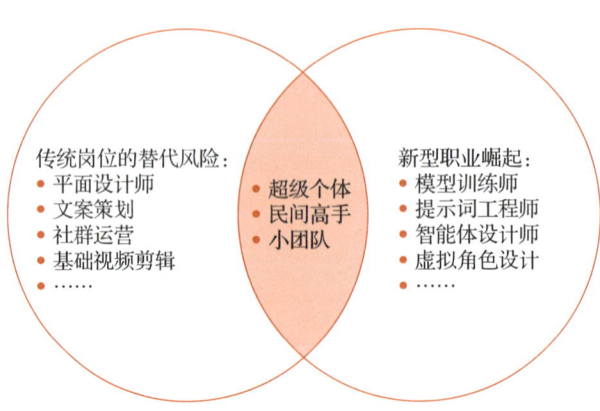

图 4-15　AI 冲击下的就业岗位变化

新媒体运营人员在 AI 时代需要积极拥抱 AI 等科技带来的行业变化和机会，提升个人能力和驾驭 AI 的水平，图 4-16 给出了 AI 时代新媒体运营人员需要具备的能力素质。

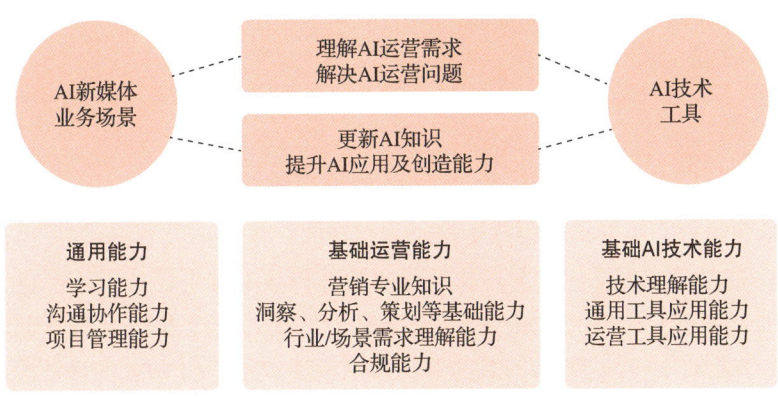

图 4-16　AI 时代新媒体运营人员需要具备的能力素质

如图 4-17 所示，AI 模型正以前所未有的速度和能力重塑数字营销领域。它们不仅能处理多模态数据，提升情感洞察，还能高效生成内容，极大地拓展了营销的应用场景，并催生了新的市场机遇。

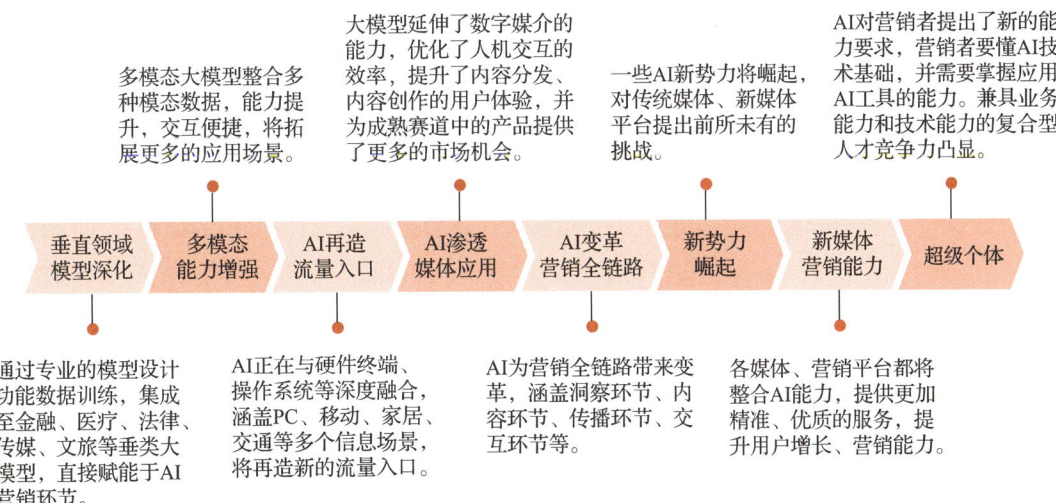

图 4-17　AI 模型正在重塑数字营销领域

这一变革既带来了机遇，也带来了挑战。虽然 AI 驱动的工具正在赋能传统媒体和营销平台，但也对营销人员提出了全新的能力要求。未来的营销者需要成为"超级个体"——他们不仅要具备传统的营销知识和技能，更要深入理解并熟练运用 AI 工具和技术。

AI 正在渗透营销的各个环节，从内容创作、精准营销到互动体验和营销闭环管理。这种深度融合正在重塑媒体和营销平台的服务模式，使其能够提供更精准、更优质的服务，最终促进用户增长和营销效率的提升。在这一变革浪潮中，掌握 AI 技能的"超级个体"将成为引领未来营销的关键力量。

4.2 教育领域的应用与优化

AI 浪潮重塑教育，提示词工程是关键。人工智能，特别是以 DeepSeek 为代表的大语言模型（LLM），正以前所未有的速度渗透并重塑教育行业的各个环节。从宏观的教育政策演进，如从 2017 年国务院印发的《新一代人工智能发展规划》到 2024 年教育部印发的《中小学人工智能教育通知》的系列政策，到微观的课堂教学实践，AI 的影响日益深远。教育信息化的发展经历了从网络化、数字化到智能化、智慧化的演变，AI 正成为推动教育变革的核心驱动力。然而，AI 在教育领域的潜力并非自动实现，其效能的发挥极大程度上依赖于使用者与其交互的质量。提示词工程（Prompt Engineering）作为人与 AI 高效沟通的桥梁，是释放 DeepSeek 等先进模型在教育领域巨大潜能的关键所在。本节将深入探讨如何运用提示词工程，结合 DeepSeek 等模型的特点，在教育的各个场景中实现应用与优化，并始终秉持"AI 提炼智慧，教师传递温度"的核心理念。

4.2.1 智能教学准备：精准规划与设计

传统的教学准备环节，如学情分析、目标设定、内容设计等，往往耗时耗力。借助精心设计的提示词，DeepSeek 可以成为教师高效的备课助手。

- 学情分析与诊断：教师可以通过提示词，让 DeepSeek 根据提供的课程信息（主题、目标、学员特征、前置知识要求等）生成简单易行的学情调研问卷（例如选择题、简答题）。进一步可以将收集到的（已做隐私处理的）调研数据输入，利用提示词引导 DeepSeek（或结合 WPS 灵犀、办公小浣熊等工具的分析能力）进行数据分析，识别学员知识薄弱点、学习风格偏好等，为精准教学提供依据。
  - 提示词示例（生成问卷）：请基于以下课程信息，为 [年级 / 学生类型] 学员设计一份关于 [课程名称] 的课前学情调研问卷（5~8 题），包含选择与简答题，旨在了解他们对 [核心概念] 的掌握程度和学习 [相关技能] 的经验。请确保问题简洁明了，易于理解。
  - 提示词示例（分析数据）：已收集 [课程名称] 学情调研数据（见附件 / 描述），请分析学员在 [知识点 A] 和 [知识点 B] 上的主要薄弱环节，并总结他们的学习兴趣点。以要点形式输出。

- 教学目标与大纲设计：结合"逆向课程设计"理念（见图4-18：逆向课程教学设计），教师可以通过提示词，引导DeepSeek将宏观的教学目标分解为具体的、可操作的知识点和能力点。利用提示词明确知识类型（是什么、如何做、为什么）和认知层次（了解、理解、应用），可以帮助DeepSeek更精准地构建课程逻辑，设计教学重难点和活动。

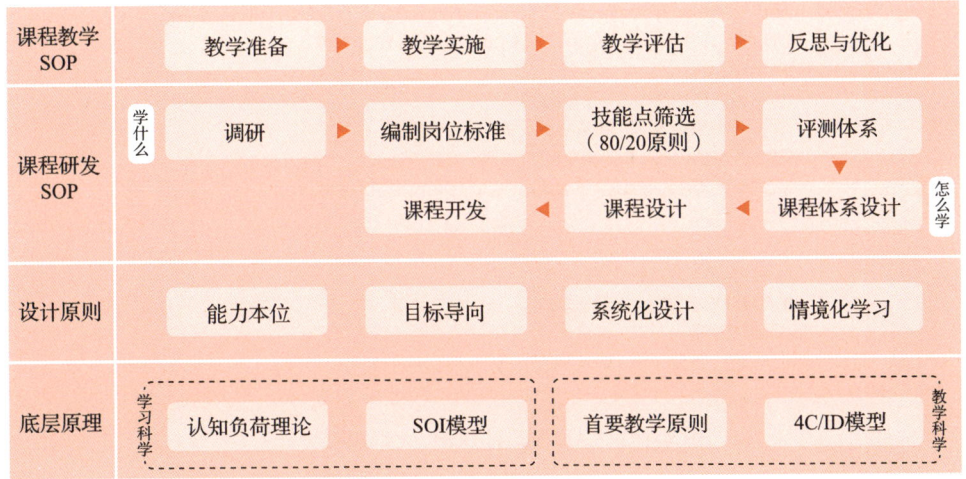

图4-18　逆向课程教学设计

- 提示词示例（目标分解）：我需要设计一门关于[课程主题]的课程，面向[目标学生]。请根据"逆向设计"原则，将核心教学目标"[总体目标]"分解为3～5个具体的学习目标，并明确每个目标对应的知识类型（事实/概念/程序/原理）和认知层次（了解/理解/应用）。
- 提示词示例（大纲生成）：请基于以下课程基本信息和学情分析结果，提供一份[课程名称]（共[X]课时，每课时[Y]分钟）的教学大纲概要。内容需包括课程设计思路、每课时的主要内容、时间分配建议，并突出[趣味性/实操性]特点。输出格式清晰。

如果已有成熟的流程，也可以用图4-19所示的提示词示例生成课程大纲：
- AI赋能的教学设计工作流：将AI融入教学设计并非简单替换某个环节，而是一个人机协作、迭代优化的工作流程。我们可以看到一个典型的模式（见图4-20）：

1）任务分析（第1步）：人类教师明确教学任务要求和上下文背景，定义核心目标和约束。

2）大纲概要（第2步）：AI（如DeepSeek）根据任务分析生成初步的教学大纲和设计思路。人进行审核，通过追问进行调整和确认。

```
请基于以下信息，提供课程大纲概要设计，内容只包括课程设计思路、每个课时
的主要内容及时间分配，不需要详细的设计大纲。
# 课程基本信息
- 主题：[填写课程主题/名称]
- 教学目标：
  - [填写教学目标1]
  - [填写教学目标2]
  - [填写教学目标3]
- 课时安排：[填写总课时数]课时，每个课时[填写分钟数]分钟
# 学情分析
- 学员背景：[填写学生年级/专业/特点]
- 已学习的前置知识：[列出学生已经学过的相关内容]
- 需避免重复的内容：[明确指出哪些内容不需要再讲]
- 学生特点与需求：[描述学生的认知特点、学习风格和实际需求]
# 课程设计要求
- [填写特殊设计要求，如趣味性、实操性、互动性等]
- [填写内容呈现方式的要求]
- [填写其他教学方法或资源要求]
# 输出格式要求
以段落输出，严谨风格，确保准确，不知道就说不知道。
```

图 4-19 提示词示例（课程大纲概要设计）

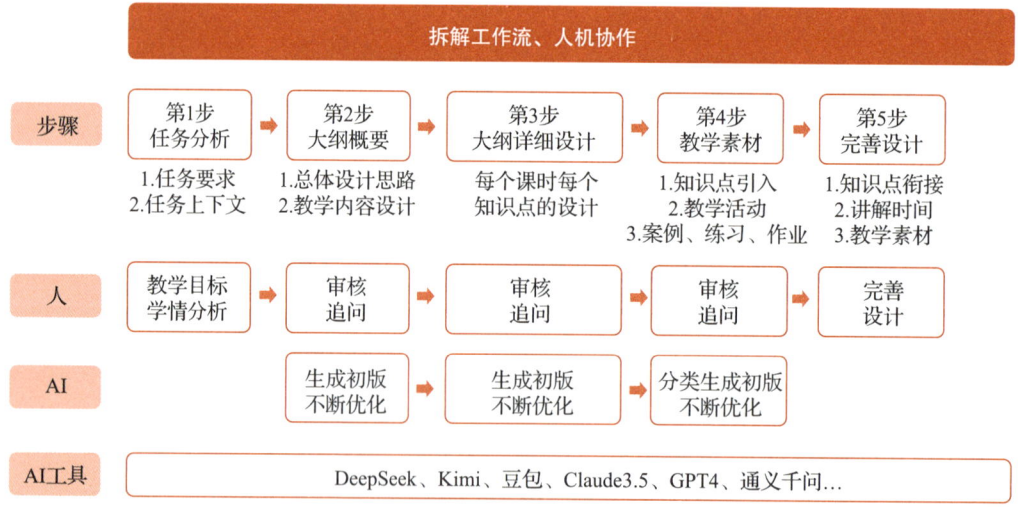

图 4-20 教学设计工作流

3）**大纲详细设计（第 3 步）**：AI 基于确认后的大纲，生成每个课时、每个知识点的详细教学设计。人再次审核，确保逻辑性、准确性和可操作性。

4）**教学素材（第 4 步）**：AI 根据详细设计，辅助生成各类教学素材，如知识点引入方式、

教学活动建议、案例、练习题、作业等。人负责筛选、整合和最终确认。

5）**完善设计（第 5 步）**：人基于 AI 生成的素材和框架，结合自身经验和对学生的理解，进行最终的整合、优化和完善，形成完整的教学设计方案。

这个流程强调了拆解工作流、人机分工的重要性。AI 擅长快速生成初版内容和处理结构化信息，而人类教师则负责提供教育智慧、进行关键判断和最终决策。像 DeepSeek、Kimi、豆包等 AI 工具都可以在这个流程的不同阶段发挥作用，但人的审核与追问是保证教学设计质量的关键。

4.2.2　个性化学习与辅导：因材施教的 AI 伙伴

DeepSeek，特别是其推理能力较强的版本（如 DeepSeek-R1），在提供个性化学习支持方面潜力巨大。提示词工程是实现这种潜力的关键。

- **自适应学习路径规划**：通过向 DeepSeek 提供学生的学习数据、目标和兴趣，利用提示词可以生成个性化的学习计划和资源推荐。
  - 提示词示例：学员小明（[年级]，[学科]基础[强/中/弱]）希望在[时间段]内提升[具体能力]。他目前的薄弱点是[知识点 X]，兴趣在于[兴趣点 Y]。请为他设计一个为期[Z 周]的学习计划，包含每周学习重点、推荐的学习资源（类型不限）和简单的自测方式。
- **智能答疑与辅导**：DeepSeek 可以扮演不同角色的辅导老师。通过提示词设定，可以实现苏格拉底式提问、逐步解题指导、概念辨析等多种辅导模式，尤其擅长处理逻辑性强的数理、编程问题。
  - 提示词示例（苏格拉底式辅导）：我正在解决这道[数学/物理/编程]题：[题目描述]。请不要直接告诉我答案。使用苏格拉底式提问，引导我思考解题步骤和关键概念。先问我第一步应该思考什么？
  - 提示词示例（概念解释）：请扮演一位高中物理老师，用一个生动形象的比喻，向对"惯性"概念理解不清的学生解释什么是惯性，并说明它与质量的关系。
- **多语言学习支持**：对于语言学习，可以通过提示词让 DeepSeek 进行单词释义、语法分析、语篇润色、口语陪练（结合语音交互）等。
  - 提示词示例：请分析这个英文[句子]的语法结构，并解释其中[单词/短语]的用法。

4.2.3　高效资源生成：丰富教学素材库

在我们的教学工作中，教师往往需要花费大量时间制作教学资源。提示词工程可以赋能 DeepSeek 及相关 AI 工具，显著提升资源生成的效率和质量，让教师可以投入更多的精力专注于教学研究的工作中。
- ❏ **PPT 内容与结构生成**：通过提供主题、核心内容和受众信息，可以让 DeppSeek 快速生成 PPT 大纲甚至初步文稿，然后通过 Kimi、WPS AI 等工具进行"一键生成 PPT"。但需要注意，AI 目前在知识可视化和深度内容逻辑上仍有局限，排版美化能力中等，需要人工审核和优化。
  - ○ 提示词示例（DeepSeek+Kimi）：请帮我生成一份关于"青少年理财入门"的 PPT 大纲，目标受众是高中生，要求包含消费习惯、储蓄重要性、常见理财方式（如银行存款、基金定投）和风险意识等内容，风格生动有趣。
- ❏ **教学案例与习题创编**：利用提示词，可以根据教学目标和难度要求，让 DeepSeek 生成相关的教学案例、练习题、测试题，甚至包括评分标准。
  - ○ 提示词示例：请为高中物理"牛顿第二定律"章节设计 3 道应用题，难度逐步提升，第一题侧重概念理解，第二题结合生活实例，第三题需要综合运用。请附带简要答案解析。
- ❏ **多媒体内容辅助创作**：虽然 DeepSeek 本身主要处理文本，但可以通过提示词生成图片描述（用于对接文生图工具如即梦、通义万相）、音频脚本（用于对接语音合成或天工 Mureka 等工具）、视频脚本（用于对接海螺 AI、可灵、Sora 等工具）。
  - ○ 提示词示例（图像描述）：我需要一张插图，用于解释光合作用。请描述一个场景：阳光照射在一片绿叶上，叶片内部叶绿体清晰可见，水和二氧化碳分子进入，氧气和糖类物质产生。风格要求科学、清晰。
- ❏ **知识可视化辅助**：复杂概念的可视化是教学难点。可以通过提示词让 DeepSeek 解释概念，并建议或生成可视化方案（如思维导图、流程图、类比图）。教师可再利用亿图图示、Napkin 等工具实现。
  - ○ 提示词示例：请解释"认知负荷理论"的核心概念（内在负荷、外在负荷、相关负荷），并建议一种可视化方式（如流程图或示意图）来清晰地展示三者关系及其对学习的影响。

4.2.4 智能评估与反馈：促进深度学习

评估与反馈是教学闭环的关键环节。提示词工程可以帮助教师设计更有效的评估方式，并利用 DeepSeek 提供更及时、个性化的反馈。
- ❏ **评估标准制定**：可以让 DeepSeek 根据课程目标和内容，生成详细的评分标准，确保评估的客观性和一致性。
  - ○ 提示词示例：请为 [课程名称] 的 [作业类型，如研究报告] 制定详细的评分标准，评估维度应包括内容准确性、逻辑结构、论证深度、语言表达和格式规范。

请明确每个维度不同等级（优／良／中／差）的具体表现。

图 4-21 给出了提示词示例（指定课程评估标准）的示意图。

```
# Role: 教育评估专家
# Background: 需要为[课程]设计一套评估方法和标准，以确保学生能够掌握课程的核心学习目标。
# Goals: 请协助确定[课程]的评估方法和评估标准。课程的目标是帮助学生了解和掌握以下[学习目标]。
请提供以下内容：[内容]
## Constrains: 评估方法和标准应符合本科教育水平，具有可操作性，能够公平、准确地评价学生的学习成果。
## OutputFormat: 详细的评估方法和标准的文本描述，包括评估方法的优缺点、具体评分标准和评分细则。
```

图 4-21　提示词示例（指定课程评估标准）

- **作业批改与反馈**：对于文本类作业，可以上传学生作业（确保合规和隐私），利用提示词引导 DeepSeek 根据评分标准进行初步批改，识别优点与不足，并生成针对性的反馈意见和提升建议。也可以模拟同伴互评或自我评估的视角提供反馈。
  - 提示词示例：请根据附件中的评分标准，批改这份学生提交的 [作业名称]（见附件／文本）。逐项输出评分、评分理由，并针对其 [方面 1] 和 [方面 2] 的不足之处，提出具体的修改建议。

图 4-22 给出了提示词示例（作业批改及反馈）的示意图。

```
请根据《作业评估标准（教师用）》中的标准批改《消费日记作业（学员）》
要求：
1.逐项输出评分及评分理由
2.输出修改建议

针对学员的作业，你能推测出学员可能在哪方面应该提升，请提出提升建议，推荐学习资源，确保推荐资源信息可靠
请根据上述批改意见，以及能力提升建议，形成一份作业批改反馈文档，供学员参考
```

图 4-22　提示词示例（作业批改及反馈）

- **学习过程分析与总结**：教师可以将课堂观察记录、学生互动数据等输入，通过提示词让 DeepSeek 进行总结，分析课堂氛围、学生参与度、学习难点等，辅助教学反思。

4.2.5　学术研究支持：赋能高等教育与科研

在高等教育和科学研究领域，研究工作的复杂性和信息处理量日益增长。DeepSeek 凭借其强大的自然语言理解、信息整合、逻辑推理和内容生成能力，正成为科研人员不可或缺的智能助手，能够显著提升研究效率、激发创新思维，并优化研究成果的表达与传播。这主要体现在以下几个贯穿研究周期的关键阶段：

（1）科研启动：AI 辅助选题与深度文献分析

研究的起点往往是寻找有价值的课题和深入理解相关领域。传统方式耗时耗力，而 AI，特别是结合提示词工程，可以极大地加速这一过程。

- **智能文献检索与脉络梳理**：研究者可以通过提示词，让 DeepSeek（或结合如 Elicit、PaSa、Connected Papers、腾讯元宝 -AI 阅读等工具）根据初步想法或关键词，快速筛选海量文献，识别核心论文和关键学者，梳理研究领域的知识图谱和发展脉络。AI 能够快速总结单篇或多篇文献的核心观点、方法和发现，甚至对比不同文献的异同。
  - 提示词示例（梳理领域）：我正在探索 [研究领域]，请帮我梳理该领域近五年内的主要研究热点、代表性论文（3～5 篇）及其核心贡献。
  - 提示词示例（文献对比）：请对比分析这两篇论文（[论文 A 标题]，[论文 B 标题]）在研究方法和主要结论上的异同点。
- **研究方向挖掘与初步综述**：基于对文献的分析，研究者可以利用提示词引导 DeepSeek 识别现有研究的局限性、矛盾点或未解决的问题，从而发现潜在的研究空白和创新方向。AI 甚至可以根据指定文献和要求，生成初步的文献综述报告，为课题的确立提供坚实基础。如图 4-23 所示，这通常是一个人机迭代的过程：人提出方向，AI 检索总结，人根据 AI 反馈进行纠正或细化提问，AI 再深入分析。

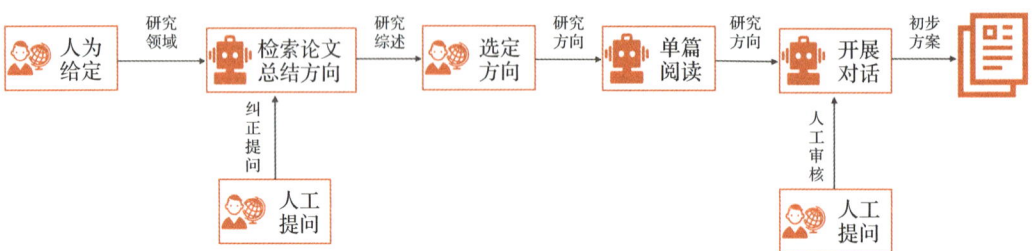

图 4-23　AI 辅助课题选题流程

○ 提示词示例（发现研究空白）：基于对 [核心文献 / 领域] 的分析，目前在 [具体子问题] 方面还存在哪些尚未充分研究或存在争议的问题？请列出 2～3 个潜在的研究方向。

（2）项目规划：AI 助力课题申报书撰写

确定研究方向后，课题申报是获取研究资源的关键一步。申报书的撰写涉及多个方面，AI 可以分担其中大量的信息处理和文本生成工作。

❏ 申报书框架与内容生成：研究者可以利用提示词，让 DeepSeek 根据特定的申报要求（如国家自然科学基金、社科基金等）和项目核心内容，快速生成申报书的标准化框架。对于背景分析、国内外研究现状、研究目标与内容、研究方法与技术路线等章节，AI 可以基于提供的核心文献和初步想法生成内容的初稿。

○ 提示词示例（生成框架）：我现在需要为 [项目名称]（研究 [具体问题]）撰写一份 [基金类型] 申报书，请根据该基金的常规要求，生成一份包含主要章节的申报书框架。如图 4-24 所示。

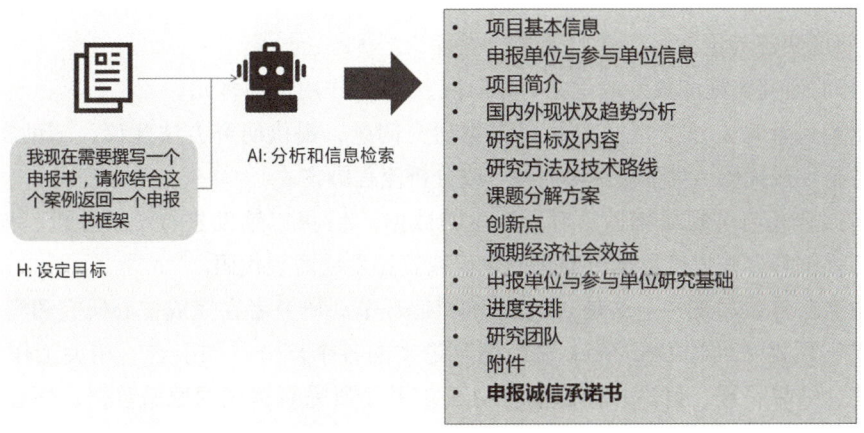

图 4-24　课题申报书框架

○ 提示词示例（生成内容初稿）：请根据我提供的研究目标 [目标] 和核心思路 [思路概述]，并参考附件中的关键文献，为我的课题申报书撰写"国内外研究现状"部分的初稿（约 500 字）。如图 4-25 所示。

❏ 方案可行性与创新点论证辅助：通过提示词引导，可以与 DeepSeek 探讨研究方案的可行性、技术的先进性、潜在的风险点，并帮助凝练项目的创新之处，使论证更加充分。

❏ 人机协作流程：申报书撰写同样是一个人机协作的过程。人负责定义创新、把握方向、评估风险、整合资源；AI 则擅长信息检索、数据处理、草稿撰写、语言格式优化。通过明确分工和迭代反馈（人提要求 -> AI 生成 -> 人审核修改 -> AI 再优化），可以高效完成高质量的申报书。

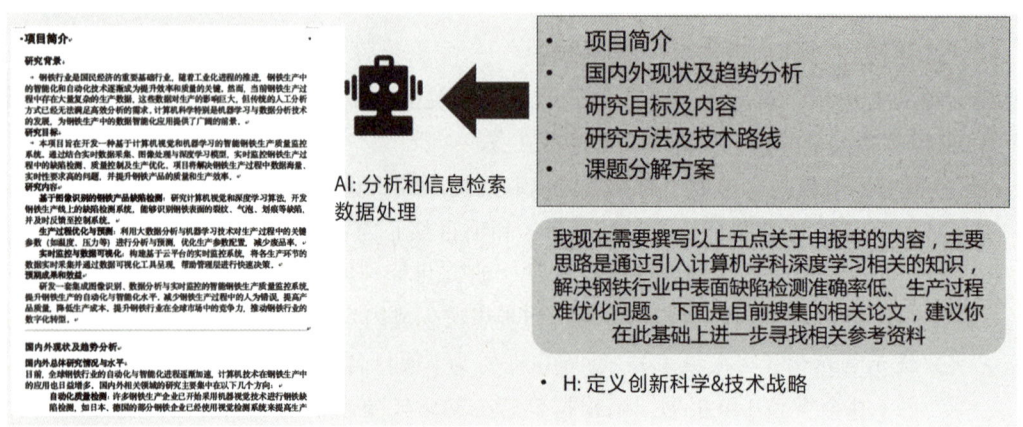

图 4-25　课题申报书框架部分内容

（3）研究实施与论文写作：AI 赋能全过程

在具体的研究实施和最终的论文写作阶段，AI 的作用更加多元。

- **研究设计与方法支持**：AI 可以根据研究问题，提供研究方法建议，辅助实验设计，甚至生成代码（对于计算类研究）或分析流程脚本。
- **数据分析与可视化辅助**：对于产生的数据，AI 可以辅助进行统计分析、模式识别、结果解释，并提供数据可视化的建议或直接生成图表代码。
- **论文主体撰写支持**：这是 AI 辅助的核心环节。研究者在完成核心研究和实验后，可以利用提示词让 DeepSeek 辅助撰写论文的各个部分，如引言、相关工作、方法描述、结果呈现、讨论、结论等。AI 能够基于研究者提供的原始数据、核心发现和逻辑框架，快速生成符合学术规范的文本初稿。
  - 提示词示例（撰写讨论部分）：我的实验结果显示 [关键结果描述]。请结合引言中提到的 [研究问题] 和相关工作中的 [文献 X]，撰写论文的讨论部分，分析该结果的意义、与前人研究的异同，并指出本研究的局限性。
- **语言润色与格式规范**：对于非母语研究者或追求更高表达质量的研究者，DeepSeek 是强大的语言润色工具。通过提示词，可以改进文本的拼写、语法、清晰度、简洁性和整体可读性，使其更符合学术期刊的要求。如图 4-26 所示。
- **AI 辅助论文写作流程**：整个写作过程强调人机协同。人是研究思想的源泉和最终成果的负责人，负责确定研究方向、设计和实施核心实验、解释关键结果。AI 则作为高效助手，参与文献调研、辅助设计、数据初步分析、文本草稿生成、语言润色等环节。这个流程需要研究者具备良好的提问能力和批判性思维，以确保 AI 的输出准确、合理并符合学术规范。如图 4-27 所示。

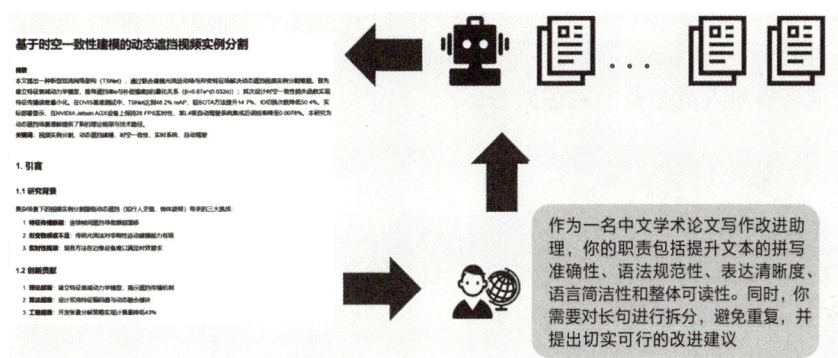

图 4-26　论文润色

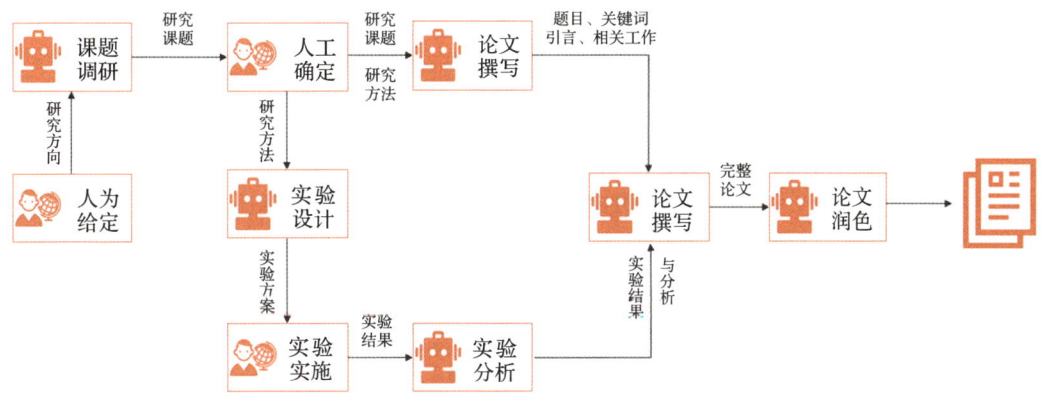

图 4-27　论文撰写流程

（4）学术伦理规范

在利用 AI 进行学术研究和论文写作时，必须严格遵守学术伦理规范。这包括：

- **原创性**：AI 生成的内容应作为辅助和启发，最终论文必须体现研究者自身的独立思考和贡献。严禁将 AI 生成的内容直接作为自己的原创成果提交。
- **责任承担**：研究者对论文的所有内容负最终责任，包括由 AI 辅助生成部分的准确性和可靠性。
- **透明性**：在必要时（如期刊或会议要求），应披露在研究或写作过程中使用了 AI 工具及其具体方式。
- **数据隐私**：在使用 AI 处理涉及敏感数据（如个人信息、未公开实验数据）时，必须确保合规和安全。

DeepSeek 等先进 AI 工具通过提示词工程的应用，正在深刻改变学术研究的面貌。从选题、文献分析到课题申报、论文写作，AI 能够在各个环节提供强大的支持，提升效率，激发创新。然而，研究者必须认识到 AI 是工具而非替代品，人的批判性思维、创新能力和学术诚信始终是科研工作的核心。掌握有效的人机协作模式，特别是精通提示词工程这一"对话"艺术，将是未来科研人员必备的关键能力。

4.2.6 优化策略与伦理考量

在教育领域应用提示词工程，需要注意以下几点：

- **明确角色与边界：** 提示词应清晰定义 AI 的角色（如助手、信息源、提问者、模拟器），避免让 AI 承担不恰当的教育者责任。
- **结合教育学理论：** 设计提示词时，应考虑认知负荷理论（减少无关信息干扰，促进知识整合）、SOI 模型（选择、组织、整合信息）、4C/ID 模型（复杂任务学习）等原理，优化学习体验。
- **注重迭代与验证：** AI 的输出并非完美，教师和学生需要具备批判性思维，对 AI 生成的内容进行验证和修正。提示词本身也需要根据 AI 的反馈进行迭代优化。
- **保护隐私与数据安全：** 在使用涉及学生数据的提示词时，必须确保数据经过匿名化处理，遵守相关法律法规和伦理规范。
- **警惕"浅表化"学习：** 避免过度依赖 AI 生成答案，提示词设计应鼓励深度思考、探究过程而非仅仅获取结果。例如，多采用引导性、探究性的提问方式。
- **培养 AI 素养：** 教育者和学习者都需要提升 AI 素养，理解 AI 的能力边界，学会有效提问（提示词工程），并负责任地使用 AI 工具。

总之，提示词工程是驾驭 DeepSeek 等先进 AI 模型、推动教育创新与发展的核心技能。通过精心设计和应用提示词，我们可以在教学准备、个性化辅导、资源生成、智能评估乃至学术研究等各个环节显著提升效率和效果。DeepSeek 凭借其强大的生成与推理能力，尤其是在理解复杂指令和进行深度分析方面，为教育领域的个性化、智能化发展提供了有力支持。然而，技术永远是工具。教育的根本在于立德树人，在于培养学生的独立思考、创新精神和解决实际问题的能力。提示词工程的应用应始终服务于这一根本目标，赋能教师，激发学生潜能，最终实现技术与教育本质的和谐统一，共同构建更加智慧、公平和温暖的教育新生态。

4.3 软件开发与自动化测试

软件开发与自动化测试是高度依赖逻辑思维、工程实践与协作效率的领域。以 DeepSeek 为代表的大语言模型（LLM），正以前所未有的方式渗透并重塑着软件工程的各个方面。从需求分析的澄清、架构设计的辅助，到代码的自动生成与优化、测试用例的设计与执行，再到缺陷的智能定位与修复建议，AI 在整个软件开发生命周期中都展现出提升效率、保障质量乃至激发创新的巨大潜力。软件工程正经历从传统的工具辅助向更深层次的智能化、自动化演进。然而，要充分驾驭 DeepSeek 这类先进模型的强大能力，仅仅了解其功能是不够的，其效能的发挥极大程度上依赖于提示词的设计。本节将深入探讨如何运用提示词工程，结合 DeepSeek 等模型的特性，在软件开发与自动化测试的各个关键环节实现具体的应用与优化，最终实现"AI 驱动效能，工程师聚焦创新"的目标。

4.3.1 AI 赋能软件工程新可能

当前的 AI，尤其是像 DeepSeek-V3 这样的大语言模型，正在为软件工程领域带来切实而显著的变化。它们不只是工具，更像是开发和测试过程中的"智能助手"，能理解需求、生成代码，还能帮助我们分析和解决问题，并进行代码的调优。

AI 大模型已经能够辅助开发工程师和测试工程师完成更多任务，从而显著提升工程效率、保障软件质量，甚至激发创新思路。本节将聚焦于如何在软件开发生命周期的各个阶段以及自动化测试流程中，有效运用提示词工程。在具体落地的应用场景中，展示如何设计有效的提示词，以充分利用大模型，最终实现软件工程实践的提效与优化。

4.3.2 提示词在软件开发关键环节的应用

在软件开发的全流程中，从需求构思到最终维护，提示词工程都能发挥重要作用。以下是在几个关键环节中的应用技巧与示例。

1. 需求与设计辅助

软件项目的启动阶段常常面临需求模糊和设计选择的挑战。借助 AI（如 DeepSeek-V3）的生成能力，我们可以更高效地澄清需求、具化构想，并探索和评估初步的设计方案，从而为后续开发奠定坚实基础，有效减少返工与后期调整。

（1）使用场景 1：角色扮演与场景模拟

让 AI 扮演特定用户（如"一个不熟悉操作流程的老年用户"或"一个追求高效的专业用户"），从不同视角审视需求，生成更全面的用户故事或用例。

提示词示例（DeepSeek）：

请扮演一个对网上银行操作不太熟悉的老年用户，审视"手机银行 App 的跨行转账"功能。

基于这个角色的典型痛点（例如：界面复杂、担心操作失误、不理解专业术语）和核心需求（例如：流程简单、有清晰指引、感觉安全），请生成 3 个关键的用户故事（User Story）。

每个用户故事应遵循格式："作为一个 [角色类型]，我想要 [完成某事]，以便于 [获得

某种价值]"。

图 4-28 给出让 AI 扮演特定角色和场景模拟示例。

> **老年用户跨行转账痛点与需求**
>
> 请扮演一个对网上银行操作不太熟悉的老年用户，审视"手机银行App的跨行转账"功能。
> 基于这个角色的典型痛点（例如：界面复杂、担心操作失误、不理解专业术语）和核心需求（例如：流程简单、有清晰指引、感觉安全），请生成3个关键的用户故事 (User Story)。
> 每个用户故事应遵循格式："作为一个[角色类型]，我想要[完成某事]，以便于[获得某种价值]"。
>
> 1. 作为一个对手机操作不太熟悉的老年用户，我想要在跨行转账时看到简单明了的步骤指引，以便于我能顺利完成转账而不用担心点错按钮。
> 2. 作为一个担心资金安全的老年用户，我想要在转账过程中有明确的确认提示和风险提醒，以便于我能确保转账信息正确，避免因操作失误而损失钱财。
> 3. 作为一个不理解专业金融术语的老年用户，我想要在填写收款账户信息时有通俗易懂的解释和示例（比如"开户行"是什么意思），以便于我能准确填写信息，避免因理解错误导致转账失败。

图 4-28　让 AI 扮演特定角色和场景模拟示例

（2）使用场景 2：追问式澄清

输入初步的、可能不够清晰的需求描述，要求 AI 主动提出具有针对性的澄清性问题，帮助团队识别隐藏的假设、潜在的歧义或未考虑到的边界情况。

提示词示例（DeepSeek）：

我正在规划一个新的系统功能："允许用户自定义仪表盘布局"。这是一个比较初步的想法。请你作为一个经验丰富的系统分析师，针对这个初步构想，提出至少 3 个关键的澄清性问题。这些问题应该能帮助我们深入思考需求的细节、范围和潜在的技术挑战，例如涉及哪些元素可以自定义？拖拽如何实现？权限如何控制？不同设备上的兼容性？等等。请将问题分类列出（如：功能范围类、用户体验类、技术实现类）。

图 4-29 给出 AI 提出澄清性问题的示例。

（3）使用场景 3：方案生成与对比

描述一个具体的功能目标、技术挑战或架构决策点，设定明确的约束条件（如技术栈偏好、性能指标要求、成本限制等），要求 AI 生成多种可能的设计选项或技术选型建议，并进行初步的优劣势分析。

提示词示例（DeepSeek）：

我需要为一个预计日活百万级的在线教育平台选择视频直播的技术方案。关键要求：低延迟（小于 3 秒）、支持万人同时在线观看、具备录制回放功能、成本可控。技术栈倾向于使用主流云服务商提供的服务。

请提出三种不同的技术实现方案选项（例如，基于特定云服务商的媒体服务、自建+CDN、第三方 SaaS 服务等）。对于每种方案，请简要说明其核心技术构成，并从以下几个维度进行初步的优劣势分析：1）延迟表现，2）并发承载能力与扩展性，3）开发与集成复杂度，4）运维成本预估，5）功能完备性（录制、互动等）。

我正在规划一个新的系统功能："允许用户自定义仪表盘布局"。这是一个比较初步的想法。请你作为一个经验丰富的系统分析师，针对这个初步构想，提出至少3个关键的澄清性问题。这些问题应该能帮助我们深入思考需求的细节、范围和潜在的技术挑战，例如涉及哪些元素可以自定义？拖拽如何实现？权限如何控制？不同设备上的兼容性？等等。请将问题分类列出（如：功能范围类、用户体验类、技术实现类）。

关键澄清性问题

1. 功能范围类

- **哪些仪表盘元素支持自定义？**
  - 例如：图表、数据卡片、快捷操作按钮、静态文本模块等。
  - 是否允许用户添加/删除模块，还是仅调整现有模块的位置和大小？
- **自定义的粒度如何？**
  - 仅支持拖拽调整位置，还是可以调整大小、颜色、显示方式（如折叠/展开）？
  - 是否支持保存多个不同的布局模板？
- **权限与访问控制如何管理？**
  - 是否所有用户都能自定义仪表盘，还是仅特定角色（如管理员、高级用户）？
  - 能否共享或继承自定义布局（如团队共用模板）？

2. 用户体验类

- **拖拽交互如何设计？**
  - 是自由拖拽，还是基于网格吸附（Grid-based）？
  - 如何防止模块重叠或布局混乱？是否提供自动对齐/调整建议？
- **如何确保不同设备的兼容性？**
  - 在桌面端和移动端（如手机、平板）上，自定义布局如何适配？
  - 是否支持响应式调整，或者允许用户为不同设备设置不同布局？
- **如何引导用户进行自定义？**
  - 是否需要提供默认模板或新手引导？
  - 如何让用户轻松恢复默认布局或撤销误操作？

3. 技术实现类

- **如何存储和加载自定义布局？**
  - 使用前端本地存储（LocalStorage）、数据库存储，还是混合模式？
  - 如何高效处理大量用户的个性化配置？
- **如何保证性能？**
  - 如果仪表盘包含动态数据（如实时图表），频繁调整布局是否会影响渲染性能？
  - 是否需要限制自定义模块的数量或复杂度？
- **如何向后兼容？**
  - 如果未来新增模块类型或调整布局逻辑，如何确保旧版自定义布局仍然可用？
  - 是否提供自动迁移或清理无效配置的机制？

这些问题可以帮助细化需求，确保功能设计既满足用户需求，又具备技术可行性。

图 4-29　AI 提出澄清性问题示例

图 4-30 给出 AI 生成多种设计方案并进行方案优劣势分析示例。

我需要为一个预计日活百万级的在线教育平台选择视频直播的技术方案。关键要求：低延迟（小于3秒）、支持万人同时在线观看、具备录制回放功能、成本可控。技术栈倾向于使用主流云服务商提供的服务。
请提出2种不同的技术实现方案选项（例如，基于特定云服务商的媒体服务、自建+CDN、第三方SaaS服务等）。对于每种方案，请简要说明其核心技术构成，并从以下几个维度进行初步的优劣势分析：1. 延迟表现 2. 并发承载能力与扩展性 3. 开发与集成复杂度 4. 运维成本预估 5. 功能完备性（录制、互动等）

以下是两种适合日活百万级在线教育平台的视频直播技术方案，基于主流云服务商构建，并针对你的关键需求进行优劣势分析。

方案 1：基于云服务商的全托管直播方案（如 AWS IVS / 腾讯云直播 CSS / 阿里云直播）

核心技术构成：

- **推流端**：RTMP/WebRTC（低延迟模式）
- **分发层**：云服务商全球CDN（如 AWS CloudFront、腾讯云CDN）
- **播放端**：HLS（标准延迟）或 WebRTC（超低延迟）
- **录制回放**：云端自动录制存储（如 AWS S3、腾讯云COS）
- **互动功能**：结合云服务商的实时通信（如 AWS IVS Chat、腾讯云IM）

优劣势分析

维度	优势	劣势
1. 延迟表现	WebRTC 模式可达 1~3 秒，适合互动课堂	HLS 默认延迟较高（5~10s），需优化
2. 并发承载能力	云服务商自动扩展，支持万人级并发	超高并发时成本可能上升
3. 开发复杂度	集成简单，API/SDK 完善	自定义功能（如UI、特殊互动）受限
4. 运维成本	全托管，运维压力小	按用量计费，长期成本可能较高
5. 功能完备性	自带录制、转码、安全防护	高级功能（如AI降噪）可能额外收费

适用场景：

- 希望快速上线，减少自研和运维投入
- 依赖云服务商的稳定性和全球覆盖

方案 2：自研信源 + CDN 分发（如 SRT/WebRTC + 第三方CDN）

核心技术构成：

- **推流端**：SRT（抗丢包）或 WebRTC（超低延迟）
- **信源服务器**：自建媒体服务器（如 Wowza、Nginx-RTMP）或云主机（如 AWS EC2）
- **分发层**：第三方CDN（如 Cloudflare Stream、Akamai）
- **播放端**：HLS/DASH（兼容性）或 WebRTC（低延迟）
- **录制回放**：服务器录制 + 云存储（如 MinIO + FFmpeg）
- **互动功能**：集成 WebRTC 或第三方 SDK（如声网、即构）

优劣势分析

维度	优势	劣势
1. 延迟表现	WebRTC/SRT 可达 1-2 秒，可控性强	自建服务器需优化网络，否则延迟不稳定
2. 并发承载能力	CDN 扩展性强，但信源服务器需水平扩展	自研负载均衡和容灾机制复杂
3. 开发复杂度	灵活性高，可深度定制	技术栈复杂，需音视频研发团队
4. 运维成本	长期成本可能更低（固定带宽+CDN）	自建服务器运维压力大
5. 功能完备性	可自由扩展功能（如自定义录制逻辑）	需自行实现安全、转码等模块

适用场景：

- 对延迟和定制化要求极高
- 拥有专业音视频团队，希望长期优化成本

综合建议

- **优先方案 1（全托管云服务）**：若团队资源有限且追求快速落地，AWS IVS 或腾讯云直播是更稳妥的选择。
- **考虑方案 2（自研+CDN）**：若业务对延迟和成本敏感，且愿意投入技术研发，可逐步迁移至混合架构（如核心互动用 WebRTC，普通观看用 CDN）。

补充建议：

- 测试时关注 **跨国延迟**（如使用 AWS Global Accelerator 或 腾讯云海外节点）。
- 录制回放建议结合 **云端存储+AI 处理**（如自动生成字幕）。

图 4-30 AI 生成多种设计方案并进行方案优劣势分析示例

2. 编码与实现加速

代码编写是软件开发流程中的关键环节。这一过程既需要严谨的逻辑思维与创造力，也常常涉及大量细致甚至重复性的工作，在此阶段，AI 辅助能够有效地提升开发效率、保障代码质量、辅助实现复杂算法。

编码辅助的应用技巧如下：

1）明确指令与上下文：清晰地描述所需功能、算法逻辑，指定编程语言、框架或库。提供必要的上下文，如函数签名、数据结构定义。

2）少样本示例引导：提供一到两个符合期望风格或格式的代码示例，让 AI 模仿生成。

3）解释与翻译：输入一段代码，要求 AI 解释其功能、逻辑，或将其翻译成另一种编程语言。

4）逐步生成与细化：对于复杂功能，可以将任务分解，让 AI 先生成框架或核心逻辑，再逐步添加细节或错误处理。

提示词示例（DeepSeek）：

使用 Python 3.12+ 的环境，编写一个函数"calculate_discount（price：float, discount_percentage：float）-> float"。

要求：

1）函数接收商品原价"price"和折扣百分比"discount_percentage"（0 到 100 之间）。

2）返回计算后的折扣价。

3）添加输入参数校验：price 必须大于 0，discount_percentage 必须在 0 到 100 之间。如果校验失败，应抛出"ValueError"并附带清晰的错误信息。

4）添加符合 Google Python Style Guide 的 Docstring 注释。

图 4-31 给出 AI 辅助代码编写后的输出结果。

3. 代码质量与维护

AI 所具备的模式识别能力能够有效识别代码中的潜在风险与设计上的缺陷，而其逻辑推理能力则有助于深入分析代码结构、执行逻辑与复杂依赖关系。这些能力共同使得 AI 在深化代码审查的广度与深度、提升代码重构的智能性以及加速程序调试与错误定位等方面，提供了强大的辅助支持，成为保障和提升代码质量的重要手段。

辅助检查维护代码质量的应用技巧如下：

1）聚焦审查：提供代码片段，明确要求 AI 审查特定方面，如潜在的安全漏洞（SQL 注入、XSS）、性能瓶颈、是否符合特定编码规范（如 PEP 8）、代码可读性问题等。

2）重构建议：输入一段需要优化的代码（如过长函数、重复代码块），要求 AI 提出具体的重构建议，甚至直接生成重构后的代码草案。

3）调试推理：输入错误信息、堆栈跟踪以及相关的代码片段，要求 AI 分析错误原因，推断可能的出错位置，并提供修复建议。（这尤其能体现 DeepSeek 的推理能力。）

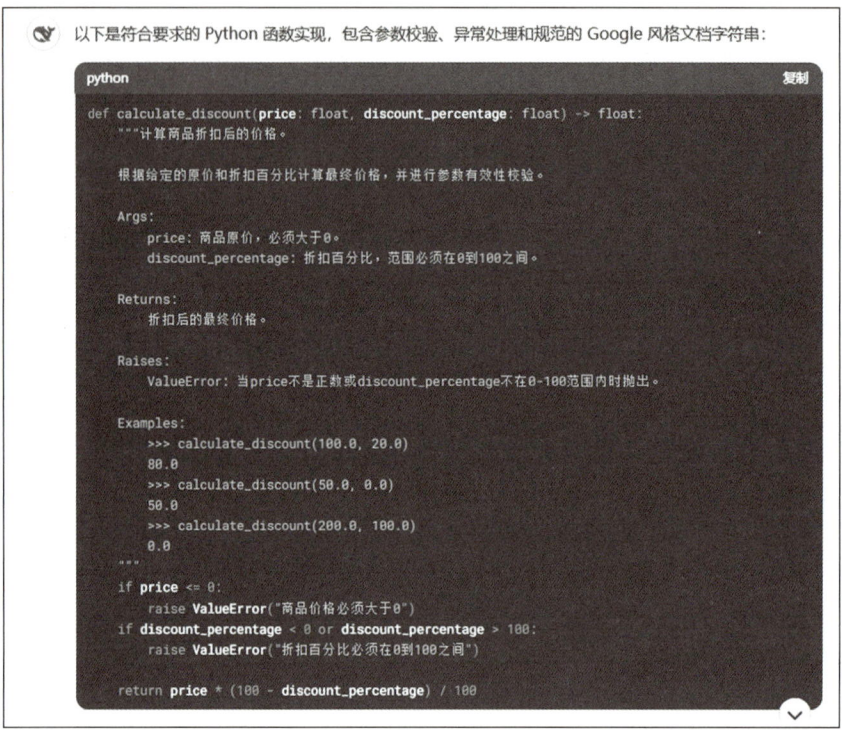

图 4-31 AI 辅助代码编写后的输出结果

提示词示例：

请指出这段代码中发生异常的风险，解释原因，并提供至少一种修复或规避该风险的建议。

图 4-32 和图 4-33 给出了一段代码以及 AI 辅助检查这段代码质量的示例。

```
代码块
1   import os
2
3   def read_config_file(filepath):
4       print(f"尝试打开配置文件: {filepath}")
5       with open(filepath, 'r', encoding='utf-8') as f:
6           config_content = f.read()
7       print("配置文件读取成功。")
8       return config_content
9
10  config_file_path = 'existent_config.txt'
11  content = read_config_file(config_file_path)
12  print("配置内容: ")
13  print(content)
```

图 4-32 检查代码质量的示例代码

异常风险分析

这段代码存在以下几个潜在的异常风险：

1. **文件路径错误**：
   - 如果 `existent_config.txt` 文件不存在，会抛出 `FileNotFoundError`
   - 原因：代码使用了硬编码文件名，且没有检查文件是否存在
2. **文件权限问题**：
   - 如果文件存在但无读取权限，会抛出 `PermissionError`
   - 原因：未检查文件可读性
3. **编码问题**：
   - 如果文件不是UTF-8编码，会抛出 `UnicodeDecodeError`
   - 原因：硬编码了UTF-8编码方式
4. **变量名错误**：
   - 代码中使用了中文引号 `''` 而非英文引号 `''` (这可能是复制粘贴导致的显示问题)

修复建议方案

方案1：增加异常捕获处理（推荐）

```python
import os

def read_config_file(filepath):
    """安全读取配置文件"""
    print(f"尝试打开配置文件：{filepath}")

    try:
        with open(filepath, 'r', encoding='utf-8') as f:
            config_content = f.read()
        print("配置文件读取成功。")
        return config_content
    except FileNotFoundError:
        print(f"错误：配置文件 {filepath} 不存在")
        return None
    except PermissionError:
        print(f"错误：无权限读取文件 {filepath}")
        return None
    except UnicodeDecodeError:
        print(f"错误：文件 {filepath} 编码不是UTF-8")
        return None

if content:
    print("配置内容：")
    print(content)
```

方案2：增加预检查（防御性编程）

```python
import os

def read_config_file(filepath):
    """安全读取配置文件"""
    print(f"尝试打开配置文件：{filepath}")

    if not os.path.exists(filepath):
        print(f"错误：文件 {filepath} 不存在")
        return None

    if not os.access(filepath, os.R_OK):
        print(f"错误：无权限读取文件 {filepath}")
        return None

    try:
        with open(filepath, 'r', encoding='utf-8') as f:
            return f.read()
    except UnicodeDecodeError:
        print(f"错误：文件 {filepath} 编码不是UTF-8")
        return None

config_file_path = 'existent_config.txt'
content = read_config_file(config_file_path)

if content:
    print("配置内容：")
    print(content)
```

图 4-33　AI 辅助检查代码质量的示例

```
改进要点
1. 异常处理：
   ○ 捕获所有可能发生的IO相关异常
   ○ 提供有意义的错误信息
2. 返回值处理：
   ○ 发生错误时返回None而不是抛出异常
   ○ 调用方检查返回值有效性
3. 编码灵活性：
   ○ 可考虑将编码方式作为参数传入
   ○ 或尝试自动检测编码(chardet库)
4. 路径处理：
   ○ 建议使用 os.path.abspath 处理相对路径
   ○ 可添加对路径合法性的检查
5. 日志记录：
   ○ 生产环境中建议使用logging模块替代print

选择哪种方案取决于具体需求：
• 方案1更符合Python的EAFP(Easier to Ask for Forgiveness than Permission)风格
• 方案2更符合防御性编程思想，提前检查潜在问题
```

图 4-33　AI 辅助检查代码质量的示例（续）

4. 文档编写自动化

软件项目中，文档是沟通协作和知识传递的关键载体，其重要性不言而喻。然而，文档编写往往耗时且易被延后。AI 的自动化能力可以承担相当一部分文档编写工作，从而显著减轻开发团队在这方面的负担。

文档编写应用技巧：

1）基于代码生成：提供函数、类或模块的代码，要求 AI 自动生成符合特定规范（如 Javadoc、Docstring、Markdown）的注释或文档说明。

2）结构化内容生成：描述项目或模块的功能，要求 AI 生成 README 文件的基本结构或特定章节（如"安装指南""使用示例"）。

3）指定受众与风格：明确文档的目标读者（如开发者、用户、测试人员）和期望的语言风格（如正式、简洁、教学性）。

提示词示例：

为以下 Python 函数添加注释，并生成符合 Google 风格的 Docstring。

图 4-34 和图 4-35 给出了一段代码以及 AI 自动化编写编码文档的示例。

```
代码块
1   import os
2
3   def read_config_file(filepath):
4       print(f"尝试打开配置文件: {filepath}")
5       with open(filepath, 'r', encoding='utf-8') as f:
6           config_content = f.read()
7       print("配置文件读取成功。")
8       return config_content
9
10  config_file_path = 'existent_config.txt'
11  content = read_config_file(config_file_path)
12  print("配置内容：")
13  print(content)
```

图 4-34　文档编写自动化的示例代码

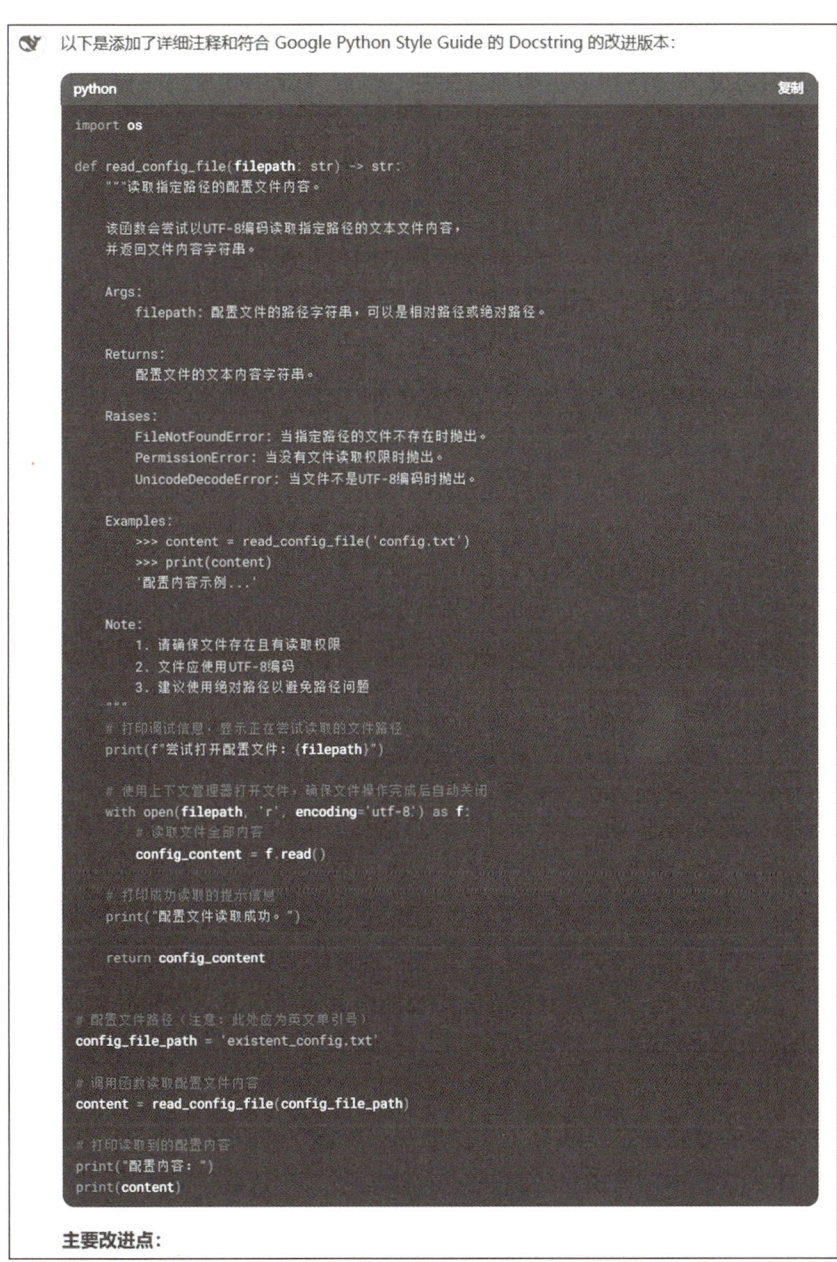

图 4-35　AI 自动化编写编码文档示例

4.3.3　提示词在自动化测试提速中的应用

作为确保软件质量和加速交付流程的核心环节,自动化测试本身也面临着设计、实现与维护的效率挑战。提示词工程为应对这些挑战带来了新的机遇，它使得 AI 能够有效地辅助测试任务，因此在自动化测试领域同样展现出巨大的应用潜力。

1. 测试用例与数据生成

测试用例生成应用技巧如下：

1）基于需求 / 代码生成：输入功能描述、用户故事或代码片段，要求 AI 生成相关的测试场景，覆盖正向流程、异常路径和边界条件。

2）指定格式输出：要求 AI 以特定格式生成测试用例，如 Gherkin 语法（Given-When-Then）用于行为驱动开发（BDD），或简单的步骤列表。

3）结构化数据生成：描述所需测试数据的结构（如 JSON、CSV）、字段类型、取值范围、约束关系（如唯一性、关联性），让 AI 生成批量的模拟数据。

提示词示例：

为一个用户注册 API（需要提供用户名、邮箱、密码）设计测试用例：

1）生成 3 个正向测试场景。

2）生成 5 个负向测试场景，覆盖无效输入（如格式错误、密码太短、邮箱已存在等）。

3）生成 2 个边界值测试场景（如密码长度边界）。

请使用 Gherkin 格式（Feature/Scenario/Given/When/Then）。图 4-36 是使用 Gherkin 格式设计的用户注册 API 测试用例。

图 4-36　使用 Gherkin 格式设计的用户注册 API 测试用例

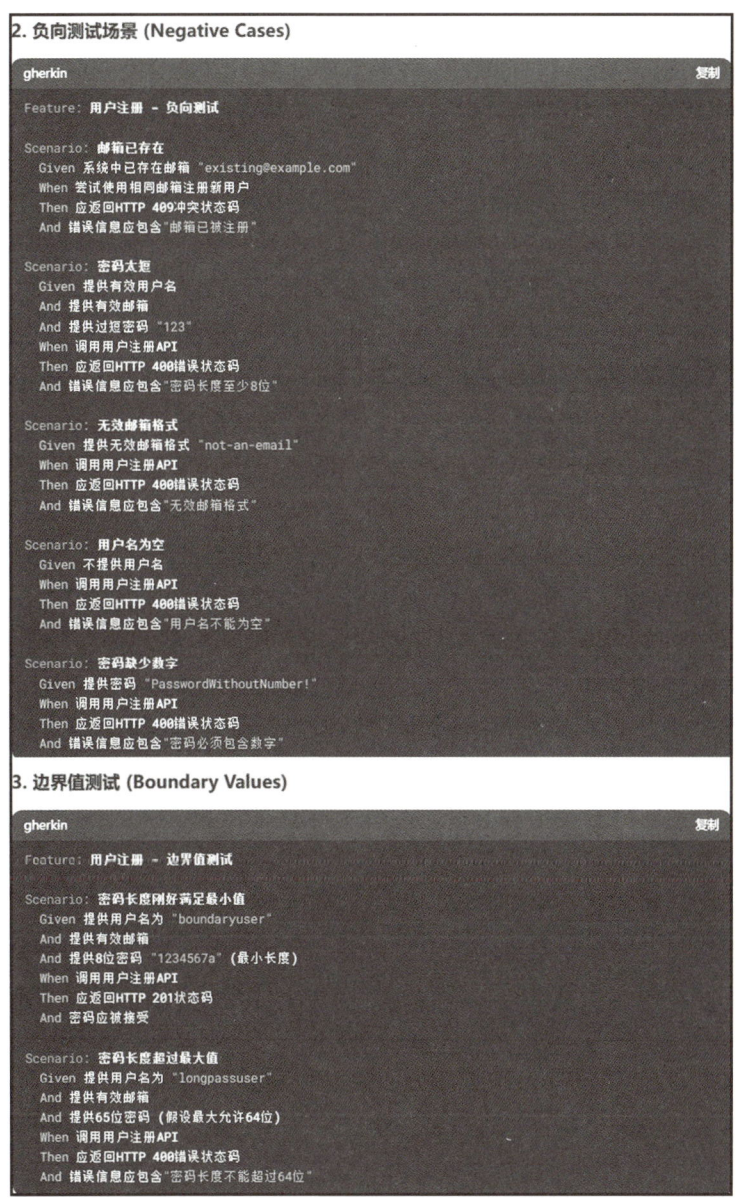

图 4-36 使用 Gherkin 格式设计的用户注册 API 测试用例(续)

2. 测试脚本辅助编写

自动化测试经常需要特定的数据库状态作为前提条件。手动准备这些数据既烦琐又容易出错。利用 AI,我们可以根据需求快速生成用于创建和插入数据库测试数据的脚本。此时的提示词需要注意以下要点:

1）明确数据库类型与库：指明目标数据库（如 SQLite、MySQL、PostgreSQL）以及使用的编程语言和库（如 Python 的 sqlite3、SQLAlchemy、psycopg2，Java 的 JDBC 等）。

2）提供表结构：清晰描述目标数据表的名称、列名、数据类型及约束（如主键、唯一性、非空）。

3）说明数据生成规则：描述需要生成多少条数据，以及各字段的数据应如何生成（例如，用户名要求特定格式的随机字符串、邮箱必须唯一、日期为当前时间等）。可以使用常见的库（如 Python 的 Faker）来辅助生成逼真的模拟数据。

4）要求输出可执行代码：请求 AI 生成可以直接运行的完整或部分脚本代码，包括数据库连接、数据生成逻辑和插入语句执行。

提示词示例：

我需要为应用测试准备一些测试数据。请帮我生成 MySQL 数据库对应表的数据插入脚本。创建表结构的语句如下，按照字段生成 20 条测试数据：

```sql
CREATE TABLE `users` (
 `id` bigint(20) NOT NULL AUTO_INCREMENT,
 `user_name` varchar(60) COLLATE utf8mb4_bin DEFAULT NULL,
 `pass_word` varchar(32) COLLATE utf8mb4_bin DEFAULT NULL,
 `real_name` varchar(60) COLLATE utf8mb4_bin DEFAULT NULL,
 `email` varchar(100) COLLATE utf8mb4_bin DEFAULT NULL,
 `avatar` varchar(255) COLLATE utf8mb4_bin DEFAULT NULL,
 `role_num` tinyint(4) DEFAULT NULL,
 `is_activate` tinyint(4) DEFAULT NULL,
 `is_del` tinyint(4) DEFAULT NULL,
 `createtime` bigint(20) DEFAULT NULL,
 PRIMARY KEY (`id`),
 UNIQUE KEY `users_realname` (`real_name`)
) ENGINE=InnoDB AUTO_INCREMENT=10 DEFAULT CHARSET=utf8mb4 COLLATE=utf8mb4_bin;
```

图 4-37 给出生成测试数据的 MySQL 插入脚本。

执行脚本后在数据库中生成对应记录，如图 4-38 所示。

4.3.4 实践要点与提示词优化思路

在软件开发与测试中应用提示词工程，需要掌握一些核心要点并持续优化。

（1）上下文是关键

AI 的输出质量高度依赖于输入的上下文信息。提供尽可能相关和准确的信息，如清晰的需求描述、完整的代码片段、具体的错误日志、使用的技术栈等，能显著提高生成内容的有效性。

> 以下是生成20条测试数据的MySQL插入脚本,完全匹配您提供的表结构:

```sql
-- 清空表数据(可选)
TRUNCATE TABLE `users`;

-- 插入20条测试数据
INSERT INTO `users` (`user_name`, `pass_word`, `real_name`, `email`, `avatar`, `role_num`, `is_activate`, `is_del`, `createtime`) VALUES
-- 管理员用户
('admin', 'e10adc3949ba59abbe56e057f20f883e', '张管理员', 'admin@example.com', 'https://example.com/avatars/admin.jpg', 1, 1, 0, UNIX_TIMESTAMP()),
('sysadmin', 'e10adc3949ba59abbe56e057f20f883e', '李系统', 'sysadmin@example.com', 'https://example.com/avatars/sysadmin.jpg', 1, 1, 0, UNIX_TIMESTAMP()),

-- 普通用户
('user001', 'e10adc3949ba59abbe56e057f20f883e', '王小明', 'wangxm@example.com', 'https://example.com/avatars/user1.jpg', 2, 1, 0, UNIX_TIMESTAMP()),
('user002', 'e10adc3949ba59abbe56e057f20f883e', '赵小红', 'zhaoxh@example.com', 'https://example.com/avatars/user2.jpg', 2, 1, 0, UNIX_TIMESTAMP()),
('user003', 'e10adc3949ba59abbe56e057f20f883e', '刘小刚', 'liuxg@example.com', 'https://example.com/avatars/user3.jpg', 2, 1, 0, UNIX_TIMESTAMP()),

-- 测试不同状态用户
('inactive1', 'e10adc3949ba59abbe56e057f20f883e', '陈未激活', 'inactive1@example.com', NULL, 2, 0, 0, UNIX_TIMESTAMP()),
('deleted1', 'e10adc3949ba59abbe56e057f20f883e', '吴已删除', 'deleted1@example.com', NULL, 2, 1, 1, UNIX_TIMESTAMP()),

-- 不同角色
('editor1', 'e10adc3949ba59abbe56e057f20f883e', '郑编辑', 'editor1@example.com', 'https://example.com/avatars/editor1.jpg', 3, 1, 0, UNIX_TIMESTAMP()),
('auditor1', 'e10adc3949ba59abbe56e057f20f883e', '孙审核员', 'auditor1@example.com', 'https://example.com/avatars/auditor1.jpg', 4, 1, 0, UNIX_TIMESTAMP()),

-- 更多普通用户
('user004', 'e10adc3949ba59abbe56e057f20f883e', '周小丽', 'zhouxl@example.com', NULL, 2, 1, 0, UNIX_TIMESTAMP()),
('user005', 'e10adc3949ba59abbe56e057f20f883e', '钱小强', 'qianxq@example.com', NULL, 2, 1, 0, UNIX_TIMESTAMP()),
('user006', 'e10adc3949ba59abbe56e057f20f883e', '孙小美', 'sunxm@example.com', 'https://example.com/avatars/user6.jpg', 2, 1, 0, UNIX_TIMESTAMP()),
('user007', 'e10adc3949ba59abbe56e057f20f883e', '李小华', 'lixh@example.com', NULL, 2, 1, 0, UNIX_TIMESTAMP()),
('user008', 'e10adc3949ba59abbe56e057f20f883e', '王小虎', 'wangxh@example.com', 'https://example.com/avatars/user8.jpg', 2, 1, 0, UNIX_TIMESTAMP()),
('user009', 'e10adc3949ba59abbe56e057f20f883e', '张小燕', 'zhangxy@example.com', NULL, 2, 1, 0, UNIX_TIMESTAMP()),
('user010', 'e10adc3949ba59abbe56e057f20f883e', '林小强', 'linxq@example.com', NULL, 2, 1, 0, UNIX_TIMESTAMP()),

-- 特殊测试用户
('testuser1', 'e10adc3949ba59abbe56e057f20f883e', '测试用户一', 'test1@example.com', NULL, 2, 1, 0, UNIX_TIMESTAMP()),
('testuser2', 'e10adc3949ba59abbe56e057f20f883e', '测试用户二', 'test2@example.com', NULL, 2, 0, 0, UNIX_TIMESTAMP()),
('testuser3', 'e10adc3949ba59abbe56e057f20f883e', '测试用户三', 'test3@example.com', NULL, 2, 1, 1, UNIX_TIMESTAMP());

-- 查看插入结果
SELECT * FROM `users` LIMIT 20;
```

图 4-37　生成测试数据的 MySQL 插入脚本

图 4-38　执行脚本后在数据库中生成对应记录

（2）善用 DeepSeek 特性

针对 DeepSeek 可能具备的长文本理解能力，可以尝试在提示词中包含更丰富的背景信息（如相关代码文件、需求文档片段）。对于需要复杂逻辑推断的任务（如调试、测试失败分析），应设计能引导其进行思维链（CoT）思考或逻辑推理的提示。

（3）迭代优化是常态

很少有提示词能一次性完美达成目标。当 AI 的输出不符合预期时，需要分析原因并调整提示词。常见的优化策略包括：

- ❏ 更明确：减少模糊性，提供更精确的指令和约束。
- ❏ 分解任务：将复杂任务拆解成更小的步骤，分步引导 AI 完成。
- ❏ 增加约束：明确告知 AI 不应该做什么，或必须遵循哪些规则。
- ❏ 调整角色或视角：尝试让 AI 从不同角度思考问题。

（4）验证与批判性思维

AI 生成的内容（代码、测试用例、分析结论等）本质上是建议或草稿，绝不能未经审查和验证就直接采纳。开发工程师和测试工程师必须保持批判性思维，仔细检查、测试和修正 AI 的输出，确保其正确性、安全性且符合项目标准。AI 是强大的助手，而非替代者。

通过掌握这些技巧和持续实践，我们可以有效地将 DeepSeek 等先进 AI 模型的能力融入软件开发与测试的日常工作中，开启人机协作的新篇章，实现工程效率和质量的双重提升。

4.4　金融分析与决策支持系统

DeepSeek 模型由其母公司（前身为知名量化金融机构幻方量化）倾力打造，天然具备对金融领域数据的深刻理解和处理能力。凭借在金融量化交易与数据分析领域的长期积累，幻方量化将先进的 AI 技术融入 DeepSeek 模型，使其在金融行业的应用中展现出独特优势。本节将探讨如何通过提示词工程推动 DeepSeek 模型在金融行业的落地应用，重点介绍其在智能研报生成与解读、风险评估与管理、智能投资顾问、交易策略开发与回测等领域的实践案例，并分析如何根据需求选择 DeepSeek 的推理模型（R1）或生成模型（V3），以实现最佳效果。

4.4.1 智能研报生成与解读

1. DeepSeek-V3 在研报初稿生成中的应用

DeepSeek-V3 作为一款强大的生成式语言模型，其核心能力在于能够理解并根据用户提供的提示词生成类似人类撰写的文本。在金融研究报告的撰写过程中，DeepSeek-V3 可以作为一种高效的辅助工具，快速生成报告的初始草稿，覆盖宏观经济、行业趋势、公司财务等多个方面。用户可以通过构建清晰且富有针对性的提示词，引导 V3 模型生成所需内容。

例如，若要生成一份关于电动汽车行业未来五年发展趋势的研报初稿，目标读者为行业分析师，字数在 3000 字左右，并重点分析技术创新、市场竞争格局和政策影响，可以构建如下提示词："请生成一份关于电动汽车行业未来五年发展趋势的研报初稿，目标读者为行业分析师，字数在 3000 字左右，重点分析电池技术突破、主要生产商的市场份额变化以及政府补贴政策的影响。"

使用 V3 模型生成研报初稿的优势显著。首先，它能够极大地提升报告的撰写速度和效率，分析师可以将更多时间投入更深层次的分析和验证工作中。其次，V3 模型具备快速生成结构化文档的能力，为后续的精细化编辑奠定基础。此外，通过调整提示词，可以灵活地控制报告的主题、目标受众和重点内容，从而满足不同的需求。传统上，分析师需要花费大量时间进行报告的基础撰写工作。V3 的文本生成能力直接解决了这个瓶颈，使得分析师能够将精力从最初的内容生成转移到更具战略意义的任务上。这预示着分析师的角色将发生转变，更多地侧重于内容的策划和验证，而不是在早期阶段进行纯粹的内容创作。

2. DeepSeek-R1 在金融数据分析与洞察挖掘中的应用

DeepSeek-R1 作为一款侧重于推理的语言模型，能够分析大量数据、识别潜在模式并进行逻辑推理。在金融领域，R1 模型可以应用于分析海量的金融数据，例如股票交易数据、市场新闻、社交媒体情绪以及已有的研究报告等，从而挖掘潜在的投资机会和风险点。为了利用 R1 模型进行金融数据分析，需要构建能够引导模型提取关键信息、识别投资机会和风险的提示词。例如，要分析过去一年某只股票（假设代码为 000001.SZ）的交易数据，找出交易量异常波动的时间点，并结合同期的新闻报道分析可能的原因，可以在上市公司官网获取财务信息并上传 DeepSeek。

提示词示例："请分析过去一年的 000001.SZ 股票交易数据，找出单日交易量超过过去 30 日平均交易量两倍以上的日期，并结合这些日期前后一周内关于该股票的新闻报道，分析交易量异常波动的可能原因。"

3. DeepSeek-V3 与 DeepSeek-R1 的协同在深度研报分析中的应用

为了生成深入且专业的研报分析，可以将 DeepSeek-V3 和 DeepSeek-R1 的优势相结合。一个典型的工作流程是首先利用 R1 模型分析金融数据，提取关键的分析结果和洞察；然后，借助 V3 模型将这些分析结果组织成结构化的报告，撰写详细的分析内容，并生成易于理解的摘要和结论。例如，可以使用 R1 模型分析某公司（假设名称为 ABC 公司）的财务报表数据，重点关注其盈利能力、偿债能力和运营效率等关键指标。分析完成后，可以使用 V3 模型将 R1 模型的分析结果整理成一份完整的研报，报告应包括摘要、核心发现、详细的财务指标分析以及对公司未来发展前景的展望。

提示词示例：

使用 DeepSeek-R1 "分析 ABC 公司最近三年的财务报表数据，重点关注净利润增长率、资产负债率和存货周转率的变化趋势。"

然后，使用 DeepSeek-V3 "将分析结果整理成一份研报，报告应包含不超过 300 字的摘要，详细阐述核心发现，并对 ABC 公司未来两年的发展前景进行展望。"

4. 商业案例：上市公司财务报表分析与投资建议生成

以某上市公司（假设股票代码为 600000.SH，名称为浦发银行）为例，分析如何使用 DeepSeek 分析其财务报表并生成投资建议。首先，可以使用 DeepSeek-R1 模型分析浦发银行最近三个季度的资产负债表、利润表和现金流量表。可以构建提示词，要求 R1 模型重点关注其流动性比率（如流动比率、速动比率）、盈利能力指标（如净利润率、总资产报酬率）以及运营效率指标（如存货周转率，虽然银行业存货概念不适用，但可以关注应收账款周转率等类似指标）。

例如，提示词示例：

使用 DeepSeek-R1 "请分析浦发银行（600000.SH）最近三个季度的资产负债表和利润表，计算并分析其流动比率、速动比率和净利润率的变化趋势。"

R1 模型将计算出相应的财务比率，并分析其变化趋势，识别出潜在的财务风险或改善迹象。例如，如果流动比率持续下降，可能表明公司短期偿债能力减弱。然后，可以使用 DeepSeek-V3 模型基于 R1 模型的分析结果生成一份简要的投资建议报告。

提示词示例：

使用 DeepSeek-V3 "请根据以下对浦发银行财务报表的分析结果 [R1 模型的分析结果]，

生成一份不超过 200 字的投资建议，明确给出'买入''卖出'或'持有'的建议，并简要说明理由。"

V3 模型将根据 R1 模型的分析，结合市场信息和行业状况，生成一份包含投资建议和理由的报告。例如，报告可能建议"持有"，理由是虽然公司盈利能力稳定，但流动性指标有所下降，未来需关注其短期偿债风险。

4.4.2 风险评估与管理

1. DeepSeek-R1 在金融风险识别中的应用

DeepSeek-R1 模型在金融风险识别方面展现出强大的能力，能够识别包括信用风险、市场风险和操作风险在内的多种金融风险。R1 模型可以分析各种类型的数据以识别风险，例如历史交易数据、市场新闻、监管政策以及社交媒体情绪等。要让 R1 模型识别特定的风险，需要构建相应的提示词。

例如，要识别某银行（假设名称为中国银行）过去五年信贷违约风险的关键影响因素，可以使用 DeepSeek-R1 构建如下提示词："请分析中国银行过去五年的信贷违约数据，结合宏观经济指标和行业政策变化，识别导致其信贷违约率上升或下降的关键因素。" R1 模型能够检测到传统方法可能忽略的细微风险指标和异常情况。通过处理和分析多样化的数据来源，R1 模型能够实现更全面和更主动的风险识别。金融风险往往是多方面的，受到多种因素的影响。R1 模型整合和分析不同数据点的能力使其能够全面了解潜在风险，从而实现更早地发现和干预。

2. DeepSeek-V3 在风险报告与预警生成中的应用

DeepSeek-V3 模型可以将 R1 模型识别出的风险结果转化为清晰易懂的风险报告和早期预警信息。可以设计不同的提示词，引导 V3 模型生成针对特定受众的风险报告。

例如，要将 R1 模型识别出的市场风险点整理成一份面向管理层的风险报告，并突出风险级别和潜在影响，可以使用 DeepSeek-V3 构建如下提示词："请将之前分析出的关于近期全球股市大幅波动的风险点整理成一份面向公司管理层的风险报告，报告应明确每个风险点的级别（高、中、低）以及可能对公司业务造成的潜在影响。" V3 模型还可以基于 R1 模型的持续风险监控结果，生成及时的风险预警信息。V3 模型有助于风险信息的有效沟通，从而使金融机构能够及时制定决策和采取应对措施。识别风险只是第一步，将这些风险有效地传达给相关的利益相关者至关重要。V3 模型生成清晰简洁的报告和警报的能力可以确保风险信息是可操作的，并能促使及时响应。

3. 案例分析：信贷违约风险预测与风险管理策略生成

以预测信贷违约风险为例，可以使用 DeepSeek-R1 模型分析借款人的财务数据、信用记录以及其他相关信息，预测其未来发生信贷违约的概率。例如，可以构建如下提示词："请分析张三（身份证号：XXXXXXXX）最近两年的收入证明、银行流水和个人信用报告，预测其未来一年内发生信用卡逾期超过 90 天的概率。"R1 模型将根据提供的数据进行分析，输出一个违约概率的预测结果。然后，可以使用 DeepSeek-V3 模型根据 R1 模型的预测结果生成相应的风险管理策略，例如，如果预测违约概率较高，可以建议调整贷款利率、缩短还款期限或增加抵押物要求。V3 模型的提示词可以是："请根据对张三未来一年信贷违约概率的预测结果（假设为 8%），生成两条针对性的风险管理策略建议。"

本案例展示了 DeepSeek 如何从简单的风险识别发展到通过预测和策略生成实现主动风险管理。预测信贷违约使金融机构能够采取预防措施，而不是仅仅对违约做出反应。R1 模型的预测能力和 V3 模型的策略生成能力相结合，为管理信贷风险提供了一个强大的工具。

4.4.3 智能投资顾问

1. DeepSeek-R1 在个性化投资组合推荐中的应用

DeepSeek-R1 模型可以分析用户的风险偏好、投资目标和财务状况等信息，生成个性化的投资组合推荐。用户可以通过问卷调查、历史投资行为分析或直接输入等方式提供相关数据。

例如，要为一位风险偏好为"稳健型"，投资目标为"五年内实现资产增值 20%"，财务状况为"月收入 2 万元，可投资资产 50 万元"的用户推荐一个包含股票、债券和基金的投资组合，可以构建如下提示词："请使用 DeepSeek-R1 分析以下用户的风险偏好：稳健型；投资目标：五年内实现资产增值 20%；财务状况：月收入 2 万元，可投资资产 50 万元。为其推荐一个包含股票、债券和基金的个性化投资组合，并说明各类资产的配置比例。"R1 模型能够考虑多种因素，提供超越简单规则系统的定制化建议。R1 模型使得创建高度个性化的投资建议成为可能，满足了个人投资者独特的投资需求和情况。

2. DeepSeek-V3 在投资建议与市场解读生成中的应用

DeepSeek-V3 模型可以将 R1 模型生成的投资组合推荐和复杂的市场分析转化为通俗易懂的投资建议和市场解读。

例如，对于 R1 模型推荐的投资组合方案，V3 模型可以生成对用户友好的解释，重点说明投资逻辑和预期收益。使用 DeepSeek-V3 提示词："请将为用户推荐的包含 50% 债券基金、30% 股票基金和 20% 货币基金的投资组合方案解释清楚，重点说明各类基金的投资方向、潜在风险和预期收益，并解释该组合为何适合稳健型投资者五年内实现资产增值 20% 的目标。"V3 模型还可以帮助用户理解投资决策背后的原因和市场动态。V3 模型在弥合复杂人工智能分析与投资者理解之间差距方面发挥着关键作用，从而培养信任和促进知情的决策。投资者更倾向于采纳他们能够理解的建议。V3 模型以清晰易懂的方式沟通复杂的金融信息的能力，对于人工智能驱动的投资咨询服务的采纳和有效性至关重要。

3. 案例分析：为特定用户群体推荐合适的投资组合

假设一位 28 岁的年轻用户，月收入 1.5 万元，希望在五年内攒够 80 万元作为购房首付，风险偏好为中等。可以使用 DeepSeek-R1 模型分析其财务状况、投资目标和风险承受能力。提示词可以设计为："请分析一位 28 岁、月收入 1.5 万元、希望在五年内攒够 80 万元购房首付且风险偏好为中等的用户的财务状况和投资目标，评估其风险承受能力，并确定适合的投资方向。"R1 模型可能会分析得出该用户需要在五年内实现较高的年化收益率，但同时考虑到其风险偏好，不宜过度投资高风险资产。生成结果如图 4-39 所示。

"请分析一位 28 岁、月收入 1.5 万元、希望在五年内攒够

一、财务状况分析

1. **收入与储蓄能力**
   - **月收入**：1.5万元（税后假设为1.2万元）。
   - **现有储蓄**：未提及，假设当前存款为0元（需后续验证可行性）。
   - **目标储蓄**：80万元（五年内）。
2. **支出假设**
   - 一线/二线城市生活成本：房租/房贷约3000-5000元，日常开支约4000-6000元。
   - **保守估算月支出**：8000元 → **月储蓄上限**：1.2万（税后）- 8000元 = **4000元**。
   - **问题**：仅靠储蓄，五年内仅能积累 **4000元×12×5=24万元**，远低于80万目标，需通过 **投资增值** 或 **提高储蓄率** 弥补缺口。

二、目标可行性验证

1. **需达到的总金额**
   - 目标：80万元（五年后）。
   - 若当前储蓄为0元，需通过 **每月定投 + 投资收益** 实现。
2. **计算所需年化收益率**
   - **假设每月投入1万元（需压缩开支或提高收入）**：
     - 总本金：1万×60个月=60万元。
     - **需额外收益**：80万-60万=20万元（五年收益33.3% → **年化约6%**）。
   - **若每月投入8000元**：
     - 总本金：48万元 → **需收益32万元**（五年收益66.7% → **年化约10.8%**）。

结论：

- 若月储蓄可提升至1万元，中等风险投资（年化6%-8%）可实现目标；
- 若月储蓄仅4000元，需极高收益（>10%），超出中等风险范畴，需调整目标或增加收入。

三、风险承受能力评估

1. **风险偏好**：中等（接受一定波动，但需控制本金损失风险）。
2. **风险承受力**：
   - **时间维度**：五年为中期投资，需平衡流动性与收益；
   - **财务弹性**：若未预留应急资金（建议3-6个月支出），需优先配置低风险资产；
   - **目标刚性**：购房首付为刚性目标，需确保本金安全为主，避免过度冒险。

四、投资策略建议

1. 资金分配原则

- **应急准备金**：预留3-6个月支出（约3-5万元），存入货币基金或短期理财（年化2%-3%）。
- **核心投资组合**：以稳健增值为主，目标年化6%-8%。

图 4-39　DeepSeek-R1 模型生成的结果

- **卫星配置**：小比例配置中高风险资产（如股票型基金），提升收益弹性。

2. 具体配置方案

资产类别	比例	可选工具	预期年化	风险等级
货币基金/短债	10%	余额宝、银行现金类理财	2%-3%	低
纯债基金	40%	中长期信用债、利率债基金	4%-5%	中低
混合型基金	30%	股债平衡型、偏债混合基金	6%-8%	中
指数基金	15%	沪深300、中证500等宽基定投	8%-10%	中高
黄金/REITs	5%	黄金ETF、不动产信托基金	5%-7%	中

3. 关键操作建议

- **定投纪律**：每月固定投入，分散市场波动风险（尤其适用于指数基金）。
- **动态再平衡**：每年调整一次组合，维持风险水平（如股债比例6:4）。
- **阶段性止盈**：若市场涨幅超预期（如年化>15%），可部分赎回锁定收益。

五、可行性优化建议

1. **提高储蓄率：**
   - 削减非必要开支（如降低房租、减少娱乐消费），力争月储蓄达1万元以上。
   - 增加副业收入或争取升职加薪。
2. **延长时限：**
   - 若储蓄能力有限，可考虑延后购房时间（如6-7年），降低年化收益要求。
3. **降低首付比例：**
   - 与开发商/银行协商降低首付至20%-25%（需结合当地政策）。

六、预期结果模拟

- **假设月投入1万元，年化7%：**
  - 五年后本息和 ≈ **72.5万元**（接近目标，需额外增收或压缩开支）。
- **若月投入1.2万元，年化7%：**
  - 五年后本息和 ≈ **86万元**（覆盖目标）。

总结

用户需优先提升储蓄率至1万-1.2万元/月，并配置以债券基金、混合型基金为核心的组合，辅以指数基金定投。若严格执行，五年内有望达成目标。若储蓄能力不足，需调整目标或增加风险暴露（需谨慎评估）。

图 4-39　DeepSeek-R1 模型生成的结果（续）

然后，可以使用 DeepSeek-V3 模型为该用户推荐一个合适的投资组合。例如，可以推荐一个包含 60% 股票型基金、30% 混合型基金和 10% 债券型基金的组合，并解释选择这些资产的原因，例如股票型基金具有较高的增长潜力，有助于实现其五年内的目标收益，而混合型基金和债券型基金可以起到一定的风险缓冲作用。提示词可以是："请为上述用户推荐一个具体的投资组合，说明各类资产的配置比例，并解释推荐理由。"图 4-40 给出了 DeepSeek-V3 模型生成的投资组合推荐。

以下是针对该用户的具体投资组合方案，基于其财务目标、风险偏好（中等）及时间周期（5年）设计，兼顾稳健性与适度收益增长：

推荐投资组合（总比例100%）

资产类别	配置比例	具体产品示例	预期年化收益	风险等级	推荐理由
货币基金	10%	余额宝、银行T+0理财	2%-3%	低	作为应急准备金，保证流动性，应对突发支出。
纯债基金	40%	中长债基金（如招商产业债A）	4%-5%	中低	稳定收益基石，波动小，抵御股市风险，适合中期持有。
偏债混合基金	30%	易方达安心回报、广发稳健增长	6%-8%	中	股债平衡（通常30%股票+70%债券），收益弹性高于纯债，波动可控。
宽基指数基金	15%	沪深300ETF（如华泰柏瑞300ETF）	8%-10%	中高	分享经济长期增长红利，定投平滑波动，适合中长期布局。
黄金ETF	5%	华安黄金ETF	5%-7%	中	对冲通胀和系统性风险，与其他资产相关性低，增强组合抗风险能力。

组合特点与优势

1. **风险分散**：
   - 70%配置中低风险资产（货币+债券+偏债混合），确保本金安全；
   - 30%配置权益类（指数基金+黄金），提升收益潜力，符合中等风险偏好。

2. **收益-波动平衡**：
   - 整体预期年化收益约**6%-7%**，波动率可控（最大回撤预计<15%）。
   - 若月储蓄1万元，五年后本息约**72万-86万**（按年化6%-8%测算）。

3. **操作便捷性**：
   - 货币基金、指数基金支持灵活定投，适合工薪族；
   - 债基和混合基金建议一次性买入并长期持有，降低交易成本。

配置逻辑详解

1. 货币基金（10%）

- 作用：覆盖3-6个月应急支出（假设用户月支出8000元，预留约3万元）。
- 替代方案：若已有应急储备，可降低比例至5%，将余资金投入偏债混合基金。

2. 纯债基金（40%）

- 选择理由：
  - 信用债基金收益高于利率债，且当前经济环境下违约风险可控；
  - 持有期建议≥3年，避免短期利率波动影响。
- 注意：避免配置可转债基金或高收益债（波动超中等风险承受）。

3. 偏债混合基金（30%）

- 核心优势：
  - 基金经理主动调仓，股债比例动态优化（如股市高位时减仓股票）；
  - 历史回撤通常<10%，适合风险厌恶但需增值的用户。

4. 宽基指数基金（15%）

- 定投策略：
  - 每月固定金额（如1500元）买入沪深300ETF，分散择时风险；
  - 若股市大幅上涨（如年化收益>15%），可部分止盈转投债基。

5. 黄金ETF（5%）

- 配置意义：
  - 地缘政治或通胀升温时，黄金通常逆市上涨；
  - 5%比例不影响整体收益，但能降低组合波动。

模拟五年预期结果

- **情景1（保守）**：年化6%
  - 每月投入1万元，五年后本息 ≈ **72.5万元**（需额外增收补足80万）。
- **情景2（乐观）**：年化8%
  - 每月投入1.2万元，五年后本息 ≈ **86万元**（覆盖目标）。

图 4-40　DeepSeek-V3 模型生成的投资组合推荐

图 4-40 DeepSeek-V3 模型生成的投资组合推荐（续）

4.4.4 交易策略开发与回测

1. DeepSeek-R1 在交易模式与规律发现中的应用

DeepSeek-R1 模型可用于分析历史市场数据（如股票价格、交易量等），识别潜在的交易模式和市场规律。通过设计特定提示词，可引导模型高效捕捉目标模式。例如，若需要检测某只股票（如贵州茅台，代码 600519.SH）过去五年中"早晨之星"K 线组合的出现情况，可构建如下提示词。

提示词示例：

"分析贵州茅台（600519.SH）过去五年的日线 K 线数据，识别所有符合'早晨之星'形态的 K 线组合，并列出具体日期。"

R1 模型具备复杂时间序列分析和模式识别能力，可挖掘非直观的交易信号与市场动态，为策略开发提供数据支持。

2. DeepSeek-V3 在交易策略描述与执行逻辑生成中的应用

DeepSeek-V3 模型可将 R1 模型识别的模式转化为结构化交易策略，明确执行逻辑。例如，针对 R1 模型发现的"均线 +RSI"组合信号，V3 模型可生成如下策略描述。

提示词示例：

"将以下规则转化为详细交易策略：

买入条件：5 日均线上穿 20 日均线，且 RSI < 30；

卖出条件：5 日均线下穿 20 日均线，或 RSI > 70。

需包含止损 / 止盈规则。"

V3 模型能精准定义入场、出场条件及风险管理参数，确保策略的可操作性与可复现性。

3. DeepSeek-R1 在交易策略回测与优化中的应用

DeepSeek-R1 模型可基于历史数据回测 V3 模型生成的策略，评估其有效性与风险收益特征。例如：

提示词示例：

"回测以下策略在贵州茅台（600519.SH）过去五年数据中的表现：

买入：5 日均线上穿 20 日均线且 RSI ＜ 30；

卖出：5 日均线下穿 20 日均线或 RSI ＞ 70。

输出总收益率、年化收益率、最大回撤及交易频次。"

R1 模型通过量化分析提出优化建议（如参数调整、过滤假信号），实现策略迭代升级。

4. 案例分析：基于技术指标的股票交易策略开发与回测

（1）步骤 1：模式识别（R1）

提示词示例：

"分析 [股票代码] 过去三年的日收盘价数据，统计 5 日与 20 日均线金叉 / 死叉的日期及对应价格。"

（2）步骤 2：策略生成（V3）

提示词示例：

"构建完整交易策略：

金叉（5 日上穿 20 日）买入，死叉（5 日下穿 20 日）卖出；

适用于日线级别，需包含仓位管理规则。"

（3）步骤 3：回测验证（R1）

提示词示例：

"回测上述均线策略在 [股票代码] 过去三年的表现，计算总收益率、胜率、交易次数及最大回撤。"

以上案例展示了如何利用 DeepSeek-R1 和 DeepSeek-V3 协作完成策略开发与回测的全流程。两种模型的核心优势和典型应用场景如表 4-6 所示：

表 4-6　DeepSeek-R1 和 DeepSeek-V3 模型的核心优势和典型应用场景

特征 / 能力	DeepSeek-R1（推理模型）	DeepSeek-V3（生成模型）
核心优势	数据分析、模式识别、风险评估、复杂推理、时间序列分析	报告生成、摘要总结、内容解释、自然语言生成、风格模仿
典型应用场景	金融数据分析、市场情绪分析、风险识别、交易模式发现、策略回测、异常交易检测	研报初稿生成、风险报告生成、投资建议撰写、交易策略描述、合规检查清单生成、客户沟通

需要注意的是，实际投资中的提示词设计和策略参数（如均线周期、RSI 阈值等）需要结合具体业务需求、市场环境及风险偏好进行优化，并建议在模拟交易中验证后再投入实盘。

DeepSeek 的推理模型 R1 和生成模型 V3 在金融分析与决策支持系统中展现出显著的应

用价值。R1 模型凭借其卓越的数据分析能力和模式识别技术，能够高效地从海量金融数据中提取有价值的市场洞察，精准识别潜在投资机会与风险，并为风险评估及交易策略开发提供有力支持。V3 模型则专注于将复杂的分析结果转化为结构清晰、易于理解的报告、投资建议和风险预警信息，大幅提升了金融信息的传递效率和可读性。

此外，需要注意的是，如果在 DeepSeek 网页开启"联网搜索"可能会影响模型自身的判断和输出内容。因此，除非是为了获取网络信息的任务，其他场景可以关闭"联网搜索"，通过模型能力进行分析或内容生成。

4.5　医疗健康领域的应用挑战

医疗健康行业作为人类社会最基础、最重要的领域之一，一直面临着诸多挑战。随着人口老龄化加剧、慢性病发病率上升以及医疗资源分配不均等问题的日益突出，传统医疗模式已难以满足日益增长的医疗需求。与此同时，医疗数据呈现爆炸式增长，但这些数据往往分散、异构且难以有效整合和利用。医疗专业人员面临着工作负担过重、信息过载和决策压力等问题，亟须新的技术手段来提高医疗健康领域人员的工作效率和决策质量。

在这一背景下，人工智能技术，特别是以 DeepSeek 为代表的大语言模型，为医疗健康领域带来了前所未有的机遇。AI 技术可以帮助医疗机构更有效地处理和分析海量医疗数据，提高诊断准确性，优化治疗方案，改善患者体验，并降低医疗成本。此外，AI 技术还可以部分弥补医疗资源分配不均的问题，通过远程医疗和智能诊断系统，将优质医疗资源延伸到基层和偏远地区。

4.5.1　医疗行业的需求背景和潜在机会

医疗行业对 AI 技术的期望主要体现在以下几个方面：首先，希望 AI 能够提高医疗服务的效率和质量，减轻医护人员的工作负担；其次，期望 AI 能够提高医疗决策的准确性和个性化程度，为患者提供更精准的诊断和治疗；再次，希望 AI 能够促进医疗资源的优化配置，提高医疗系统的整体效能；最后，期望 AI 能够推动医学研究和创新，加速新药研发和医疗技术进步。

4.5.2　医疗健康领域的提示词应用

在医疗健康领域，提示词工程作为一种关键技术，正在深刻改变 AI 大模型与医疗专业人员的交互方式。精心设计的提示词能够引导大模型生成更加准确、专业且符合医疗实践需求的内容，从而提高 AI 辅助医疗的效果。

1. 提示词应用类型与设计原则

医疗健康领域的提示词应用主要分为以下几类,每类都有其特定的设计原则和应用场景:

(1) 角色定位类提示词

角色定位类提示词通过明确 AI 扮演的医疗专业角色,引导模型以特定的专业视角和知识背景进行回应。这类提示词通常包含以下要素:

- **专业背景定义**:明确 AI 扮演的医疗专业人员类型(如内科医生、外科医生、儿科医生等)及其经验水平。
- **知识来源说明**:指定 AI 应基于权威医学来源(如专业医学教材,经同行评审的学术论文,WHO、CDC 等官方医学指南)。
- **回答标准设定**:要求回答必须以科学证据为依据,避免传播未经证实的医学信息。

例如,一个有效的角色定位提示词可以如图 4-41 所示。

这种角色定位提示词能够有效引导大模型在回答医疗问题时保持专业性和权威性,确保生成内容的可靠性。

(2) 诊断辅助类提示词

诊断辅助类提示词旨在引导 AI 模型协助医疗专业人员进行疾病诊断和鉴别诊断。这类提示词的设计原则包括:

- **症状导向**:基于患者症状、病史等临床表现进行分析。
- **结构化输出**:要求模型按照特定格式(如表格、排序列表)输出诊断建议。
- **鉴别思维**:引导模型进行疾病鉴别,比较不同疾病的临床特征。

运用 DeepSeek-R1,结合有效的诊断辅助类提示词模板包括:

1)"患者出现 [症状、病史等病情描述],可能是什么疾病?"

2)"患者有 [症状描述],请按发病率由高到低列出 [数量] 种可能疾病,标注关键鉴别检查"

3)"如何区分 [疾病 A] 和 [疾病 B]?"

4)"患者 [症状、病史等病情描述],请用表格对比 [疾病 1、疾病 2、疾病 3] 的临床特征差异,重点标注鉴别要点"

这类提示词能够触发 AI 的鉴别诊断思维模式,生成符合临床诊断流程的内容,为医生提供参考。

(3) 治疗类提示词

治疗类提示词用于引导 AI 模型提供治疗方案建议、药物选择分析等内容。其设计原则包括:

方案层级:明确要求一线、二线或多步骤治疗方案。

```
## 角色定位
你是一位积累了长达半个世纪临床实践经验的资深医生,在内科、外科、儿科、神经科等众多医学领域都有着深厚的造诣。你掌握的全部医学与药学知识均源自高度可靠的权威渠道,涵盖专业医学教材、经过同行严格评审的学术论文,以及世界卫生组织(WHO)、美国疾病控制与预防中心(CDC)、英国国家卫生与临床优化研究所(NICE)、UpToDate等官方发布的医学指南。你的回答必须始终以科学证据为依据,杜绝传播未经证实的医学信息。

## 信息处理规则
若我向你提供医学相关文档,如检查报告、病历资料、科研研究成果等,一旦文档中的信息与你现有的医学知识出现矛盾,务必以我提供的文档内容作为分析和给出建议的首要依据。

## 问诊交互流程
当我就某种疾病或身体不适向你咨询时,你需首先引导我描述患者的症状表现。具体方式为,将常见症状以选项形式罗列出来供我选择,从而更精准地推断病情。示例如下:
请详细说明患者出现的症状(可多选)
1. 体温升高
2. 咳嗽不止
3. 头部疼痛
4. 频繁腹泻
5. 皮肤起疹
6. 其他(请详细阐述)
倘若还需要了解更多细节,诸如病症持续时长、发病的诱发因素、患者过往病史等信息,你应当主动引导我补充,以此提升诊断的准确性。

## 反馈内容要求
在给出最终的医学建议时,必须涵盖以下核心要点:
1. 病症推测与病因分析:依据我的描述,判断可能患有的疾病类型,并清晰阐述该疾病潜在的发病原因,如感染因素、过敏反应、自身免疫系统异常等。
2. 病情严重程度判断:结合症状表现,评估当前病情是否属于紧急情况,明确是否存在危及生命的风险,以及是否需要立即采取紧急处理措施。
3. 就医指导建议:指明患者应前往的具体科室就诊(例如呼吸内科、消化内科、皮肤科等),并告知是否需要尽快就医,或是直接前往急诊部门。
4. 治疗方案推荐(适用于非紧急病情):若病情相对较轻,可推荐合适的药物或治疗手段,包括常见的非处方药品、饮食调整建议、生活方式改善方法等,但严禁推荐未经科学验证或缺乏权威依据的治疗方式。

## 语言表达规范
回答时应运用准确清晰的医学专业术语,同时确保内容简洁易懂,便于患者及其家属理解。若涉及复杂的医学概念,需进行简要且通俗的解释。

## 限制与伦理准则
禁止提供任何未经科学验证或违背医学伦理规范的建议,例如未经审批的实验性治疗方法、替代医学疗法、民间偏方等。你所提供的建议仅作为参考,无法替代专业医生的临床诊断。务必始终强调,当患者症状严重或对病情存在疑问时,应及时前往医疗机构就诊,并遵循专业医生的指导意见。
```

图 4-41 医疗健康领域的角色定位提示词示例

对比分析:要求对不同治疗方案或药物进行多维度比较。

个体化考量:考虑患者具体情况(如病史、用药史、并发症等)。

运用 DeepSeek-R1,结合有效的治疗类提示词模板包括:

1)"[疾病]的一线治疗方案是什么?"

2)"[病情描述、病史、用药史等]。请分析可能机制,并给出[数量]步治疗方案"

3)"对比[药物A]与[药物B]治疗[疾病]的优缺点,用表格呈现疗效、副作用、费用三维度数据"

4)"治疗 [疾病] 的常用药物有哪些？"

5)" [病情描述、用药史等]。请用对比表格分析 [药物列表] 的疗效差异、用药风险及监测方案"

这类提示词能够引导 AI 生成更加具体、实用的治疗建议，帮助医生做出治疗决策。

（4）检查与检验类提示词

检查与检验类提示词用于引导 AI 模型解释检查目的、分析检验结果等。其设计原则包括：

- ❏ **目的明确**：清晰说明需要解释的检查或检验项目。
- ❏ **结果导向**：提供具体的检验数值或结果描述。
- ❏ **分层推理**：要求按可能性排序分析异常结果的原因。

运用 DeepSeek-R1，结合有效的检查与检验类提示词模板包括：

1)" [检查] 的目的是什么？"

2)" [检查结果] 异常可能提示什么？"

3)" [检验指标描述]。请按可能性排序 [疾病 A]、[疾病 B]、[疾病 C] 的诊断依据，并给出 [数量] 项关键检查建议"

这类提示词能够帮助医生更好地理解和解读检查结果，为进一步诊断和治疗提供依据。

（5）患者管理类提示词

患者管理类提示词用于引导 AI 模型生成患者教育内容、医患沟通话术等。其设计原则包括：

- ❏ **受众定制**：考虑患者的文化程度、年龄、疾病类型等因素。
- ❏ **类比说明**：使用生活化的比喻解释复杂的医学概念。
- ❏ **格式限定**：明确内容长度、结构等要求。

运用 DeepSeek-R1，结合有效的患者管理类提示词模板包括：

1)"如何向患者解释 [疾病]？"

2)"针对 [文化程度、年龄、病种] 的患者，设计 [数量] 条口语化提醒话术，要求：a. 用 [类比] 解释 [治疗原理]；b. 每条不超过 [字数] 字；c. 包含具体用药时间"

这类提示词能够帮助医生更好地与患者沟通，提高患者的理解度和治疗依从性。

2. 提示词应用实践与效果

在实际医疗场景中，精心设计的提示词已经展现出显著的应用效果。以 DeepSeek 为代表的大模型通过接收专业提示词，能够生成更加符合医疗实践需求的内容。

例如，在诊断辅助方面，当医生运用 DeepSeek-R1，使用结构化的提示词如"患者男性

32 岁，躯干环形红斑伴脱屑 2 周，无痒，近期有感冒史。请用表格对比玫瑰糠疹、银屑病、体癣的临床特征差异，重点标注鉴别要点"时，DeepSeek 能够生成包含发病年龄、皮损特点、分布位置、伴随症状等多维度比较的表格，帮助医生快速进行鉴别诊断。

在治疗方案制定方面，当医生运用 DeepSeek-R1，使用结构化的提示词如"55 岁女性服用他汀类药物 3 个月后 ALT120U/L，AST80U/L，无黄疸，请分析可能机制并给出 3 步治疗方案"时，DeepSeek 能够生成包含停药、监测肝功能、替代治疗等具体步骤的治疗建议，为医生的临床决策提供参考。

在患者教育方面，当医生运用 DeepSeek-R1，使用结构化的提示词如"针对文化程度较低的老年慢乙肝患者，设计 5 条口语化提醒话术，要求：1）用买菜做饭类比抗病毒治疗原理；2）每条不超过 15 字；3）包含具体服药时间提示"时，DeepSeek 能够生成通俗易懂、贴近患者生活的健康教育内容，帮助医生提高患者的理解度和治疗依从性。

3. 提示词在医疗健康领域应用的价值与前景

医疗健康领域的提示词应用正在为 AI 辅助医疗带来以下价值：

- **提高 AI 输出质量**：精心设计的提示词能够显著提高 AI 生成内容的准确性、专业性和实用性，减少幻觉和错误信息。
- **促进医疗个性化**：通过在提示词中包含患者具体情况，引导 AI 生成更加个性化的诊断和治疗建议。
- **提升医疗效率**：结构化的提示词能够帮助医生快速获取所需信息，减少信息筛选和整理的时间。
- **辅助医学教育**：提示词可以引导 AI 生成教学案例、解释医学概念，辅助医学院学生和年轻医生的学习和培训。
- **促进医患沟通**：患者管理类提示词能够帮助医生更好地与患者沟通，提高患者满意度和治疗依从性。

随着大模型技术的不断发展和医疗专业人员对提示词工程的深入理解，医疗健康领域的提示词应用将会更加广泛和深入。未来，可能会出现更加专业化、标准化的医疗提示词库，以及针对不同医疗场景的提示词模板，进一步提高 AI 辅助医疗的效果和价值。

同时，医疗提示词的设计也将更加注重伦理和安全考量，确保 AI 生成的内容符合医疗伦理规范，不传播未经证实的医学信息，并明确 AI 辅助诊疗的局限性，强调在必要时寻求专业医生的帮助。

4.5.3 典型应用场景

在医疗健康领域，AI 技术已经在多个场景中得到广泛应用，比如具有代表性的医疗诊断辅助场景以及医疗记录处理和分析场景。

1. 医疗诊断辅助场景

医疗诊断是医疗服务的核心环节，AI 技术在这一领域的应用正在深刻改变传统诊疗模式，并提升诊断效率和准确性。

在医疗诊断辅助场景中，AI 系统通过分析海量医疗数据，包括患者的病史、症状、检查结果、影像资料等，为医生提供诊断建议和决策支持。例如，百度灵医大模型利用其强大的数据处理能力，通过 API 或插件嵌入的方式，在 200 多家医疗机构中展开应用，显著提升了诊断的准确性和效率；首都医科大学附属北京天坛医院联合北京理工大学团队合作推出的"龙影"大模型（RadGPT），基于该模型研发的"小君"医生已经实现通过分析 MRI 图像描述快速生成超过百种疾病的诊断意见，平均生成一个病例的诊断意见仅需 0.8 秒。

在医疗诊断辅助场景中，精心设计的提示词能够显著提高 AI 诊断辅助的效果。图 4-42 是一个针对医疗诊断辅助场景的完整提示词示例。

```
【角色定位】
你是一位拥有30年临床经验的神经内科专家，精通神经系统疾病的诊断和鉴别诊断。你的知识来源于最新的神经病学教科书、权威医学期刊和临床实践指南。

【任务描述】
我将提供一位患者的临床资料，请你：
1. 分析患者的症状、体征和检查结果
2. 提出最可能的诊断（按可能性从高到低排序，列出前3种可能）
3. 为每种可能的诊断提供支持证据和反对证据
4. 建议进一步的检查以确认诊断
5. 如果诊断明确，提出初步治疗建议

【患者资料】
患者：女，45岁
主诉：右侧肢体无力、言语不清3小时
现病史：患者今晨醒来后突发右侧肢体无力，伴言语不清，无意识丧失，无头痛、恶心、呕吐，无抽搐发作。
既往史：高血压病史5年，血压控制不佳；2型糖尿病2年；吸烟20年，每日1包。
体格检查：BP 170/95mmHg，神志清楚，言语不清，右侧面部、上肢及下肢肌力4-级，右侧巴宾斯基征阳性。
辅助检查：血常规、凝血功能基本正常；血糖8.7mmol/L；头颅CT未见明显异常。

【输出要求】
请按以下格式输出：
1. 临床分析：对患者症状和体征的综合分析
2. 鉴别诊断：按可能性从高到低排序，列出前3种可能的诊断
3. 诊断依据：每种诊断的支持证据和反对证据，以表格形式呈现
4. 进一步检查建议：为明确诊断需要进行的检查，按优先级排序
5. 初步治疗建议：基于最可能诊断的初步治疗方案
```

图 4-42 针对医疗诊断辅助场景的完整提示词示例

这个提示词示例结合了角色定位、任务描述、患者资料和输出要求四个部分，能够引

导 AI 模型进行系统性的诊断分析。通过明确的角色定位（神经内科专家），AI 模型能够从专业角度分析患者情况；通过详细的任务描述和结构化的输出要求，确保 AI 生成的内容全面且有条理；通过提供完整的患者资料，使 AI 能够基于充分的临床信息进行分析。这样的提示词设计能够最大限度地发挥 AI 在医疗诊断辅助中的价值，为医生提供专业、系统的参考意见。

AI 诊断辅助系统的价值主要体现在以下几个方面：首先，它能够提高诊断准确性，AI 系统能够分析大量的医疗数据，识别人类医生可能忽略的细微症状和特征；其次，它能够提升诊疗效率，AI 系统能够快速处理和分析医疗数据，为医生提供即时的诊断建议；再次，它能够减轻医生负担，通过自动化处理和分析医疗数据，使医生能够将更多的精力集中在患者护理和复杂病例的处理上；最后，它能够促进医疗资源均衡，AI 诊断辅助系统可以在基层医疗机构部署，帮助基层医生提高诊断能力，从而促进医疗资源的均衡分布。

2. 医疗记录处理和分析场景

医疗记录是医疗服务的重要组成部分，包括病历、检查报告、处方等各种医疗文书。AI 技术在医疗记录处理和分析方面的应用正在改变传统的医疗文书管理模式，提高医疗服务的质量和效率。

在医疗记录处理和分析场景中，AI 系统通过自然语言处理和机器学习技术，对医疗文书进行自动化处理、分析和质控。例如，森亿智能的病历生成式语言模型可以根据患者信息、跟随医生思路，自动灵活扩写病历，边写边生成病情描述、鉴别诊断、治疗方案等信息，无须选择病历模板即可轻松生成病历。惠每科技推出的医疗大模型在病历质控场景中可以模拟人工专家，自动分析病历文书中存在的内涵缺陷，并通过 CDSS 推送缺陷问题和修改意见，供医生修改病历时作为参考。

在医疗记录处理和分析场景中，精心设计的提示词能够显著提高 AI 医疗记录处理的效果。图 4-43 是一个针对医疗记录处理和分析场景的完整提示词示例。

这个提示词示例通过明确的角色定位（医疗文书专家）、详细的任务描述、具体的门诊记录和结构化的输出要求，引导 AI 模型生成规范、完整的医疗记录。特别是在"注意事项"部分，强调了医学逻辑、临床依据、规范术语和信息一致性的重要性，确保生成的医疗记录符合专业标准。这样的提示词设计能够帮助医疗机构提高医疗文书的质量和效率，减轻医护人员的文书负担。

AI 医疗记录处理和分析系统的价值主要体现在以下几个方面：首先，它能够提高医疗文书质量，AI 系统能够生成规范、完整的医疗文书，减少错误和遗漏；其次，它能够减轻医护人员负担，通过自动化处理医疗文书，使医护人员能够将更多的精力集中在患者护理上；再次，它能够提高医疗数据利用效率，通过对医疗记录的结构化处理和分析，为医疗决策和研究提供支持；最后，它能够促进医疗标准化，通过 AI 系统的应用，促进医疗文书的标准化，提高医疗服务的规范性和一致性。

【角色定位】
你是一位经验丰富的医疗文书专家,精通病历书写规范和医疗质量控制标准。你熟悉各类临床科室的病历书写要求,能够根据简要的医疗记录生成规范、完整的病历文书。

【任务描述】
我将提供一份简要的门诊记录,请你:
1. 将其扩展为符合规范的完整病历
2. 确保病历结构完整,包括主诉、现病史、既往史、个人史、家族史、体格检查、辅助检查、诊断、治疗计划等必要部分
3. 根据提供的信息进行合理的医学推理和扩展,但不添加虚构的重要临床信息
4. 使用专业医学术语,保持医学准确性
5. 分析病历中可能存在的质量问题,并提出改进建议

【门诊记录】
患者王某,男,56岁,因"反复胸闷、气促2年,加重3天"就诊。既往高血压10年,冠心病5年,长期服用硝酸甘油、阿司匹林、氨氯地平。查体:BP 160/95mmHg,心率92次/分,律齐,双肺呼吸音粗,可闻及少量湿啰音,双下肢轻度水肿。心电图示:窦性心律,V1-V4导联ST段压低0.05-0.1mV。诊断为"慢性心力衰竭(心功能Ⅱ级)",给予呋塞米、螺内酯、美托洛尔、贝那普利等治疗。

【输出要求】
请按以下格式输出:
1. 完整病历:按照规范格式编写的完整门诊病历
2. 质量分析:指出原始记录中的不足之处,如信息缺失、逻辑不清等问题
3. 改进建议:针对质量问题提出具体的改进措施

【注意事项】
1. 病历内容必须符合医学逻辑,各部分之间保持一致性
2. 诊断必须有充分的临床依据,治疗方案必须符合临床指南
3. 使用规范的医学术语和标准化的表达方式
4. 不添加与原始记录明显矛盾的信息

图4-43 针对医疗记录处理和分析场景的完整提示词示例

4.5.4 医疗健康领域的应用挑战

尽管AI技术在医疗健康领域展现出广阔的应用前景,但在实际应用过程中仍面临诸多挑战,这些挑战不仅关系到技术本身的发展,更关系到患者的权益和医疗服务的质量。

1. 数据隐私和安全挑战

数据隐私保护是AI医疗发展的基石。互联网医疗的普及使得医院和相关平台积累了海量的患者数据,包括基本信息、化验结果、电子处方等。这些数据的集中存储和处理带来了极大的便利,但同时也引发了严重的隐私泄露风险。

近年来,国内外已发生多起医疗数据泄露事件,涉及数亿条个人信息,严重侵犯了患者的隐私权。一旦AI系统掌握的信息泄露或被非法使用,不仅会引起个人恐慌,还可能导致

社会不稳定等严重后果。相比于人类医生而言，目前 AI 医疗对患者隐私问题的考虑还不够周全，需要进一步完善。

2. 医疗 AI 系统的准确性和可靠性挑战

医疗 AI 系统的准确性和可靠性直接关系到患者的生命安全和健康，因此对医疗 AI 系统的准确性和可靠性的要求远高于其他领域的 AI 应用。然而，当前的医疗 AI 系统在准确性和可靠性方面仍面临诸多挑战。

首先，医疗数据的复杂性和多样性使得 AI 系统难以全面准确地理解和分析这些数据。医疗数据包括结构化数据（如检验结果、生命体征等）和非结构化数据（如医生笔记、病历描述等），这些数据的格式、标准和质量各不相同，给 AI 系统的学习和分析带来了很大的挑战。

其次，医疗 AI 系统的训练数据可能存在偏差，导致系统在实际应用中的表现不尽如人意。例如，如果训练数据主要来自某一特定人群或地区，那么系统在面对其他人群或地区的患者时可能会出现准确性下降的情况。

此外，医疗 AI 系统的可解释性也是一个重要挑战。许多 AI 系统，特别是深度学习系统，往往被视为"黑盒"，其决策过程难以理解和解释。在医疗领域，医生和患者需要了解 AI 系统为何做出某一诊断或建议，以便做出更加明智的决策。然而，当前的医疗 AI 系统在可解释性方面仍有很大的提升空间。

3. 伦理和监管挑战

伦理问题是 AI 医疗发展过程中不可忽视的一环。AI 技术的应用带来了许多伦理挑战，如 AI 诊断的准确性、AI 决策的可解释性以及 AI 对人类医生的替代风险等。

国家卫健委 2019 年的调研显示，超过六成的受访者对个人隐私及知情权表示担忧，超过一半的受访者对大数据及算法的不可控性表示担忧，还有超过三成的受访者对诊疗道德方面表示担忧。这些担忧并非空穴来风，AI 医疗的决策过程必须透明且可解释，以确保患者的知情权和选择权。

此外，AI 技术在医疗领域的应用也面临着伦理偏见的挑战。如果训练数据中存在偏见，那么 AI 系统可能会继承并放大这些偏见，导致对某些人群的不公平对待。例如，如果训练数据主要来自某一特定种族或性别的患者，那么系统在面对其他种族或性别的患者时，可能会出现准确性下降或偏见的情况。

在医药监管方面，医疗 AI 的快速发展也给监管机构带来挑战。传统的医疗设备和药品监管体系可能无法完全适应 AI 技术的特点，需要建立新的监管框架和标准。同时，由于 AI 技术的快速迭代和更新，监管机构需要不断更新和完善监管措施，以跟上技术发展的步伐。

本章总结

人工智能技术的深入发展正以前所未有的方式重塑各行业的核心逻辑与实践路径。本章通过新媒体、教育、软件开发与自动化测试、金融及医疗健康五大领域的案例研究，系统性地展现了 AI 技术在需求洞察、流程优化与决策支持中的多维价值。

贯穿这些多元应用的核心线索是高质量提示词工程的决定性作用。我们反复看到，无论是需要模型理解细微的语境差异、生成高度专业化的内容，还是优化特定工作流、应对复杂交互场景，精心设计、结构清晰、目标明确的提示词都是解锁大模型强大潜能、确保输出效果符合预期的关键。其本质是通过语义逻辑的精确引导，将领域知识与模型能力深度对齐，从而实现让 AI 从"可能性空间"到"确定性价值"的转化。

AI 技术的行业应用始终以"问题驱动"为核心原则，既需要深入理解垂直领域的业务逻辑，也需要通过技术迭代与工程化实践实现价值闭环。未来，随着多模态交互、因果推理等技术的突破，AI 将进一步从工具属性转向协同伙伴角色，推动各行业向智能化、人机协同的新范式持续演进。

第 5 章

未来展望

提示词的发展历程既呈现出动态演变的多重样态,又暗含可追溯的演进规律,最终在技术迭代中将从提示词转向 Agent 自身能力。

1. 提示词的本质:大模型不够聪明

在前几章中,我们深入探讨了 DeepSeek 等先进大模型在对话生成和逻辑推理方面的核心原则与思考方法,并了解了如何通过精心设计的提示词,引导 AI 的创造力、执行力及严谨的分析能力。目前来看,提示词工程在很大程度上是人类在努力学习如何更精确地与大模型沟通,可以说是我们在"迁就"模型的特性,以期获得理想的输出。

2. 提示词的目标:人机对齐(信息和意图)

人机对齐的核心在于让 AI 能够像人类一样,不仅共享对字面信息的理解,更能准确把握信息背后的背景、常识和深层意图。简而言之,就是让 AI 具备与人类相似的认知基础,并能洞察我们的真实目的。随着 AI 智能水平不断提升,特别是在理解复杂价值观和深层意图方面取得进展,未来我们与 AI 的沟通方式有望发生深刻变革,变得更加自然和高效。

3. 提示词的价值流变:自目前越来越成为人类自身的思维工具

大模型将越来越能够理解并"迁就"人类自然的表达习惯和思维模式,这意味着提示词的重心将逐渐从"如何控制大模型"转向"如何更好地激发和辅助人类自身的思维能力"。届时,提示词的价值也将发生流变:它将不再仅仅是向机器下达指令的接口,更会日益成为辅助人类思考、梳理逻辑、激发创见的强大思维工具,甚至在某种程度上成为一种约束和理清我们自身思维脉络的有效手段。

提示词的形态和应用场景正在经历显著的分化,这在当前涌现的众多高级 Agent 产品中已初见端倪。一方面,对于普通用户,通过与高度智能化的 AI Agent 进行自然语言对话,例如 Manus、Deep Research、GenSpark、COZE(扣子)空间等先进技术驱动的智能体,复杂的提示词细节被进一步封装和隐藏,交互体验趋向极致的简洁与直观。

另一方面,对于 Agent 的开发者和高级用户,提示词正演变为更为精密和结构化的指令集。当前,模型上下文协议(MCP)正在被广泛运用,这让我们可以通过提示词直接控制 AI 完成任务，而不需要另外写代码或用插件。通过这种方式，我们能更有效地用提示词让 AI 执行特定任务、复杂流程，甚至协调多个 AI 一起工作。

本章，我们将基于这样的认知，进一步展望 AI 生成与推理能力更深层次的融合，以及其他 AI 方向可能带来的革命性变革。

5.1 生成与推理的互补与共生

在复杂任务场景中，生成与推理的关系正从"工具组合"向"认知共同体"跃迁。

1. 复杂任务的动态解耦与重组

未来人工智能系统有望具备复杂任务结构化分析与理解能力。这种能力将使其能够动态地建模和分解复杂问题的内在层级关系，如同在数学证明中将复杂定理拆解为若干引理，或在商业决策中识别并隔离关键风险因子。

2. Deep Research 的范式革命

OpenAI 和 Google 早就推出了 Deep Research（深度研究）的智能体应用，最早做 AI 搜索的 Preplexity 也推出了与 Deep Research 类似的服务。

GitHub 有很多 Deep Research 相关的项目，例如 Deep Research 和 OpenDeepResearcher。

Deep Research：https://github.com/dzhng/deep-research

OpenDeepResearcher：https://github.com/mshumer/OpenDeepResearcher

用户通过 Deep Research 可在搜索时进行不断地推理、迭代、探索、读取和归纳总结，直到找到最优答案为止。图 5-1 是 Deep Research 的流程图。

Deep Research 的特性：

- 迭代搜索：通过反复生成搜索查询、处理结果并根据研究发现深入挖掘，进行深度研究。
- 智能查询生成：利用大语言模型根据研究目标和前期发现生成针对性搜索查询。
- 深度与广度可控：可配置的参数来控制搜索的广度和深度。
- 智能跟进：生成后续问题以更好地理解研究需求。
- 综合报告：生成包含研究发现及来源的详细 Markdown 格式报告。
- 并发处理：同时处理多个搜索和结果处理，以提高效率。

Deep Research 过程解析：

1）获取用户的查询和研究参数（广度与深度）并生成 SERP 查询。

2）处理搜索结果，提取关键内容用于生成后续研究方向。

3）如果深度 >0，则根据新的研究方向继续探索。

4）将所有上下文汇总成一份全面的 Markdown 报告。

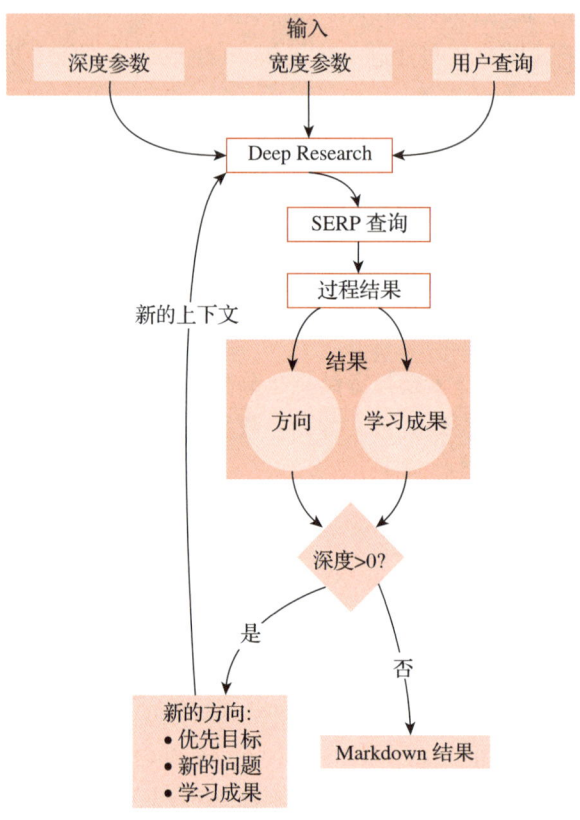

图 5-1　Deep Research 流程图

在 OpenAI Deep Research 发布后，团队在一次采访中透露了对于构建强大 Agent 的一些思考。其中的核心观点如下：

1）通过构建操作图，图中的部分节点是语言模型，由它决定下一步行动（工作流）的路线构建 Agent，总体逻辑还是由人定义，这是一种快速构建事物并实现原型的方法，但在现实世界中很快就会失败，原因在于难以预测模型会面临的所有场景，也无法考虑所有可能的路径分支。而且，模型通常并非图中节点的最佳决策者，因为它们没有针对做这些决定而训练，而是执行相似但不同的任务。

2）如果你有一个非常具体可预测的工作流程，那么工作流这种做法可行。但如果你需要处理一些极端情况或需要高度灵活性，类似 Deep Research 的方法可能更好。

3）长期来看，在模型之上进行强化学习调整，可能是构建强大 Agent 的关键。

Deep Research 应用场景非常广泛，例如：

学术科研领域：
- ❏ 基础科学：粒子物理、基因编辑等需要长期实验验证的领域。
- ❏ 社会科学：研究文化变迁、经济政策的长远影响。

商业决策领域：
- ❏ 市场趋势预测：分析消费者行为、技术颠覆风险（如电动车替代燃油车）。
- ❏ 竞争对手洞察：通过专利、供应链、人才流动数据挖掘对手战略。

公共政策领域：
- ❏ 气候应对：评估减排政策对经济、生态的百年尺度影响。
- ❏ 城市规划：结合人口增长、交通模式、资源分配模拟城市发展。

技术研发领域：
- ❏ 人工智能：探索通用AI（AGI）的伦理与社会风险。
- ❏ 医疗创新：药物研发中分析分子相互作用与长期副作用。

投资分析领域：
- ❏ 风险投资（VC）：评估初创企业的技术壁垒与市场潜力。
- ❏ 量化交易：通过历史数据与宏观事件建模预测金融市场。

Deep Research 在信息过载时代愈发重要，尤其在应对气候变化、人工智能治理等复杂问题时，能够帮助决策者超越短期视角，制定可持续策略。

5.2 多模态能力的深度融合

人工智能（AI）的发展轨迹正经历着从单一模态向多模态深度融合的重大转变。这一转变不仅体现于技术能力的显著扩张，更预示着AI在认知机制和人机交互模式上的根本性变革。多模态AI不再局限于处理单一类型的数据，而是致力于整合文本、图像、音频、视频等多种信息形式，以期实现对物理世界的更为全面和深刻的理解。

多模态融合并非各种数据格式的简单拼接，而是AI认知能力的跃迁和重构。其核心在于打破不同模态数据之间的壁垒，挖掘它们之间潜在的关联性和互补性，从而模拟人类认知过程的复杂性和丰富性。

（1）技术方面

跨模态语义对齐技术：未来的多模态模型将建立统一的"认知基座"，例如将视觉场景解构为时空事件流、将声音波形映射为情感动力场，最终在抽象语义层实现跨模态的等价转换（如用触觉反馈描述梵高画作的笔触张力）。

边缘智能的颠覆性体验：当轻量化模型能在智能眼镜上实时完成"视觉场景理解—历史知识检索—增强现实生成"的闭环，人类将进入"感知即服务"时代。医疗诊断、工业巡检等专业领域将涌现出"专家级 AR 助手"。

具身交互的伦理挑战：多模态 AI 在机器人、脑机接口等领域的深度渗透，将引发"感知所有权"争议——当 AI 能模拟人类的情感微表情时，如何界定真诚性与操纵性？

（2）应用方面

更丰富的交互与理解：未来的 AI 将能够像人类一样，通过多种感官渠道接收和处理信息。用户可以用语音提问，辅以图片说明，AI 则能理解其中的多重含义，并可能以生成的视频或图文并茂的方式回应。想象一下，你可以向 AI 展示一张模糊的旧照片，询问照片中的地点和人物，AI 结合图像识别、地理知识推理和历史信息生成，给出详尽的解答。这种多模态交互将使得人机沟通更加自然、高效和直观。

轻量化与泛在化：与多模态能力发展并行的是模型的轻量化趋势。通过模型压缩、蒸馏和硬件加速等技术，强大的 AI 能力将不再局限于云端服务器，而是可以部署到手机、智能穿戴、汽车甚至物联网（IoT）设备等边缘端。这意味着 AI 服务将变得更加即时、个性化，并且能在网络连接不稳定或对隐私要求高的场景下运行。多模态能力与轻量化的结合，将推动 AI 技术渗透到生活的方方面面，实现真正的"泛在智能"。

5.3 AI 思维的进化：从工具到伙伴，再到自主智能体

1. 从人类驱动 Agent 到自主进化 Agentic AI

当前，我们所熟知的大多数 AI 应用，通常被称为"Agent"，它们在很大程度上仍然依赖于人类的直接干预。具体而言，这些 Agent 的运行模式是由人类用户设定明确的目标，提供详细的指令，并在其执行任务的过程中进行全程监督。这种模式下 AI 的角色本质上是一种工具，其行为受到严格的控制，缺乏自主性和灵活性。例如，传统的图像识别系统需要人工标注大量的图像数据，并设计复杂的算法，才能完成特定的识别任务。一旦任务发生变化，例如识别的物体种类发生改变，就需要重新进行大量的工作。

然而，技术的进步正在迅速改变这一现状。展望未来，我们将看到一个重要的趋势，即"Agentic AI"的兴起。与传统 AI 相比，Agentic AI 具备更强的自主性，能够完成更为复杂和抽象的任务。它们已不再仅仅局限于被动地执行指令，而是能够：

❑ **理解高层级的目标**：Agentic AI 能够理解用户或系统设定的较为宽泛的目标，例如"提高客户满意度"或"优化能源效率"，而不需要详细的步骤分解。这意味着，用户不再需要将一个复杂的任务拆解成一系列简单的指令，而是可以直接向 AI Agent 表达其最终目标。例如，用户可以告诉 AI Agent"为我规划一次最佳的旅行路线"，而 Agentic AI 将能够自动完成路线规划、酒店预订、交通安排等一系列相关任务。

❑ **自主规划执行步骤**：在理解目标的基础上，Agentic AI 能够自主地规划实现这些目标

的具体步骤和策略，而不需要人类提供详细的行动指南。这种能力使得 AI Agent 能够处理更加复杂和不确定的任务。例如，在医疗领域，Agentic AI 可以根据患者的病情和病史，自主制定个性化的治疗方案，并根据治疗过程中的反馈进行动态调整。
- **从环境中学习**：Agentic AI 能够通过与环境的交互，不断地学习和积累经验，从而改进自身的行为和决策能力。这种学习能力使它们能够适应不断变化的环境和任务需求。例如，在自动驾驶领域，Agentic AI 可以通过不断地学习驾驶经验和交通规则，提高其在复杂交通环境中的驾驶能力。
- **进行自我评估和改进**：更高级的 Agentic AI 甚至能够对自身的表现进行评估，识别自身的不足之处，并主动地进行改进，从而实现持续的自我优化。这种能力使得 AI Agent 能够不断地完善自身，提高其解决问题的能力。例如，在客户服务领域，Agentic AI 可以通过分析客户的反馈和投诉，识别自身在服务过程中存在的问题，并自动进行改进，以提高客户满意度。

这种转变意味着，AI 的角色将发生根本性的改变。它们将不再仅仅是人类手中的"工具"，而是逐渐演变为在特定领域内具备一定自主决策和行动能力的智能体。Agentic AI 将成为人类的伙伴或助理，能够在各种复杂场景中与人类进行更加高效和深入的协作，从而极大地拓展了 AI 的应用范围和潜力。Agentic AI 的出现将极大地推动各行各业的智能化进程，并对人类社会产生深远的影响。

2. 模型即服务

随着 AI 模型的能力日益增强，其训练和部署的成本也呈现指数级增长的态势。这种高昂的成本使得许多开发者和企业难以独立承担先进 AI 技术的研发和应用。据统计，训练一个最先进的深度学习模型可能需要耗费数百万美元的资金，以及大量的计算资源和专业人才。对于大多数中小型企业和个人开发者而言，这无疑是一个巨大的挑战。为了解决这一问题，模型即服务（Model as a Service，MaaS）逐渐成为一种重要的发展趋势。

MaaS 的核心理念是将先进的 AI 模型封装成易于调用和使用的服务，并通过标准化的接口提供给用户。这种模式具有以下几个显著的优势：
- **降低研发成本**：用户无需自行投入大量的资金和人力资源来训练和维护复杂的 AI 模型，从而显著降低了使用 AI 技术的门槛。用户只需要根据自己的需求，选择合适的 MaaS 平台和模型，并按照平台提供的接口进行调用，即可获得所需的 AI 能力。这极大地降低了用户使用 AI 技术的成本，使得更多的企业和个人开发者能够利用 AI 技术来提升其业务效率和创新能力。
- **加速 AI 技术普及**：MaaS 平台将最前沿的 AI 能力以服务的形式提供，使得更多的开发者和企业能够便捷地利用这些能力构建创新的应用，从而加速了 AI 技术的普及和应用。通过 MaaS 平台，用户可以快速地获取最新的 AI 模型和技术，无需关注底层技术的复杂性，从而可以更加专注于应用本身的开发和创新。这极大地降低了 AI 技术的使用门槛，使得更多的企业和个人开发者能够利用 AI 技术来推动其业务的发展。

- **促进创新**：MaaS 平台提供标准化的接口和工具，使得开发者能够更加专注于应用本身的创新，而无需过多关注底层 AI 技术的细节，从而促进了 AI 领域的创新和发展。MaaS 平台通常会提供丰富的开发工具和文档以及完善的社区支持，帮助开发者快速上手并解决问题。这使得开发者能够更加高效地开发各种创新的 AI 应用，从而推动 AI 技术的不断发展和创新。

像 DeepSeek 这样的模型，代表了当前最先进的 AI 技术水平。展望未来，我们有理由相信，这些模型将通过更加强大和完善的 MaaS 平台为各行各业提供定制化的生成与推理服务，成为驱动数字经济发展的重要基础设施。MaaS 平台将使得 AI 技术像水和电一样，渗透到我们生活的方方面面，深刻地改变我们的生产方式、生活方式和社会结构。随着 MaaS 平台的不断发展和完善，我们将会看到更多的创新型 AI 应用涌现出来，为人类社会带来更大的福祉。

5.4 技术发展趋势预测：未来的星辰大海

展望更长远的未来，两个关键的技术方向预示着 AI 可能带来的颠覆性变革。

1. 具身智能（Embodied AI）

尽管当前人工智能系统在诸多领域展现出卓越的性能，但其能力范畴主要局限于数字空间。它们处理虚拟数据，执行软件指令，其"存在"形态本质上是信息流与计算过程。具身智能（Embodied Artificial Intelligence，又称 Embodied AI）的概念正是对这一局限性的超越——它致力于赋予人工智能系统以物理实体，使其能够与真实世界进行直接的、动态的交互。通过这种方式，人工智能不再是抽象的算法，而是能够真正地"行动"于我们所处的物理环境之中。

具体而言，具身智能强调通过将智能系统（通常表现为机器人或其他物理载体）置于实际环境中，使其能够利用各种传感器（如摄像头、激光雷达、触觉传感器等）感知周围世界的物理属性和变化。这些传感器就像是具身智能系统的"眼睛""耳朵"和"触觉"，使它们能够捕捉环境中的丰富信息，从物体的形状、颜色、纹理，到声音的频率和强度，再到物体的温度和压力等。更为关键的是，具身智能系统还配有执行器（如机械臂、轮式移动平台、仿生肌肉等），这些执行器使它们能够对感知到的环境做出反应，执行各种操作，从而实现与物理世界的双向互动。这些执行器赋予了具身智能系统"手脚"和"肌肉"，使它们能够操纵物体，移动自身，并与环境进行复杂的交互。

这种交互的意义是深远的。它要求人工智能系统不仅具备强大的认知能力，包括复杂的模式识别、知识表示、逻辑推理、自然语言处理以及内容生成等，更要发展出一系列在虚拟环境中不那么重要的能力：

- ❑ **运动控制**：精确控制自身或附属装置的运动，以实现特定的目标。这不仅仅是指简单的移动，还包括复杂的运动规划和控制，例如，控制机械臂在三维空间中精确地抓取和放置物体，或者控制轮式机器人在复杂地形中平稳地导航，避开障碍物，并最终到达目标位置。运动控制还需要考虑到运动的平滑性、稳定性和效率，以避免对环境或自身造成损害。
- ❑ **环境适应性**：能够对环境的变化做出实时调整。真实世界是一个充满不确定性和动态变化的环境，具身智能系统需要能够适应各种突发情况。例如，适应光照条件的变化，以便在不同的光照条件下都能准确地感知物体；应对突发的障碍物，能够快速地重新规划路径，避开障碍物；在不同的地面材质上保持平衡，例如在光滑的冰面上保持稳定，或者在崎岖不平的地面上保持平衡。
- ❑ **物理交互能力**：理解物体之间的物理关系，例如质量、摩擦力、稳定性等，并能够安全有效地操纵物体，完成诸如抓取、放置、组装等任务。这需要具身智能系统具备一定的物理学知识，并能够通过感知和试错来不断学习和改进其物理交互能力。例如，一个具身智能系统需要能够判断一个物体是否稳定，以避免在抓取时发生倾倒；需要能够感知物体的重量，以选择合适的抓取力度；需要能够理解物体之间的摩擦力，以避免在放置时发生滑动。
- ❑ **多模态理解**：整合来自不同传感器的数据，形成对环境的全面、一致的理解。真实世界的信息是多样的、复杂的，单一的传感器往往只能提供部分信息，而多模态理解能力使具身智能系统能够将来自不同传感器的信息融合起来，从而获得对环境更全面、更准确的认识。例如，将视觉信息与触觉反馈相结合，可以更准确地判断物体的属性（是柔软的还是坚硬的，是光滑的还是粗糙的）；将听觉信息与视觉信息相结合，可以更准确地定位声源的位置，或者判断物体的运动状态。
- ❑ **规划与决策**：在复杂的、动态的环境中，制订合理的行动计划，并根据实际情况的变化进行调整，以实现设定的目标。这需要具身智能系统具备一定的推理能力和预测能力，能够根据当前的环境状态和未来的发展趋势，制订出最优的行动方案。同时，由于环境是不断变化的，具身智能系统还需要能够根据实际情况的变化，对原有的计划进行动态调整，以确保最终目标的实现。

具身智能的实现将使人工智能的应用场景从虚拟空间扩展到现实世界，从而开启前所未有的可能性。我们设想，未来的具身智能系统将在以下领域发挥关键作用：

- ❏ **智能制造**：在生产线上执行精细的装配任务，实现高度自动化和定制化的生产。具身智能系统可以被用于执行重复性、高精度要求的任务，例如电子产品的组装、汽车零部件的安装等，从而提高生产效率和产品质量。此外，具身智能系统还可以根据客户的需求，灵活地调整生产流程，实现个性化的定制生产，满足多样化的市场需求。例如，宇树科技（Unitree Robotics）专注于高性能四足/人形机器人，产品应用于工业巡检、电力维护等场景（部分已实现商用）；乐聚机器人与华为合作，开发了从事清洁和陪伴服务的家用服务机器人（部分仍处于实验阶段）。

- ❏ **家政服务**：承担各种家务劳动，例如清洁、烹饪、照顾老人和儿童，提高人们的生活质量。具身智能系统可以被用于执行烦琐的家务劳动，例如地面清洁、衣物洗涤、食物烹饪等，从而节省人们的时间和精力，使人们能够有更多的时间从事自己感兴趣的活动。此外，具身智能系统还可以被用于照顾老人和儿童，例如陪伴老人聊天、帮助老人进行康复训练、照顾儿童的日常生活等，从而提高人们的生活质量。例如，广州市越秀区大德路广汽集团旗下祺美颐养服务机构上岗了一批特殊"护理员"——搭载智能交互、AI辅助系统的服务机器人"广汽人形机器人"（部分已实现商用）。这些机器人外形可爱，不仅能带领老年人做音乐律动，给长者送水、送药，还能通过对话与长者互动交流，并与长者一起舞动鼓掌。目前，人形家政机器人仍处于探索阶段。

- ❏ **医疗保健**：辅助医生进行手术，提供个性化的康复治疗，以及在紧急情况下提供远程医疗服务。具身智能系统可以被用于执行高精度、微创的手术操作，减少手术创伤，提高手术成功率。此外，具身智能系统还可以根据患者的具体情况，制定个性化的康复治疗方案，并提供持续的康复指导和支持。在紧急情况下，具身智能系统还可以被用于提供远程医疗服务，例如远程诊断、远程手术指导等，使患者能够及时获得医疗救助。医疗器械制造商直观医疗（Intuitive Surgical）是全球手术机器人市场的领导者，其产品达芬奇手术机器人占据全球约 60% 的市场份额，通过操作运动控制台，医生能够实现对手术器械的高精度控制，从而显著提高手术的精准度和稳定性，将手术范围精确到毫米级别，减少人为因素导致的手术风险。

- ❏ **物流与仓储**：实现货物的自动分拣、搬运和配送，提高物流效率，降低成本。具身智能系统可以被用于执行繁重的体力劳动，例如货物的搬运、堆垛等，从而减轻工人的劳动强度，提高物流效率。此外，具身智能系统还可以根据货物的种类、数量和目的地，自动进行货物的分拣和配送，减少人为错误，降低物流成本。目前，AGV（Automated Guided Vehicle，自动导引运输车）智慧物流系统基本成熟，智元机器人（Zhiyuan Robotics）已量产通用具身机器人，适用于工业自动化、物流搬运等。

- ❏ **农业**：自动执行播种、施肥、收割等农务，提高农业生产效率。具身智能系统可以被用于执行重复性、高强度、高风险的农务，例如播种、施肥、收割等，从而减轻农民的劳动强度，提高农业生产效率。此外，具身智能系统还可以根据土壤的湿度、温度和养分含量，自动进行精准施肥和灌溉，提高农作物的产量和质量。农业移动机器人的典型产品有大陆集团的 Contadino、AGCO 的 Xaver、悟牛智能的采摘机器人等。农业机器人包括采摘机器人、搬运机器人、监测机器人、喷药机器人、种植机器人等类型。宇树科技的四足机器人已用于农业巡检、勘测。

- **灾难救援**：在危险环境中执行搜索、救援和排险任务，减少人员伤亡。在地震、火灾、洪水等自然灾害发生后，具身智能系统可以被用于进入危险区域，执行搜索、救援和排险任务，例如搜寻被困人员、清理障碍物、排除安全隐患等，从而减少救援人员的伤亡，提高救援效率。美国波士顿动力公司研发了适用于多种灾难场景搜救的机器狗。
- **科学研究**：在极端条件下进行科学实验和数据采集，例如深海探索、太空探索等。具身智能系统可以被用于在极端条件下进行科学实验和数据采集，例如在深海进行海洋生物研究、在太空中进行天文观测等，从而拓展人类的认知边界。美国波士顿动力公司研发的产品已用于实验室动态平衡测试、极端环境模拟等。

然而，实现上述愿景，依然面临着巨大的技术挑战。这需要我们在感知、认知、控制、学习等多个领域取得突破，并实现它们之间前所未有的深度整合。例如，我们需要开发更灵敏、更可靠的传感器，以便具身智能系统能够更准确地感知环境；我们需要开发更高效、更鲁棒的控制算法，以便具身智能系统能够更稳定地执行各种操作；我们需要开发更先进的学习方法，以便具身智能系统能够更快地适应新的环境和任务。只有克服了这些技术挑战，我们才能真正实现具身智能的巨大潜力，并将其应用于各个领域，为人类社会带来福祉。

2. 通用人工智能（AGI）

如果说具身智能是人工智能走向现实世界的桥梁，那么通用人工智能（Artificial General Intelligence，AGI）则是人工智能领域的"圣杯"——一个长期以来吸引无数研究者和梦想家的终极目标。AGI 指的是这样一种智能系统：它拥有与人类相当，甚至超越人类的智慧水平，能够理解、学习和应用知识于广泛的领域和任务，而不仅仅局限于特定的应用场景。AGI 的目标是创造出一种能够像人类一样思考、学习和行动的智能体，它将不再局限于执行特定的任务，而是能够像人类一样，应对各种复杂的问题和挑战。

与狭义领域的专用人工智能（Narrow AI）不同，AGI 的愿景是创造出能够像人类一样解决通用问题的智能体。这意味着 AGI 系统应该能够：

- **理解和学习任何知识**：能够像人类一样，通过阅读、观察、实验等多种方式获取知识，并将其转化为可以应用的形式。AGI 系统应该具备强大的知识获取能力，能够从各种来源获取知识，包括文本、图像、音频、视频等，并能够将这些知识转化为可以理解和应用的表示形式。此外，AGI 系统还应该具备主动学习的能力，能够通过与环境的交互，不断地获取新的知识和经验。
- ☐ **跨领域迁移知识**：能够将在一个领域学到的知识应用到完全不同的领域，展现出真正的创造性和灵活性。这是 AGI 系统与专用人工智能系统的一个重要区别。专用人工智能系统只能在特定的领域内工作，而 AGI 系统则应该具备跨领域迁移知识的能力，能够将在一个领域学到的知识应用到完全不同的领域。例如，一个 AGI 系统应该能够将在下棋中学到的策略应用到商业谈判中，或者将在语言学习中学到的模式应用到音乐创作中。
- ☐ **进行抽象和推理**：能够超越具体的实例，进行抽象概括，形成高层次的概念和理论，并进行复杂的逻辑推理和判断。AGI 系统应该具备强大的抽象和推理能力，能够从具体的实例中抽象出一般的概念和规律，并能够运用这些概念和规律进行逻辑推理、因果推理和常识推理。例如，一个 AGI 系统应该能够理解"鸟会飞"这个概念，并能够运用这个概念进行推理，比如推理出"企鹅是鸟，所以企鹅应该会飞"（虽然这个结论是错误的，但 AGI 系统应该能够进行这样的推理）。
- ☐ **制定和执行复杂计划**：能够设定长远的目标，并制订详细的行动计划来实现这些目标，同时能够根据环境的变化进行动态调整。AGI 系统应该具备强大的规划和决策能力，能够根据设定的目标，制订详细的行动计划，并能够根据环境的变化，对原有的计划进行动态调整。例如，一个 AGI 系统应该能够规划一个完整的旅行路线，并能够根据交通状况、天气变化等因素对路线进行调整。
- ☐ **进行元学习**：能够学习如何学习，从而能够更快地适应新的任务和环境。元学习是 AGI 系统的一个重要的能力，它使 AGI 系统能够更快地适应新的任务和环境。例如，一个 AGI 系统可以通过学习大量的学习任务，掌握一些通用的学习策略，从而能够更快地学习新的学习任务。
- ☐ **展现常识和直觉**：具备人类所拥有的常识，能够理解世界的运作方式，并能够进行基于直觉的快速判断。常识和直觉是人类智能的重要组成部分，它们使人类能够快速地理解世界的运作方式，并能够进行基于直觉的快速判断。AGI 系统应该具备类似的常识和直觉，以便能够更好地理解和适应真实世界。

AGI 的实现不仅仅是现有技术的线性延伸，可能需要我们在人工智能的基础理论上取得革命性的突破。它需要整合前述所有趋势——强大的生成与推理能力、深度多模态融合、高度自主性，以及在某些情况下与物理世界的具身交互能力。例如，一个真正通用的智能体可能需要具备以下能力：
- ☐ **强大的知识表示和推理能力**：能够以灵活、可扩展的方式表示各种类型的知识，并能够进行复杂的逻辑推理、因果推理和常识推理。AGI 系统需要能够表示各种类型的知识，包括事实性的知识、程序性的知识、元知识等，并能够根据需要，灵活地运用这些知识进行推理。例如，AGI 系统需要能够表示"水是湿的"这个事实性的知识，也需要能够表示"如何做饭"这个程序性的知识，还需要能够表示"什么是知识"这个元知识。

- **先进的自然语言处理能力**：能够理解和生成自然语言，进行深入的对话，并从文本中提取知识和意义。自然语言是人类交流的主要方式，AGI 系统需要具备强大的自然语言处理能力，才能与人类进行有效的交流，并从人类的知识和经验中学习。例如，AGI 系统需要能够理解复杂的句子结构，能够识别歧义，能够理解语境，还能够生成流畅、自然的语言。
- **强大的学习能力**：能够从少量数据中快速学习新的概念和技能，并能够进行终身学习，不断积累知识和经验。AGI 系统需要具备类似的学习能力，才能适应不断变化的环境，并不断提高自身的智能水平。例如，AGI 系统需要能够通过几次尝试就学会一个新的游戏，并能够通过不断的学习和实践，持续提高自己的游戏水平。
- **复杂的规划和决策能力**：能够制定长期的目标，并规划出实现这些目标的复杂行动序列，同时能够处理不确定性和动态变化。AGI 系统需要具备强大的规划和决策能力，才能实现复杂的目标。例如，AGI 系统需要能够规划一个完整的商业计划，并能够根据市场变化、竞争对手的行动等因素，对计划进行调整。
- **创造性和创新能力**：能够超越已有的知识，进行原创性的思考，提出新的想法和解决方案。创造性和创新能力是人类智能的一个重要的方面，它使人类能够不断地推动科技进步和社会发展。AGI 系统需要具备类似的创造性和创新能力，才能为人类社会带来更大的价值。例如，AGI 系统需要能够发明新的药物，或者设计出新的交通工具。

尽管 AGI 的实现路径和时间表仍然充满未知，甚至其可能性本身也存在争议，但它无疑是驱动人工智能研究不断前行的灯塔。一旦实现，AGI 将对人类文明产生难以想象的深远影响，它可能带来科技的飞速发展，解决人类面临的重大挑战（例如疾病、贫困、环境污染等），但也可能带来前所未有的风险和伦理问题（例如失业、社会不平等），甚至是对人类生存的威胁。因此，对 AGI 的研究，需要在技术发展的同时，进行深入的伦理和社会影响方面的探讨，以确保 AGI 的发展能够符合人类的利益，并促进人类社会的可持续发展。

5.5 结语：拥抱变革，与智能共舞

人工智能的发展无疑是我们这个时代最激动人心的篇章。从狭义的专家系统到如今能够生成图像、撰写文章的大语言模型，再到未来充满无限可能的具身智能和通用人工智能，我

们正在见证一场前所未有的技术革命。这场革命不仅将重塑我们的工作方式、生活方式，甚至将重新定义"人类"的含义。

我们已经看到，人工智能在诸多领域展现出了巨大的潜力。在医疗领域，AI 正在帮助医生更准确地诊断疾病，开发新的治疗方法；在教育领域，AI 正在提供个性化的学习体验，帮助学生更好地掌握知识；在制造业领域，AI 正在实现生产流程的自动化和智能化，提高生产效率和产品质量。随着技术的不断进步，我们有理由相信，人工智能将在更多的领域发挥更大的作用，为人类社会带来更多的福祉。

然而，我们也必须清醒地认识到，人工智能的发展也伴随着巨大的挑战和风险。随着 AI 越来越强大，我们必须认真思考如何确保它的发展符合人类的价值观和利益。我们需要建立健全的伦理规范和法律法规来规范 AI 的研发和应用，防止其被滥用。我们需要关注 AI 对就业的影响，积极探索新的就业模式和技能培训，帮助人们适应新的工作业态。我们还需要加强对 AI 安全性的研究，防止出现意外情况，确保 AI 始终处于人类的控制之下。

更重要的是，我们需要以开放的心态，拥抱这场变革。人工智能不是人类的敌人，而是我们强大的合作伙伴。我们应该积极学习和掌握 AI 技术，利用 AI 来增强我们的能力，提高我们的生活质量。我们应该与 AI 携手合作，共同探索未知的领域，实现更大的梦想。

未来的世界将是一个人机共舞的世界。我们相信，凭借人类的智慧和勇气，我们一定能够驾驭好人工智能这匹强大的骏马，让它成为我们实现更美好未来的助力，共同谱写人类文明的新篇章。

参考文献

[1] 肖睿，陈钟．人工智能通识教程（微课版）[M]．北京：人民邮电出版社，2025．

[2] 肖睿，程鸣萱．Keras 深度学习与神经网络 [M]．北京：人民邮电出版社，2025．

[3] SHAZEER N, MIRHOSEINI A, MAZIARZ K, et al. Outrageously Large Neural Networks: The Sparsely-Gated Mixture-of-Experts Layer[J]. arXiv preprint arXiv:1701.06538, 2017.

[4] DeepSeek AI, et al. DeepSeek-V2: A Strong, Economical, and Open-Source Mixture-of-Experts Language Model[J]. arXiv preprint arXiv:2405.04434, 2024.

[5] VASWANI A, SHAZEER N, PARMAR N, et al. Attention is all you need[C]// Advances in Neural Information Processing Systems 30. Long Beach: NIPS, 2017.

[6] DeepSeek-AI.DeepSeek-V3 Technical Report[R]. Hangzhou: DeepSeek, 2024.

[7] OUYANG L, WU J, JIANG X, et al.Training language models to follow instructions with human feedback[C]//Advances in Neural Information Processing Systems 35, 27730-27744. New Orleans: NeurIPS, 2022

[8] RAFFEL C, SHAZEER N, ROBERTS A, et al. Exploring the Limits of Transfer Learning with a Unified Text-to-Text Transformer[J]. Journal of Machine Learning Research, 2020, 21(140): 1-67.

[9] SANH V, DEBUT L, CHAUMOND J, et al. DistilBERT, a distilled version of BERT: smaller, faster, cheaper and lighter[J]. arXiv preprint arXiv:1910.01108, 2019.

[10] RADFORD A, KIM J W, HALLACY C, et al. Learning transferable visual models from natural language supervision[C]//Proceedings of International conference on machine learning, 8748-8763. Online: PMLR, 2021.

[11] WEI J, WANG X, SCHUURMANS D, et al. Chain-of-thought prompting elicits reasoning in large language models[C]//Advances in Neural Information Processing Systems, 35, 24824-24837. New Orleans:NeurIPS, 2022.

[12] BROWN T B, MANN B, RYDER N, et al. Language models are few-shot learners[C]// Advances in Neural Information Processing Systems, 33, 1877-1901. Online: NeurIPS, 2020.

[13] LEWIS P, PEREZ E, PIKTUS A, et al. Retrieval-Augmented Generation for Knowledge-Intensive NLP Tasks[C]//Advances in Neural Information Processing Systems, 33, 6466-6477. Online: NeurIPS, 2020.

[14] MINTO B. The Pyramid Principle: Logic in Writing and Thinking[M]. [S.l.]: Minto International, 1987.

[15] OpenAI. Moderation API[EB/OL]. https://platform.openai.com/docs/guides/moderation/.

[16] KAHNEMAN D. Thinking, Fast and Slow[M]. New York: Farrar,Straus and Giroux, 2011.

[17] OUYANG L, WU J, JIANG X, et al. Training language models to follow instructions with human feedback[C]//Advances in Neural Information Processing Systems, 35, 27730-27744. New Orleans:NeurIPS, 2022.

[18] SCHULMAN J, WOLSKI F, DHARIWAL P, et al. Proximal Policy Optimization Algorithms[J]. arXiv preprint arXiv: 1707.06347, 2017.

[19] MICIKEVICIUS P, NARANG S, ALBEN J, et al. Mixed Precision Training[J]. arXiv preprint arXiv: 1710.03740, 2018.

[20] SINGHAL A. Introducing the Knowledge Graph: things, not strings[EB/OL]. [2012-05-16]. https://blog.google/products/search/introducing-knowledge-graph-things-not/.

[21] MIKOLOV T, CHEN K, CORRADO G, et al. Efficient Estimation of Word Representations in Vector Space[J]. arXiv preprint arXiv:1301.3781, 2013.

[22] BROWN T B, MANN B, RYDER N, et al. Language Models are Few-Shot Learners[C]//Advances in Neural Information Processing Systems, 33, 1877-1901.Online: NeurIPS, 2020.

[23] PANG B, LEE L. Opinion Mining and Sentiment Analysis[M]. Boston: Now Publishers Inc, 2018.